世界のことばと文化シリーズ

ロシア・中欧・バルカン世界のことばと文化

桑野　隆 編著
長與　進

早稲田大学国際言語文化研究所

成文堂

まえがき
── 「ロシア・中欧・バルカン世界のことばと文化」刊行に寄せて

　地域研究のあり方を言語と文化の視点から問い直そうとするシリーズ「世界のことばと文化」の第7巻として構想された本書は，ロシア・中欧・バルカン地域を主な対象として，これらの地域の言語と文化についての新鮮な情報を，さまざまなテーマのもとに提供することを主たる目的としている。

　じつは，これらの地域は，地理的隣接関係だけでなく，20世紀後半の「冷戦」期の「鉄のカーテン」による区切りもあって，ひと括りにされることが多かったわりには，けっして一様ではない。実際，これらの地域をひとまとめにして表わす適当な一語は見当たらない。タイトルに「ロシア」「中欧」「バルカン」という3語が並んでいるのも，そのためである。なるほど，「スラヴ」という言語的区分を使えば，ほぼすべてを包みこめそうにも思われるが，実際にはルーマニアやハンガリーが外れてしまうだけでなく，ロシア連邦が非スラヴ語民族を多く抱えていることなども軽視されてしまう。

　数十年前であれば，これらの地域を示すのに「ロシア・東欧」や政治的区分である「ソ連・東欧」という組み合わせが用いられることも多かった。いずれも，本書が対象としている地域にほぼ重なっている（もっとも，「ソ連・東欧」は，本書が取り上げていないバルト三国や中央アジア，カフカス，旧東ドイツも含んでいた）。これにたいして，本書のタイトルには「ソ連」はもちろんのこと「東欧」までも使われていない。

　「東欧」に代わって用いられているのは「中欧」「バルカン」という2語である。国際連合の地理的分類によれば，ヨーロッパは東欧，西欧，南欧，北欧に区分されており，「中欧」なるものは存在しない。また，「中欧」という歴史的・文化的分類には，本書が扱っているポーランド，チェコ，スロヴァキア，ハンガリー，スロヴェニアのほかに，ドイツやオーストリア，スイス，リヒテンシュタインが含まれる場合もある。

にもかかわらず,「ソ連」のみならず「東欧」も避け,最終的には「ロシア」「中欧」「バルカン」をいう組み合わせを本書のタイトルに用いたのは,これらの地域における約20年前の「体制転換」がもつ意味を重視したためである。この「体制転換」は,政治,経済,社会だけでなく,文化,さらには言語にまでも少なからぬ「転換」をもたらしている。それだけではない。歴史や社会その他にたいする研究のあり方自体も変わった。となれば,当然のことながら,本書もまたこうした状況を踏まえたものでなくてはならない。すなわち,「ソ連・東欧」という区分から解放された現在のこれらの地域の言語と文化の諸相を,まさにその解放後の新たな視点をもって特徴づけてみようというわけである。

　全体としては,ルーマニアとハンガリーを別にして,スラヴ圏が中心になっている。またロシア連邦内には,スラヴ圏に含まれない民族・言語が100以上も存在するが,本書でとりあげているのはカレリアのみである。いずれにせよ,一冊でもってこの地域全体を網羅することはできないとしても,本書が提供している斬新な情報が,これらの地域に関する新たな理解や関心を呼び起こすことを願ってやまない。

　　　2010年4月5日

　　　　　　　　　　　　　　　　　　　　　　　　　　　桑野　隆

目　次

まえがき―「ロシア・中欧・バルカン世界のことばと文化」刊行に
寄せて　　　　　　　　　　　　　　　　　　　桑野　隆

序論　ロシア・中欧・バルカンの言語と文化
　　　　　　　　　　　　　　　　　　　　　　　伊東　一郎
- 1 はじめに―地域としてのロシア・中欧・バルカン …………1
- 2 言語圏としてのロシア・中欧・バルカン …………………2
- 3 言語概説 ……………………………………………………4
- 4 地域を結ぶもの―民衆文化 ………………………………10
- 5 地域を分かつもの―宗教 …………………………………12
- 6 地域を分かつもの―地理的条件 …………………………14
- 7 地域を分かつもの―歴史の刻印 …………………………16
- 8 まとめとして ………………………………………………17

I　スラヴ語世界への誘い

1　20世紀末～21世紀初頭のロシア語
　　　　　　　　　　　　　　　　　　　　　　　桑野　隆
- 1 多民族国家ロシア …………………………………………21
- 2 多言語国家ロシア …………………………………………22
- 3 ロシア語の位置 ……………………………………………25
- 4 消えゆく言葉と生まれくる言葉 …………………………28
- 5 グローバリゼーションと外来語 …………………………31
- 6 自由化とスラング …………………………………………32
- 7 今後の動き …………………………………………………35

2 スラヴの文字と文化
―グラゴール文字とキリル文字の来歴が示すもの―
小林　潔
- 1　スラヴ語の文字 …………………………………………………… *38*
- 2　グラゴール文字とキリル文字の成立 …………………………… *40*
- 3　ロシア文字 ………………………………………………………… *47*
- 4　文字の来歴が示すもの …………………………………………… *54*
- 5　文献案内など ……………………………………………………… *54*

3 ベラルーシのことばと文化
佐藤　純一
- 1　ベラルーシをめぐる歴史 ………………………………………… *57*
- 2　ベラルーシの国土と住民 ………………………………………… *59*
- 3　ベラルーシ語の歴史 ……………………………………………… *62*
- 4　ベラルーシ語はどんなことばか ………………………………… *65*
- 5　ベラルーシ社会の言語事情 ……………………………………… *68*
- 6　ベラルーシの文化的多様性 ……………………………………… *69*

4 チェコ／スロヴァキア／チェコスロヴァキア
―名乗りと名付けのエトノニム―
長與　進
- 1　民族名「チェコ人」の起源 ……………………………………… *72*
- 2　年代記のなかの「チェコ人」 …………………………………… *75*
- 3　スラヴ人としての「スロヴァキア人」 ………………………… *77*
- 4　民族名「スロヴァキア人」の定着をめぐる錯綜した経緯 …… *81*
- 5　「スラヴ・ボヘミア語」から「チェコスロヴァキア語」へ … *86*
- 6　「チェコスロヴァキア語」の変容と没落 ……………………… *89*

II　バルカン地域における言語文化の諸相

5　バルカン半島の諸言語とバルカン言語学

野町　素己

- 1　バルカン半島の諸言語 …………………………………… *97*
- 2　「言語連合」とは何か？ ………………………………… *99*
- 3　バルカン言語学の歴史 …………………………………… *100*
- 4　バルカン諸言語の分類 …………………………………… *104*
- 5　バルカニズム：バルカン諸言語の共通特徴 …………… *105*
- 6　バルカニズムの起源 ……………………………………… *112*
- 7　バルカン言語学の課題 …………………………………… *114*

6　ルーマニアの言語と文化の生成と発展

倍賞　和子

- 1　はじめに …………………………………………………… *117*
- 2　ルーマニア民族の祖先ダキア …………………………… *118*
- 3　ローマの後裔としてのルーマニア ……………………… *119*
- 4　スラヴ民族の移動 ………………………………………… *121*
- 5　ルーマニア語はロマンス語かスラヴ語か？ …………… *121*
- 6　ビザンチン帝国とルーマニアの宗教 …………………… *123*
- 7　オスマントルコとルーマニア料理 ……………………… *125*
- 8　バラード"ミオリツァ"に見られるルーマニア人の死生観 … *126*
- 9　「隣の芝生」の時代から悲願のEU加盟へ …………… *127*

III　ロシア・中欧世界の芸術と文化

7　ハンガリー文学にみる民族滅亡のモチーフ

早稲田みか

- 1　ハンガリー人のルーツ …………………………………… *133*
- 2　民族滅亡のモチーフ ……………………………………… *136*
- 3　小民族意識と被害者意識 ………………………………… *144*

8　20世紀末のポーランド・ロマン主義
　　―アダム・ミツキェヴィチの映画化をめぐって―

　　　　　　　　　　　　　　　　　　　　　　　　　久山　宏一

　1　はじめに …………………………………………………………… *149*
　2　ポーランド・ロマン主義／十一月蜂起／ミツキェヴィチ …… *150*
　3　十一月蜂起後の3作品 …………………………………………… *152*
　4　『父祖の祭　第三部』と『パン・タデウシュ』 ……………… *153*
　5　1989年―タデウシュ・コンヴィツキ監督
　　　『溶岩流―アダム・ミツキェヴィチ「父祖の祭」物語』……… *155*
　6　1999年―アンジェイ・ワイダ監督『パン・タデウシュ物語』… *163*
　7　まとめ ……………………………………………………………… *170*

9　現代ロシアのアートシーン
　　―グローバル化と「過去」のはざまで―

　　　　　　　　　　　　　　　　　　　　　　　　　神岡理恵子

　1　はじめに …………………………………………………………… *172*
　2　モスクワ・ビエンナーレの開催 ………………………………… *173*
　3　多様化する展示スペース ………………………………………… *175*
　4　キュレーターの活躍 ……………………………………………… *178*
　5　過去の帝国「ソ連」，そして前景化する「強いロシア」……… *180*
　6　おわりに …………………………………………………………… *185*

IV　国家の展開と言語の変容

10　ウラジーミル・ダーリ生誕200年と『ダーリの辞書』

　　　　　　　　　　　　　　　　　　　　　　　　　源　　貴志

　1　ロシアのグリム（ウラジーミル・ダーリ）…………………… *191*
　2　ダーリの『詳解辞典』 …………………………………………… *194*
　3　歿後の改訂（第2版と第3版）………………………………… *196*
　4　ソヴィエト時代（第2版の重版）……………………………… *198*

5　自由経済下のダーリの辞書……………………………………*201*

11　ユートピアとリアル・ポリティクス
　　―マール，スターリン，普遍言語の問題―
　　　　　　　　　　　　　　　　　　　　　　ヴァレリー・グレチュコ
　　1　はじめに………………………………………………………*206*
　　2　マールの言語学構想における普遍言語……………………*208*
　　3　スターリンの位置：普遍言語と民族問題…………………*216*
　　4　結論……………………………………………………………*221*

12　ナショナリズムとユーゴスラヴィア理念の相克
　　―「セルビア・クロアチア語」を中心に
　　　　　　　　　　　　　　　　　　　　　　　　山崎　信一
　　1　はじめに………………………………………………………*226*
　　2　「セルビア・クロアチア語」に関して……………………*227*
　　3　「セルビア・クロアチア語」文章語の成立と展開………*230*
　　4　ユーゴスラヴィア解体と「セルビア・クロアチア語」の解体・*236*
　　5　おわりに………………………………………………………*240*

V　「辺境」における言語文化の形成

13　ロドピ地方の牧羊と移動労働
　　―多言語・多宗教・多民族共住の地域社会から―
　　　　　　　　　　　　　　　　　　　　　　　　寺島　憲治
　　1　はじめに………………………………………………………*247*
　　2　国境のなかった頃……………………………………………*248*
　　3　ロドピ地方の牧羊業…………………………………………*249*
　　4　冬営地と多言語環境…………………………………………*251*
　　5　牧羊業と羊毛産業……………………………………………*252*
　　6　出稼ぎと移動労働……………………………………………*253*
　　7　人とともに移動するもの：情報と民衆歌謡………………*255*

8　目　　次

　　8　義兄弟の聖者たち……………………………………………257
　　9　国境・国語・国教……………………………………………259

14　「辺境」という名のトポス
―地名で読むウクライナの世界―

原田　義也

　　1　曠野の名もなき墓標…………………………………………261
　　2　ウクライナの遠景……………………………………………263
　　3　豊饒なる大地と共に…………………………………………279

15　言語の復興
―カレリア語の挑戦

土岐　康子

　　1　はじめに………………………………………………………284
　　2　1920～30年代のカレリア自治共和国の言語政策…………285
　　3　ソ連崩壊後のカレリア共和国とカレリア語………………292
　　4　終わりに―多民族社会の中で………………………………298

あとがき………………………………………　　　長與　進

＜資　料＞

序論：ロシア・中欧・バルカンの言語と文化

伊東一郎

1 はじめに──地域としてのロシア・中欧・バルカン

　かつて事実上社会主義圏ヨーロッパと同義であり，この意味でロシア東欧と呼ばれていたこの地域は，1989年前後の社会主義崩壊と冷戦終結後，その政治的な方向も統一を失い，歴史的・文化的な差異のほうに関心が注がれるようになってきた。ソ連崩壊後も帝政ロシアの版図を引き継いだ旧ソ連圏はロシア連邦，ウクライナ，ベラルーシといった東方正教を奉じる東スラヴ系民族を核として，歴史的経緯からある種の文化的まとまりを見せているし，ポーランド，スロヴァキア，ハンガリー，スロヴェニア，クロアチアといった旧オーストリア＝ハンガリー二重帝国内の諸国もカトリック文化圏として文化的共通性を持っている。またバルカン半島東部のセルビア，ボスニア＝ヘルツェゴヴィナ，ツルナゴーラ（モンテネグロ），マケドニア，ブルガリア，ルーマニア，アルバニア，ギリシアといった国々は，共にイスラーム教を奉じるオスマン帝国に長期間支配されるという歴史を共有しており，ボスニア，アルバニアなどを除いてともに東方正教圏である。

　しかし旧オーストリア＝ハンガリー圏と旧オスマン帝国圏の境界はバルカンを東西に分割しているし，またウクライナの東西は旧帝政ロシア圏と旧オーストリア＝ハンガリー圏の境界によってやはり歴史・文化的に分割されている。また現在ウクライナ領のクリミア半島は18世紀末までオスマン帝

国文化圏に属しており，露土戦争の結果旧帝政ロシア文化圏に組み込まれた。つまり本書の表題のロシア・中欧・バルカンという三つの領域は，必ずしも地域として画然と区別されるものではない。

2　言語圏としてのロシア・中欧・バルカン

いわば非西欧的ヨーロッパといってよいこの地域を言語的に性格づけると，そこにはいくつかの共通の特徴が認められる。

歴史的に見るならば，第一の特徴はこの地域は西欧と比較すると共通してキリスト教の受容が遅れ，このため文字の登場も遅れたことである。このことはこの地域においては文字で記述された言語資料の出現が遅かった反面，口頭伝承の伝統が強力である，というもう一つの特徴と結びついている。ロシア，ウクライナ，セルビア，ツルナゴーラ（モンテネグロ）などでは，19世紀から20世紀まで口頭で語られる民衆叙事詩の伝統が存続していた。

この地域で用いられたラテン・アルファベット以外の最初の文字は，キュリロスがモラヴィアにおけるスラヴ人宣教に際して9世紀に作ったグラゴール文字であり，次いでブルガリアでキリル文字が作られた。キリル文字はスラヴ正教圏と旧ソ連のシベリア，中央アジアの諸言語に用いられている。

第二に言語系統から見るならば，スラヴ語圏がその中心を占めることがあげられる。旧ソ連圏のヨーロッパ地域では，ロシア語，ウクライナ語，ベラルーシ語が話されているし，中欧ではポーランド語，チェコ語，スロヴァキア語が話されている。バルカンでは旧ユーゴスラヴィアとブルガリアで南スラヴ諸語が話されている。スラヴ人が最初に用いた文語である教会スラヴ語は9世紀に成立し，スラヴ系東方正教会の共通の典礼用語として現在も東スラヴ，南スラヴの東部において用いられている。スラヴ語の影響は隣接するルーマニア，ハンガリーの言語にも顕著に認められる。

第三に西欧には分布していないフィン・ウゴール系とアルタイ系の言語が分布していることである。ハンガリーを建国したマジャール人は元来ウラル

地方から西進した遊牧民であった。また16世紀のイワン雷帝時代以前のロシアにおいて，国家的領域の東限はヴォルガ川であり，その後ヨーロッパとアジアの境界であるウラル山脈へと移動したが，その頃までヴォルガ川からウラル山脈までは元来アルタイ系あるいはウラル系民族の居住域であった。

第四にこの地域では国家を持たないユダヤ人のイディッシュ，ロマのロマニ語などが重要な位置を占めることなどがあげられる。ユダヤ教を奉じるアシュケナージ，セファルディ，カライムなどの民族は言語系統を別にしながら（ゲルマン，ロマンス，チュルク），共通してヘブライ文字を用いていた。

第五に系統とは別に地理的な条件からの特徴として，中世以降東方の遊牧民と密接な接触を持った結果，またバルカンではトルコの直接的な影響の下に，アルタイ系の言語の語彙からの借用が顕著なことがあげられる。ベラルーシ語ではタタールの侵入後，その影響下にアラビア文字でそのテキストが記述される例さえあった。

第六に西欧とは異なり，多民族国家であった大国に支配されてきたこの地域では，言語分布と国境が一致しないことが多い。さらに個々の民族の国家的独立が遅れた結果，新しく成立した言語が多い。帝政ロシア時代にはロシア語の方言とみなされていたベラルーシ語とウクライナ語は1917年のロシア革命後にそれぞれ初めて独立した言語とみなされ，正書法その他が定められたし，マケドニア語は社会主義ユーゴスラヴィア成立時にマケドニア共和国の公用語として1944年に定められた。しかし伝統的にブルガリアではマケドニア語はブルガリア語の南西方言とみなされてきた。

第七に現在の新たな共通の言語状況として，冷戦終結と連邦国家の崩壊，その結果としての民族国家の分立後，新たな小言語が存在権を主張し始めていることがあげられる。例えば東スロヴァキアのカルパチア・ウクライナ人（ルシーン人）は1995年にルシン語を制定し，スロヴァキア国内の公的な言語の一つとして認められた。1992年に勃発した内戦後，1995年に公的に独立したボスニア＝ヘルツェゴヴィナではボスニア人（スラヴ系イスラーム教徒）の言語としてボスニア語が制定されている。同じ動きはツルナゴーラ（モ

ンテネグロ）においても見られる．

3　言語概説

1　インド・ヨーロッパ語族の言語

ロシア・中欧・バルカン諸地域で話されている言語で多数を占めるのはスラヴ語派に属するスラヴ諸語である．その他の印欧語族に属する言語でこの地域で話されているものにはルーマニア語（ロマンス語派），ドイツ語，イディッシュ語（ゲルマン語派），ロマニ語（インド語派），アルバニア語，ギリシア語などがある．

1）スラヴ語派

スラヴ語派はインド・ヨーロッパ語族に属する言語群で，地理的には旧ソ連圏の全域，中欧，バルカンの主要地域に分布している．スラヴ語は9世紀頃までほぼ統一を保っており，その頃までのスラヴ語を共通スラヴ語と呼ぶ．その頃まで文字を持たなかったスラヴ人は，9世紀のキュリロスとメトディオスのモラヴィア宣教をきっかけとして最初にグラゴール文字，ついでキリル文字を獲得するが，スラヴ語圏の西部はそのカトリック化と並行してラテン文字を用いるようになり，その東部は東方正教化するのと並行してキリル文字を用いるようになった．スラヴ語派は東スラヴ語群，西スラヴ語群，南スラヴ語群の三つに分かれる．

東スラヴ語に属するのはロシア語，ウクライナ語，ベラルーシ語の三言語だが，ウクライナ語とベラルーシ語はロシア革命以前の帝政ロシア時代には小ロシア語，白ロシア語と呼ばれ，ロシア語の方言とみなされていた（ロシア語は大ロシア語とも呼ばれていた）．帝政時代のロシアでは1876年以降ウクライナ語の出版，戯曲の上演などは禁じられた．ウクライナ出身のゴーゴリの『ディカーニカ近郷夜話』もウクライナ・フォークロアを題材としながらロシア語で書かれている．ウクライナはロシアの支配を継続して経験した東部と，オーストリア，ハンガリー，ポーランド，ルーマニアなどに分有され

た経緯を持つ西部で大きく異なる言語意識を持つが，前述のようにウクライナのザカルパッチャ州と東スロヴァキアに居住するカルパチア・ウクライナ人の中でルシンを自称するグループは，この地域のカルパチア・ウクライナ方言をもとに自らルシン語を新たに制定している。

　西スラヴ語に属するのはポーランド語，カシューブ語，チェコ語，スロヴァキア語，ソルブ語である。カシューブ語は言語学的にはポーランド語の方言とみなす見方もあるが，歴史的には20世紀初頭に絶滅したスロヴィンツ語の後裔とみなされる。カシューブ人はグダインスクを中心とするバルト海沿岸で漁労に従事するなど，農耕民であるポーランド人とは生業・文化を異にする。ドイツの作家ギュンター・グラスの小説『ブリキの太鼓』にカシューブ人への言及がある。

　ソルブ語は中世初期のゲルマン人とスラヴ人の抗争の結果，ドイツ東部（旧東ドイツ地域）に言語島として残った言語で，上ソルブ語，下ソルブ語の二つが話されている。ソルブ語はヒトラー時代のドイツにおいてはその言語文化活動が完全に禁止された。

　南スラヴ語に属するのはブルガリア語，マケドニア語，セルビア語，クロアチア語，スロヴェニア語であり，ブルガリア語以外は旧ユーゴスラヴィアで話されており，旧ユーゴスラヴィア解体後は独立した各共和国の公用語となっている。ちなみにブルガリア語とマケドニア語は，スラヴ語中唯一格変化を失った言語として注目される。地理的にはすべての南スラヴ語はバルカン半島で話されているので南スラヴをバルカン・スラヴと称することもある。

　これらの言語のうちマケドニア語は前述したように，社会主義ユーゴスラヴィア成立時にマケドニア共和国の公用語として1944年に制定されたものでその誕生は新しい。またボスニア＝ヘルツェゴヴィアの独立と共にセルビア語ともクロアチア語とも異なるボスニア語を区別するようになった。

2)　ロマンス語派

　この地域で話されているロマンス系の言語にはルーマニア語とモルドヴァ語がある。

ルーマニアとモルドヴァは隣接地域として共通の歴史を歩んできたので，その言語的違いは小さい。ルーマニアもモルドヴァも他の西欧のラテン系の民族と異なり東方正教を宗教としてきたため，両地域は1868年までキリル文字を用いていた。しかしルーマニア語がその後ラテン文字表記に変わったのに対して，モルドヴァでは引き続きキリル文字が用いられ，第一次世界大戦後ルーマニアに併合されてからラテン文字表記に移行した。しかし両大戦間ルーマニア領であったモルドヴァが第二次世界大戦中にソビエト連邦に編入され，モルダヴィア共和国となった際に，新たにモルドヴァ語が制定され，その表記もキリル文字となった。さらにペレストロイカ以降ラテン文字表記に戻り，ソ連邦解体以降モルドヴァ共和国の公用語となったのである。

　系統的にはロマンス語に属するがヘブライ文字で綴られてきたのが，セファルディと呼ばれるスペイン系ユダヤ人の話すラディーノ（ユダヤ・スペイン語）である。彼らはこの地域では主にバルカン半島に移住し，その言語を保持してきた。

3）ゲルマン語派

　18世紀末以来ロシアのヴォルガ川中流域にはドイツから植民したプロテスタント系のドイツ人が居住しており，ロシア革命後はそこにヴォルガ・ドイツ人自治共和国が作られたが，1941年の独ソ戦開始直後に廃止され，そこに居住していたヴォルガ・ドイツ人は強制的に北カザフスタン，南西シベリアなどに移住させられた。ソ連崩壊後ヴォルガ・ドイツ人はドイツに帰還する道が開けた。ちなみに作曲家シュニトケ，民俗学者プロップはヴォルガ・ドイツ人の血をひいている。

　イディッシュ語は言語的にはドイツ語の方言だが，ヘブライ文字で綴られ，ポーランド，ウクライナ，ベラルーシ，ロシアなどのユダヤ人の共通の文語として用いられた。『屋根の上のヴァイオリン弾き』の原作であるシャロム・アレイヘムの連作短篇『牛乳屋テビエ』も元来イディッシュ語で書かれた作品である。

4) インド語派

　この地域で話されているインド・ヨーロッパ語族の言語の中で，唯一インド語派に属するのがロマニ（ジプシー）語である。ロマの原住地はその言語の特徴からインド西北部と考えられる。11世紀半ばにはバルカン半島南部に居住していたと考えられるが，特に十字軍の遠征，オスマン・トルコのヨーロッパへの侵入などに伴い中欧，ロシアへと移住していった。ロマは伝統的に文字を持たなかったために，その言語資料は彼らが居住する地域の支配言語によって定められた表記法によって記述される場合が多かった。例えばソヴィエト連邦においては1926年にキリル文字による正書法が定められている。しかし1971年には世界ロマ連盟が結成され，共通のラテン文字による正書法が定められるようになった。文化的にその音楽は，この地域全域の民俗音楽に大きな影響を与えた。

5) バルト語派

　いわゆるバルト三国のうちラトヴィアとリトアニアで話されているラトヴィア語とリトアニア語は，バルト語派に属する。バルト語はインド・ヨーロッパ語族においてはスラヴ語と最も密接な関係にあり，現在も用いられているインド・ヨーロッパ語の中では，その最も古い形を保存している言語の一つである。しかしバルト語とスラヴ語の歴史的関係については最終的な結論が出ていない。リトアニア語がバルト語の古形をよく保っているのに対し，ラトヴィア語は改新が著しい。バルト語の言語資料が記述されるのは遅く，キリスト教の受容と共に両言語がラテン文字による記述資料を残すのは16世紀以降のことである。ラトヴィアは北に隣接するエストニアと共にプロテスタント化したが，リトアニアはポーランドとの国家合同以来カトリックを奉じている。

6) ギリシア語派

　ギリシア語はギリシア語派に属する古典ギリシア語の後裔であり，古典ギリシア語と同じギリシア文字を表記に用いているが，名詞が格変化を失い，いわゆる後置冠詞を持つなど，他のバルカン諸語と共通の特徴を持つに至っ

ている。

7) アルバニア語派

アルバニア語は1言語1語派をなす孤立した言語で，主にアルバニアとコソヴォで話されている。北部のゲグ方言と南部のトスク方言に分かれる。

2 ウラル語族の言語

ロシア・中欧・バルカン地域の言語で西欧には見られないものの一つにフィン・ウゴール系の言語がある。元来ウラル山脈地域を原郷とするフィン・ウゴール語族はその後西進を続け，中欧のハンガリー，北欧のフィンランドに定住するに至った。

1) フィン・ペルミ語派

ウラル語族は大きくフィン・ペルミ語派，サモエード語派，ウゴール語派に分かれる。このうち最初の二つの語派に属する諸語はロシア連邦を中心として話されている。

(1) フィン・ペルミ語派はさらにバルト・フィン語群，ペルミ語群，ヴォルガ・フィン語群に分けられる。バルト・フィン語群に属するのはフィンランド語，エストニア語，カレリア語などである。エストニア語はバルト三国の中で最も北に位置し，バルト海をへだててフィンランドの南に隣接するエストニアで話されている。主要な宗教はフィンランドと同じくプロテスタントであり，南に隣接するラトヴィアには，同系でやはりプロテスタントのリヴォニア人が話すリヴォニア語が分布している。これに対してフィンランドの東に隣接するカレリア共和国でカレリア語を話すカレリア人は東方正教徒である。カレリア共和国には同系の少数言語ヴェプス語も分布している。またペテルブルグ地区には同系の少数言語のヴォト語とイジョル語も分布している。その話者はいずれも東方正教徒である。

(2) ペルミ語群に属するのはコミ語（14, 5世紀にコミ・ズィリャン語，コミ・ペルミャク語に分化した）である。14世紀後半にコミ人は東方正教

を受け入れたが，その際にペルミ司教聖ステファンは独自のアルファベット（アブール）をコミ人のために考案し，これは16世紀にキリル文字に取って代わられるまで用いられた。19世紀末にこの地域で後の最初の抽象画家カンディンスキーが民俗調査をしたことが知られている。

(3) ヴォルガ・フィン語群に属するのは，ウドムルト（旧称ヴォチャーク）語，モルドヴァ語（モルドヴィン語），マリ（旧称チェレミス）語であり，その話者は遅くまでシャーマニズムを保持していた。

2）サモエード語派

サモエード語派に属するのはウラル語族で最も東方のヨーロッパに分布するネネツ語である。ネネツも遅くまでシャーマニズムを保持していた。

3）ウゴール語派

ウラル語族の中で最も西に進出したのが，ハンガリーを建国したマジャール人の母語であるハンガリー語である。ハンガリー語はシベリアのヴォグル語，オスチャーク語と共にウラル語族のウゴール語派に属する。

3 アルタイ語族の言語

アルタイ語族の言語は主にロシア連邦内で話されており，モンゴル語派とチュルク語派に分類される。

1）モンゴル語派

ロシア連邦内で話される唯一のモンゴル語派に属する言語はカルムィク語である。1630年に現在の中国新疆省のジュンガリア草原で放牧していた西モンゴル族が西に大移動を開始し，ヴォルガ川の右岸に到着したのがカルムィク人の起源であり，そのため彼らは仏教の一派であるラマ教を奉じている。その結果カルムィク語はヨーロッパで話される唯一のモンゴル語となり，カルムィクはヨーロッパで唯一の仏教国となっている。

2）チュルク語派

シベリアを中心に広く話されているのがチュルク諸語である。その話者の

多くは遅くまでシャーマニズムを主要な宗教とするか，イスラーム教化した。タタルスタン共和国で話されているタタール語は，かつてこの地に存在したカザン汗国で話されていた言語の末裔である。タタール語は11世紀以来アラビア文字で表記されていたが，1927年にラテン文字表記に改められ，さらにキリル文字表記に移行した。それまでタタール文語はチュルク語派の超域言語として機能していたが，この改革によってその機能を停止し，多くのチュルク諸語に分割された。

クリミア・タタール語は同じように18世紀末までクリミア半島に存在したクリミア汗国で話されていた言語である。バシキール語はバシコルトスタン共和国，チュヴァシ語はチュヴァシヤ共和国で話されている。チュヴァシ語は中世にヴォルガ川中流域に存在したイスラーム系のヴォルガ・ブルガール王国で話されていた言語を受け継いでいる，と考えられている。ちなみに中世のブルガール族の一派は西進してバルカン半島に侵入し，ブルガリアを建国した。これがプロト＝ブルガール族である。

ガガウズ語はブルガリアからモルドヴァ，西ウクライナに移住して来たガガウズ人の言語だが，彼らはチュルク系民族では唯一の東方正教徒である。言語としてのガガウズ語は旧ソ連で1957年に制定された。この地域でもっとも新しい言語の一つといえよう。

カライム語はチュルク語に属するが，話者のカライム人がユダヤ教徒であるためヘブライ文字で綴られた。第二次世界大戦前はクリミア半島に一万人近くが居住していたが，大戦後はその多くが中央アジアに移住させられ，現在はリトアニアのヴィルニュスやトラカイ，ポーランドなどに少数が居住する。

4 地域を結ぶもの——民衆文化

現在では後に見るように歴史的・宗教的に異なる文化圏に分かれているこの地域だが，キリスト教受容以前の民衆文化は現在に至るまで大きな共通性

を見せている。このことを保証しているのはスラヴ語を中心とした言語的共通性である。

　現在の東西スラヴと南スラヴとの間には西からオーストリア，ハンガリー，ルーマニアといった非スラヴ語圏が広がり，スラヴ圏は南北に分断されているが，歴史的に見れば9世紀頃までのスラヴ圏は地理的にも一つの統一体を成していた。その後ドイツの東方植民，ルーマニア人の形成，マジャール人の移住とハンガリーの建国によって，この統一体が分断されるに至ったのである。スラヴ諸語は今日に至るまで緊密な言語的共通性を保っているが，9世紀以前のスラヴ諸語はさらに大きな言語的共通性を持っていた。従ってその時代以前に遡るキリスト教以前の民衆文化は，当然のことながらこのような言語的共通性に支えられた文化的共通性を示している。

　例えばロシア・中欧・バルカン地域では，クリスマス・イヴあるいはこの日から公現祭までの毎晩，若者がグループを作ってクリスマス・キャロルを歌いながら家々を門付けして歩く風習が広く知られている。このとき歌われるクリスマス・キャロルの名称はスラヴ圏で共通の語形を持ち（ロシア語，ウクライナ語 koljada，ベラルーシ語 kaljada，ブルガリア語，セルビア語，クロアチア語，チェコ語，スロヴァキア語 koleda，ポーランド語 kolęda），ルーマニア語，現代ギリシア語でも共通の呼称（colindă, κάλανδα）を持つ。これらの語は中世ラテン語で各月の初旬を意味する calendae（カレンダー calendar の語源）に由来し，calendae の -en- がポーランド語では鼻母音 ę で移されていることから，スラヴ語には共通スラヴ語がこの鼻母音を保持していた時代に借用された，と推定される。

　同様にクリスマスから新年にかけての儀礼的な訪問と，その訪問者によって新年の吉凶を占うポラーズニク（polaznik）と呼ばれる習俗は西ウクライナ，南ポーランド，スロヴァキア，南スラヴ，ハンガリーに見られ，その分布の中心はドナウ川中流域西部のパンノニアである。ボガトゥイリョーフの研究によれば，この習俗はスラヴ人が地理的統一を保っていた時代に南スラヴからスロヴァキアの西スラヴ人に伝えられ，さらにそこからウクライナに伝え

られた。

5　地域を分かつもの——宗教

　言語的共通性はロシア・中欧・バルカンの文化的共通性を支える最大の指標だが，この地域は異なる文化的指標をとるならば，その内部にいくつかの対立する文化圏を共存させている。そのひとつの例として宗教を考えてみよう。この観点からすると，この地域は大きく東の東方正教圏と西のカトリック圏に分けられる。東スラヴとブルガリア，ルーマニア，モルドヴァ，ギリシアは東方正教圏に属し，チェコ，スロヴァキア，ポーランドなどの西スラヴ，ポーランドと密接な歴史的文化的関係を保ってきたリトアニア，ハンガリーはカトリック圏に属する。旧ユーゴスラヴィアにおいてはこの対立がその内部に再生産されている。つまり西のスロヴェニア，クロアチアがカトリック圏であるのに対して，東のマケドニア，セルビアは東方正教圏，そのはざまにボスニアがスラヴ圏唯一のまとまったイスラーム圏として位置する形となっている。ちなみにバルカンのイスラーム圏はコソヴォ，アルバニアにも広がっているし，ブルガリアにはポマクと呼ばれるイスラーム系ブルガリア人が居住している。

　ところでセルビアとクロアチアは言語的には（表記法，語彙，発音などを除けば）大きな違いがなく，この両者を区別するものはむしろ宗教である。西のカトリック圏は西欧に接続してゆき，東の東方正教圏は，黒海を隔ててカフカースのグルジアにまで及んでいる。

　この宗教文化圏の違いは，文化の上層においてはラテン語文化が浸透したカトリック圏とビザンツ文化が浸透した東方正教圏の対立として現われる。西スラヴとハンガリーでは西欧と並行的にルネッサンス期までラテン語が文語として機能していたし，バロック期のウクライナやベラルーシの詩人もポーランド文化の影響下にラテン語による詩作を行っていた。

　宗教文化の違いは書記文学においては用いられる文字の違いとなってあら

われる。カトリックあるいはプロテスタント圏ではラテン・アルファベットが用いられているのに対し,スラヴ正教圏ではキリル文字が用いられており,言語系統の違うイディッシュ,ラディーノ,カライムの諸言語はいずれもユダヤ人の言語としてヘブライ文字を用いてきた。

　民衆文化のレヴェルにおいても東方正教圏とカトリック圏との間にはいくつかの顕著な相違が認められる。たとえばカトリック圏が宗教的モチーフの図像表現において立体的表現を認めているのに対して,東方正教圏はそれを認めていないが,民衆美術においてもカトリック圏では木彫りのキリスト,マリア,聖者などの像(あるいはそれをかたどった蜂の巣箱)などが重要なジャンルを占めるのに対して,東方正教圏ではロシアの民衆画ルボークのように平面的表現が守られている(ウクライナのヴェルテプ,ベラルーシのバトラーイカなどの民衆人形劇には例外的に宗教的モチーフの立体的表現が認められるが,これはむしろポーランドのクリスマス人形劇ショプカなどの影響と考えられる)。

　精神文化のレヴェルでは,このふたつの文化圏の違いは教会暦に規定された民衆暦の構造にも必然的に影響を与える。教会暦でその祝日が祝われる聖人は東西両教会に共通のもの,そのいずれかに固有のもの,さらには各国でのみ祝われるものがある。共通の聖人の祝日には公的には同じような行事を伴う場合が多いが,民衆暦上同じ機能を持つ祝日が教会暦上は異なる聖人の祝日であることは珍しくない。たとえば冬の訪れを告知する祝日は東方正教圏であるバルカン地域では10月26日を祝日とする聖デメトリオス祭だが,カトリック圏である中欧地域では11月11日の聖マルティン祭である。東方正教圏である東スラヴでこれに対応するのは11月26日を祝日とする(冬の)聖ゲオルギオス祭である。

　東方正教圏とカトリック圏は以上のように大きな文化的違いをもたらしているが,しかし常に画然と区別されているわけでもない。両者が隣接する地域ではその相互影響が見られる。たとえば西ウクライナではスラヴ語典礼を保持しつつローマ法皇の権威を認める合同教会が優勢だが,この地域の民間暦には両文化の要素が混在して認められる。また聖マルティンは元来カト

リックの聖者だが，クロアチアに隣接するセルビアの民間では聖ムラータとして崇拝されていたし，ボスニアの民間ではかつてはイスラーム教徒とキリスト教徒とが互いの祝日を祝いさえしていた。

ロシア・中欧・バルカンのキリスト教はカトリックと東方正教にとどまらない。ドイツの文化的影響の強かったエストニアとラトヴィア，上ソルブではプロテスタントが優勢だし，キリスト教以外ではユダヤ人のユダヤ教，ボスニアを中心としたバルカンのイスラーム教，カルムィクの仏教（ラマ教）なども忘れてはならない。

6　地域を分かつもの——地理的条件

ロシア・中欧・バルカンはその地理的条件によってもまた二分されうる。それはロシアと中欧の大部分を占める平原地帯とカルパチアおよびバルカン山地に代表される山岳地域である。前者の平原地帯は西はポーランドを越えてドイツにまで，東はシベリアを経てユーラシアの東端にまで至っている。後者の山岳地域はポーランド南部，スロヴァキア東部，ハンガリー，ウクライナ南西部，バルカン半島東部に広がっている。この山岳地域は中欧，ルーマニアのカルパチア文化圏と南スラヴ，ギリシア，アルバニアなどのバルカン文化圏に大別できるが，このふたつの文化圏は山岳文化圏として接続し，共通の文化圏を構成している。

宗教的には東方正教とカトリックの対立を示す東スラヴと西スラヴは，平原地帯を共有するその地理的条件から，物質文化においてはむしろ類似性を示す。最近の研究では中世ロシアを代表する都市ノヴゴロドは恐らく地理的条件からその言語においても，物質文化においても当時のバルト海沿岸の西スラヴと大きな共通性を見せていたが，現在の民族建築においてもロシアとポーランドは，建材，izba「小屋」，sen', sień「入り口の間」などの，術語や実際の構造において大きな共通点を持ち，山岳地域のバルカンの住居とは大きく異なっている。また精神文化においても，教会の祝日にあわせて行わ

れる非宗教的な儀礼を比較するならば、東スラヴとポーランドはむしろ類似を示すことが多い。これは民間暦に従って行われる儀礼は実際には宗教よりも生業の形態により密接に関わっていることからきている。ここで例として4月23日あるいは24日に、東西両教会に共通の聖者の祝日として祝われる（春の）聖ゲオルギオス祭の儀礼をとりあげてみることにしよう。

聖ゲオルギオス祭はロシア・中欧・バルカンの民衆暦においては農耕と牧畜の開始を告げる日ということでは基本的に一致しているが、その儀礼のディテールはその地域の地理的条件によって、相互に大きな違いを見せている。この日はロシアでは耕作の開始日であり、東・西スラヴの北部では、この日にはじめて家畜が小屋から放牧地に出される。

これに対してバルカンからカルパチアにかけての山岳地域では、この日は特に重要な意味を持っている。ルーマニア、ブルガリア、マケドニア、セルビア、ギリシアなどでは山地と平地との高度差を利用した大規模な移動牧畜が行われており、この祝日は単に家畜を放牧地に連れ出す日ではなく、羊群が冬営地から夏営地へ大移動を開始する起点の日となっているからである。

さらにこれに対して同じ南スラヴでも西の平原地帯に位置するクロアチアやスロヴェニアでは農耕のモチーフが優勢となり、「緑のゲオルギオス」と呼ばれる儀礼が行われる。

このように平原地帯と山岳地域という地理的条件の違いは、ロシア・中欧・バルカンにおいては農耕・牧畜といった基本的生業の形態、またそれと結びついた儀礼などの精神文化の領域にも違いをもたらしている。

しかし同じ地理的条件によってまとめられるカルパチア＝バルカン文化圏は、歴史的経緯という指標をとるならば、二つに分割される。20世紀初頭までカルパチア地方がハンガリーに領有されていたのに対し、バルカン地方がオスマン・トルコによって領有されていた、という歴史的経緯の違いはこのふたつの文化圏に大きな差異をもたらしたのである。

7　地域を分かつもの——歴史の刻印

　カルパチア文化圏の共通性を保証したものは，自由に広大な空間を移動する羊飼いの活動によるところが大きい。現在ハンガリー，東スロヴァキア，南ポーランド，西ウクライナ，ルーマニアが分有しているカルパチア地方の大部分は，かつて20世紀初頭までハンガリーが単独で領有した地域であり，単一の国家の領域内にあったこの山岳地域を，羊飼たちは大規模な移動牧羊に従事しながら移動していた。中世以来カルパチア山脈はもともとハンガリーの北部と東部国境を示す自然の境界だったのである。

　これに対してバルカン文化圏は15世紀以来オスマン・トルコ支配を共通に経験することによって，民族衣装，民族音楽，食事等の物質文化の領域でトルコの影響を介した共通性が大きい。言語的に見ても，バルカン東部からカルパチア南部に位置し，同じインド・ヨーロッパ語族に属しながら語派を異にするルーマニア語，ブルガリア語，現代ギリシア語，アルバニア語は，後置定冠詞を持つ，格変化を失いそれを前置詞の使用によって補う，不定形が消滅するなど一連の共通の特徴を持つために，バルカン言語連合と呼ばれるグループを構成し，この現象をバルカニズムと呼ぶ。

　歴史的に見ればロシア・中欧・バルカンはロシア帝国，オーストリア＝ハンガリー二重帝国，オスマン帝国という3つの帝国文化圏が分割していた地域にほぼ重なることになる。これは同時に支配階級の宗教においては，東方正教，カトリック，イスラーム教の対立に重なるものであった。この歴史的刻印がいかに深いものであったかは，歴史的経緯の違いを克服して言語的には同系の（ブルガリア人以外の）南スラヴ人によって建国された「南スラヴの国」ユーゴスラヴィアがついに崩壊の道を辿ったことにも象徴的に見て取れる。共通の言語を持ちながら血で血を争う抗争を続けたクロアチアとセルビアは，かつてそれぞれオーストリアとトルコの支配下にあり，異なる歴史的文化圏と宗教的文化圏に組み込まれていたのである。

これに対してハンガリー，オーストリア，チェコ，スロヴァキア，クロアチア，スロヴェニアといった地域は互いに異なる系統の言語を母語としながら，隣接して位置し，19世紀にはオーストリア＝ハンガリー二重帝国という共通の文化圏を形成していた。このことはチェコ出身のクンデラのような中欧の作家によってしばしば強調されるところである。

ロシア帝国内のロシア以外の諸言語・諸文化はロシアの強大な影響下にあり，ロシア革命後に独立したウクライナ語，ベラルーシ語も，ロシア語をモデルとして表記法や語彙も定められたし，非スラヴ系の諸言語もラテン・アルファベットを用いた時期を経て，ほとんどがキリル文字を表記に用いていた。ロシアの非ロシア系住民の文化的啓蒙とはロシア正教化にほかならなかった。

この文化圏の対立は同一言語圏をも分割していることがある。例えばウクライナは19世紀にはロシア帝国領の東ウクライナとオーストリア領の西ウクライナに分割されており，オーストリア領西ウクライナはロシア革命後ポーランド領西ウクライナに受け継がれた。この歴史的経緯の違いは特にロシア語・ロシア文化に対する東ウクライナと西ウクライナの距離の取り方の違いとなって現われている。

8 まとめとして

以上の概観によって筆者が示そうとしたのは，ロシア・中欧・バルカンという地域は，言語，宗教，地理的環境，歴史的経緯といったいくつかの指標によって異なる領域に分割できるということであり，この地域の文化の類型はそれらの言語・文化の等語線の複雑な相互関係の結果として現象している，ということである。本書に収められた諸論稿はそのことをそれぞれに雄弁に語ってくれるはずである。

注

(1) 本書で個別に論じられていないカシューブ，ポマク，ネネツ，マリ，スロヴァキアのルシン／ウクライナ人，クリミア・タタールについては，『講座　世界の先住民族　―ファースト・ピープルズの現在―』6巻「ヨーロッパ」明石書店 2005 を参照のこと。

参考文献

黒田龍之介『羊皮紙に書かれた文字たち　スラヴ言語文化入門』現代書館，1998 年。
森安達也『ビザンツとロシア・東欧』講談社，1985 年。
森安達也編『スラヴ民族と東欧ロシア』山川出版社，1986 年。
田中克彦，H. ハールマン『現代ヨーロッパの言語』岩波新書，1985 年。
田中克彦『言語から見た民族と国家』岩波書店，1991 年。
『講座　世界の先住民族　―ファースト・ピープルズの現在―』6 巻，「ヨーロッパ」，明石書店，2005 年。
Славянские языки. Москва. 2005.
『東欧を知る事典』（新訂増補版）平凡社，2001 年。
『ロシアを知る事典』（新版）平凡社，2004 年。
柴宜弘編『バルカンを知るための 65 章』明石書店，2005 年。
Ronald Wilxman, *The Peoples of the USSR. An Ethnographic Handbook*. New York, 1984.

I　スラヴ語世界への誘い

1　20世紀末〜21世紀初頭のロシア語

桑野　隆

1　多民族国家ロシア

　ロシアはこの20年余のあいだに大きく様変わりした。1980年代半ばに始まったペレストロイカは，試行錯誤を繰り返しつつ，やがて1991年12月には独立国家共同体（CIS）の創設，ソ連（ソヴィエト社会主義共和国連邦）の消滅，ロシア連邦（別称ロシア）の発足へと至った。いまも独立国家共同体という緩やかな共同体が元ソヴィエト社会主義共和国の半数近くによって形成されているとはいえ，事実上，ロシアは旧ソ連を構成していた残り14のソヴィエト社会主義共和国と分かれて，15分の1になったわけである。もっとも，領土が15分の1になったわけではない。面積でいえば，旧ソ連が2240万2200km²であったのにたいして，ロシアは1707万5400km²とかなり小さくはなっているものの，いまなお世界一大きな国にとどまっている。

　また，ソ連時代と同様，多民族国家であることにも変わりはない。ソ連時代にはロシア人と非ロシア人がほぼ半々だったのにたいして，ロシアのみとなった今日ではロシア人が全体の約8割となっているものの，依然として数多くの民族から構成されており，人口50万人以上の民族は18，その他の少数民族は100を優に越える。2002年時点では，ロシア人に次いで多いのは順にタタール人，ウクライナ人，バシキール人，チュヴァシ人，チェチェン

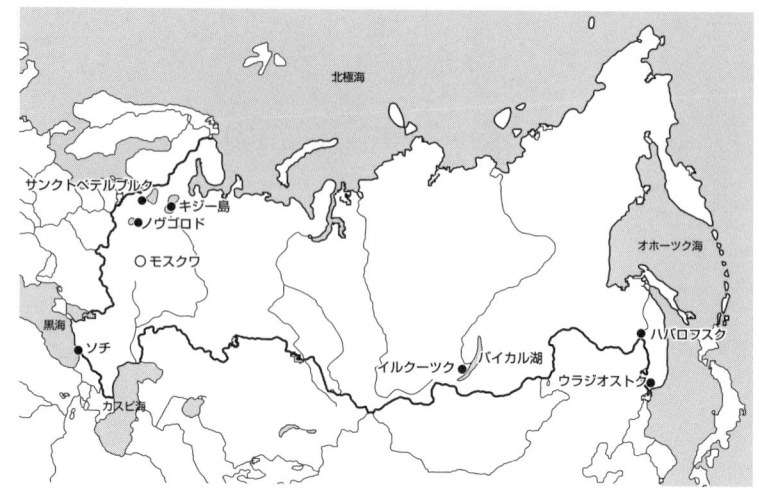

図1　ロシア連邦

人，アルメニア人である。1989年の調査とくらべると，ウクライナ人とベラルーシ人がかなり減少しているのが目を引く。いずれにせよ，これからも推されるように，じつに多様な民族が暮らしている。(表1は，2002年の調査にもとづき，人口の多い順に20位まで並べたものである。)

2　多言語国家ロシア

こうした事実と関連して，ロシアは多言語国家でもある。約150の言語が存在しており，語族，語派も以下のようにきわめて多様である。該当する言語をいくつか例示しておこう。

印欧語族
　スラヴ語派（ロシア語，ウクライナ語，ベラルーシ語）
　バルト語派（リトアニア語，ラトヴィア語）
　インド・イラン語派（オセット語，タジク語）

1　20世紀末〜21世紀初頭のロシア語

表1　ロシア連邦内の民族構成

	2002		1989		1989年と比較した2002年の比率
	単位1000人	全体に対する比率	単位1000人	全体に対する比率	
全人口	145164,3	100.00	147021,9	100.00	98.74
ロシア人	115868,5	79.82	119865,9	81.54	96.67
タタール人	5558,0	3.83	5522,1	3.76	100.65
ウクライナ人	2943,5	2.03	4362,9	2.97	67.47
バシキール人	1673,8	1.15	1345,3	0.92	124.42
チュヴァシ人	1637,2	1.13	1773,6	1.21	92.31
チェチェン人	1361,0	0.94	899,0	0.61	151.39
アルメニア人	1130,2	0.78	532,4	0.36	212.28
モルドヴァ人	844,5	0.58	1072.9	0.73	78.71
ベラルーシ人	814,7	0.56	1206,2	0.82	67.54
アヴァール人	757,1	0.52	544,0	0.37	139.17
カザフ人	655,1	0.45	635,9	0.43	103.02
ウドムルト人	636,9	0.44	714,8	0.49	89.10
アゼルバイジャン人	621,5	0.43	335,9	0.23	185.03
マリ人	604,8	0.42	643,7	0.44	93.96
ドイツ人	597,1	0.41	842,3	0.57	70.89
カバルジア人	520,1	0.36	386,1	0.26	134.71
オセット人	514,9	0.35	402,3	0.27	127.99
ダルギン人	510,2	0.35	353,3	0.24	144.41
ブリヤート人	445,3	0.31	417,4	0.28	106.68
ヤクート人	444,0	0.31	380,2	0.26	116.78

（*Этнокультурный облик России: перепись 2002 года*, Наука, 2007, C. 37. より）

ロマンス語派（モルドヴァ語）

ゲルマン語派（ドイツ語）

その他（アルメニア語）

ウラル語族

フィン語派（ウドムルト語，マリ語，カレリア語，エストニア語）
ウゴル語派（ハンティ語，マンシ語）
サモエード諸語（ネネツ語）
イベリア・カフカス語族
南カフカス諸語（グルジア語）
北西カフカス諸語（アディゲ語，カバルディン・チェルケス語）
ダゲスタン諸語（アヴァール語，ダルギン語）
ナフ諸語（チェチェン語，イングーシ語）
チュルク諸語（タタール語，バシキール語，チュヴァシ語，カザフ語，アゼルバイジャン語，ヤクート語）
モンゴル諸語（ブリヤート語）
ツングース・満州諸語（エヴェンキ語，ナナイ語）
旧シベリア諸語／古シベリア諸語（チュクチ語，ユカギール語）
その他（朝鮮語，アッシリア語）

　使用人口でいえば，ロシア語に次いで多いのはタタール語（約530万人），ウクライナ語（180万人），バシキール語（140万人）である。さらにチェチェン語，チュヴァシ語，アルメニア語，アヴァール語と続く。
　では，このような多言語国家のなかでロシア語はどのような位置を占めているのであろうか。
　意外と知られていないのだが，じつは，ソ連時代には，各民族の自治権の尊重という建前もあってソ連全体の「国家語」という存在は否定されていたため，ロシア語はソ連全体あるいはロシア・ソヴィエト連邦社会主義共和国においても「国家語」「公用語」ではなかった。法的にロシアの「国家語」とされたのは1991年である。きっかけは，ペレストロイカの末期にソ連の各ソヴィエト社会主義共和国ではじまった「国家語」法制化の動きであった。実質的にソ連全体の共通語となっているロシア語の影響力を弱め，あるいは排除して，それぞれの民族語を守ろうとする動きがでてきたのである。

この辺の委細は省くが、ともあれ、こうした動きのなかでロシア連邦もロシア語を全連邦的な「国家語」とすることを憲法に明記する一方、ロシア連邦内部の共和国にもそれぞれの国家語制定を認めている。もっとも、すべての共和国がそのような手続きを進めているわけではないばかりか、民族と言語、共和国と言語の対応もかなり複雑である。

　また、国家語は一つとは限らず、たとえばカラチャイ=チェルケス共和国では、アバジン語、カラチャイ語、ノガイ語、ロシア語、チェルケス語を国家語と認めている。極端なのはダゲスタン共和国で、ロシア語に加えて、共和国内の諸民族の言語のすべてを国家語と定めている。アヴァール語、アグール語、アゼルバイジャン語、ダルギン語、クムイク語、ラク語、レズギン語、ノガイ語、ルトゥル語、タバサラン語、タート語、ツァフル語、チェチェン語である。

3　ロシア語の位置

　さて、ロシア連邦の国家語とされているロシア語であるが、この言語はロシア人の母語であるとともにロシア内の民族間交流語の役割も果たしている。

　1989年のデータによるならば、旧ソ連内のロシア人は1億4507万人、そのうちロシアには1億1986万5946人が住んでいる（旧ソ連内のロシア人の82.6%）。そして、ロシア内のロシア人の99.95%はロシア語を母語とみなしている。

　また、ロシア内の非ロシア人のうち750万人はロシア語を母語としてあげている。ただし、ロシア語を母語としている比率は民族しだいでさまざまであり、ウクライナ人やベラルーシ人の場合、ロシア語を母語としているのは60%前後にのぼるのにたいして、タタール人だと約14%、チェチェン人だと約1%である。ユダヤ人は約90%がロシア語を母語としている。

表2 ロシア語を母語としている率（1989年）

民族	人口（単位1000人）	ロシア語を母語とする者(%)
ロシア人	119865,9	99.95
タタール人	5522,1	14.18
ウクライナ人	4362,9	57.01
チュヴァシ人	1773,6	22.26
バシキール人	1345,3	10.05
ベラルーシ人	1206,2	63.46
モルドヴァ人	1072,9	30.83
チェチェン人	899,0	1.06
ドイツ人	842,3	57.99
ウドムルト人	714,8	28.94
マリ人	643,7	17.82
カザフ人	635,9	11.49
アヴァール人	544,0	1.58
ユダヤ人	536,8	90.53
アルメニア人	532,4	31.83
ブリヤート人	417,4	13.32
オセット人	402,3	6.43
カバルジア人	386,1	2.23
ヤクート人	380,2	5.93
ダルギン人	353,3	1.50

(В. И. Белков, Л. П. Крысин, *Социолингвистика*, РГГУ. 2001, С. 407. より)

　このように，ロシア人以外でロシア語を母語としている民族は，ユダヤ人が目立つものの，全体としてはそう多くはない。（ちなみに，ユダヤ人の人口は，1989年の調査ではこのように約54万人であったが，2002年の調査では約23万人に減少しており，上位20から外れている。イスラエルや米国への大量移民のためである。）また，ウクライナ人やベラルーシ人の場合は，ウクライナ語，ベラルーシ語がロシア語とともにスラヴ語派のうちの東スラヴ語群を形成している言語であるという近さも，関連しているものと思われる。それと同時に

見逃せないのは，次の表に示されているような，ロシア内の二言語使用状況であろう。

表3　ロシア内の各民族が使いこなせる言語（2002年）

民族	言語使用者指数%		
	ロシア語	民族名の言語	その他の言語
ロシア人	99.8	99.8	3.1
タタール人	96.1	80.8	6.4
ウクライナ人	99.8	43.1	4.5
バシキール人	94.5	71.3	34.0
チュヴァシ人	96.8	76.5	7.1
チェチェン人	82.9	95.9	2.0
アルメニア人	98.5	73.2	11.2
モルドヴァ人	99.3	67.4	2.3
ベラルーシ人	99.8	30.7	6.7
アヴァール人	85.9	94.6	4.0
カザフ人	98.3	72.0	4.6
ウドムルト人	98.2	67.4	6.1
アゼルバイジャン人	94.5	81.4	6.9
マリ人	97.2	76.8	9.7
ドイツ人	99.7	31.6	1.5
カバルジア人	92.9	97.6	2.4
オセット人	96.4	91.8	12.4
ダルギン人	88.2	96.7	4.6
ブリヤート人	96.3	79.3	1.7
ヤクート人	87.4	93.2	1.3

（*Этнокультурный облик России: перепись 2002 года*, Наука, 2007, C. 55. より）

こうした二重言語併用には種々の要素が関係しているものと思われるが，全体としては，ソ連時代のロシア語普及政策のなごりであることはまちがいない。

ソ連時代は，民族語とロシア語のバイリンガル化を基本とする一方，ソ連を構成している共和国や大きめの自治共和国では，母語による教育が維持されていた。ただ，小規模の民族の場合は，上級生になるとロシア語の授業が中心になっていた。他方，ロシア人は，非ロシア人地域在住でも現地の民族語を習得しなくともよかった。こうした政策がロシア語の普及に影響していることは十分に考えられる。

2002年のデータによれば，ロシア内でロシア語を使えない者は2%弱（見方によっては1.5%弱）である。

4 消えゆく言葉と生まれくる言葉

この10年あたり，ロシアでは，ロシア語全般に見られる変化をテーマにした本が相当数出版されている。なかには，こうした変化，とりわけ俗語の氾濫による「乱れ」にたいする危機感を表明しているものも見られる。たしかに，1980年代末あたりからは，ペレストロイカ以前であれば思いもよらなかったような勢いで，ロシア語（とりわけ語彙）が変化してきていることは事実である。こうした変化の背景に政治や社会の変化があることは，いうまでもない。

以下では，その辺のところを手短かに見ていくことにしよう。

まず，ペレストロイカが開始されてしばらく経った頃に際立っていたのは，「ソヴィエト語」（ソヴィエト期（1917-1991）の現実を反映した語や言い回し）を排除しようする動きである。いまではこの作業はほぼ終わり，「ソヴィエト語」は多くの者にとってもはや古語と化している。

коллективизация「集団化」, совет「ソヴィエト」, дом отдыха「休息の家」, пятилетка「5カ年計画」などがそうであり, революция「革命」という語が「1917年の十月革命」という意味で使われるケースなども含まれる。「泥棒隠語」という語義のблат が「縁故，コネ」を意味したり, работать в «почтовом ящике»「〈郵便箱〉で働く」が「秘密組織に勤める」, вызывать на ковер「じゅ

うたんの上に呼び出す」が「責任ある回答・説明を得るために呼び出す」を意味するようなケースも，「ソヴィエト語」である．

　比較的詳しい日本語辞典(たとえば『大辞林』)には「タワーリシチ［tovarishch（ロシア）］同志, 仲間, タワリシチ」という項目があるが, この товарищ も, 「同志」という意味で使っているのはもはや共産党員同士だけであり, また 呼びかけ (Товарищ! 「同志！」,「そこの方！」 Товарищ Иванов! 「イワノフさん！」, Товарищ директор! 「所長さん！」) に際してもほとんど使われなくなった．

　また, たとえば пост がソヴィエト時代には本来の語義「斎戒」ではなく,「なにかを我慢すること」の意味で使われることが多かったのにたいして, いまではもとの教会用語としての意味を取り戻しているといったようなケースも, 多々見られる．

　もちろん, こうした動きのきっかけになったのがペレストロイカであったわけだが, いまでは перестройка「ペレストロイカ」という語そのものや, それに関連した1980年代末から90年代初頭のキーワード гласность「グラースノスチ」, плюрализм「プルーラリズム」, демокрация「デモクラシー」なども, 政治的な意味合いを失い, もはや普通の語と化している． перестройка が80年代後半にもっていた意味も, ロシアのいまの生徒たちには必ずしも明確ではなく, ただの「建て直し」と解している者が多いらしい．

　これにたいして, 20世紀末あたりからいよいよ顕著になってきたのは, 新語の猛烈な増加である．

　とくに「マスコミの言語」にその傾向が目立つ．マスコミでは, たんに新語が増えてきているだけでなく, 専門用語・業界用語が一般向けに使われるケースも目立っている．さらには,「インターネットの言語」などに代表されるようなグローバル化という世界的現象が作用している面も見逃せない．これらの変化の遠因にはむろん政治・社会面での変動があったわけであるが, 直接的要因としては, やはり世界的傾向がロシアにも広がってきていることがあげられよう．

変化がもっとも際立っているのは，（文法や発音よりも）語彙である。ここ何年かのあいだに幾種類も新語辞典が出ている。

比較的新しいところでは，8500の語と語結合を集め，例を数多く収録した『21世紀初頭のロシア語辞典（頻度の高い語）』(2006)があげられる。ちなみに，1990年代には変化に歯止めがかからないかに見えたロシア語も，この辞典の序には，「21世紀初頭近くには，ロシア語語彙体系は顕著に安定化したとまではいえないにしても，バランスを取り戻してきたとはいえる。いまわれわれが目にしているのは，前世紀90年代に起こった旋風のような猛烈な言語現象ではもはやなく，むしろ相異なる二つのプロセス，すなわち一方では共通語が術語を取りこんでいくプロセスと外来語の洪水，他方では言語のジャーゴン化である」[1]と記されている。

分野ごとに新語の例をいくつか挙げてみよう。〔（ ）内はローマ字表記〕

経済：девелопер（developer）「ディベロッパー」，банкинг（banking）「銀行業」

スポーツ：дайвер（daiver）「ダイビング選手」，допинг-контроль（doping-kontrol'）「ドーピング検査」，хет-трик（khet-trik）「ハットトリック」

音楽：кантри（kantri）「カントリー」，караоке（karaoke）「カラオケ」，шоу-бизнес（shou-biznes）「ショービジネス」

飲食：биг-мак（big-mak）「〈ビッグマック〉形式のサンドイッチ」，фаст-фуд（fast-fud）「ファーストフード」

飲食ではсуси/суши（susi/sushi）「すし」やтофу（tofu）「豆腐」も収録されている。

ローマ字表記からも推されるように，これらはもっぱら外来語であり，英語に通じている者からすれば意味が推測できる語が多い（киллер（killer）「殺し屋」，мачо（macho）「マッチョ」なども）。

他方，ジャーゴン化のほうは，ロシア語にかなり通じている者であっても辞書なしではお手上げのものが少なくない。いや，ロシア語を母語とする者にとってすら明解でないケースもまれではないようだ。

5 グローバリゼーションと外来語

　外来語の場合，上記の例からもうかがえるように，英語からの借用が際立っている。やはりグローバル化の影響を大きく被っているわけであるが，これよりもやや前の時期に関しては，脱ソ連体制をめざすがゆえの西欧志向といった面が強い。

　この傾向は政治の分野にいちはやくあらわれた。たとえば1990年代初頭には Верховный Совет (Verkhovnyi Sovet)「最高会議」が парламент (parlament)「議会」, совет министров (sovet ministrov)「閣僚会議」が кабинет министров (kabinet ministrov)「内閣」と名乗るようになったり，都市部では мэр (mer)「市長」があらわれ，пресс-секретарь (press-sekretar')「報道官」が брифинг (brifing)「ブリーフィング」をおこなうようになった。

　やがて，コンピュータやスポーツ，経済などに外来語がどんどん進出してくる。いくつか例をあげておこう。

コンピュータ：дисплей (displei)「ディスプレー」, файл (fail)「ファイル」, интерфейс (interfeis)「インターフェイス」, принтер (printer)「プリンター」, сайт (sait)「サイト」;

スポーツ：скейтборд (skeitbord)「スケートボード」, кикбоксинг (kikboksing)「キックボクシング」, фристайл (fristail)「フリースタイル」, дайвинг (daiving)「ダイビング」。これまで使われていたロシア語 боец (boets)「戦士，闘士」は файтер (faiter)「ファイター」に取って代わられた。

経済：бартер (barter)「バーター」, брокер (broker)「ブローカー」, дилер (diler)「ディーラー」, маркетинг (marketing)「マーケティング」

　日常生活のなかに，имидж (imidzh)「イメージ」, презентация (prezentatsiia)「プレゼンテーション」, спонсор (sponsor)「スポンサー」, видео (video)「ビデオ」, хит (khit)「ヒット」なども広がっていった。

　やや遅れて，бейдж (beidzh)「バッジ，(会社などの) 身分証」, билборд (bilbord)

「屋外広告の看板や掲示板」，бренд（brend）「ブランド」，мультимедиа（mul'timedia）「マルチメディア」，фитнес（fitnes）「フィットネス」，шопинг（shoping）「ショッピング」なども入ってきている。

ちなみに，ロシア語で表現できるにもかかわらず外来語を使おうとする場合の多くは，そのほうが「かっこいい」とみなしているかららしい。その点では日本と似ている。

上記の新語辞典の末尾には，ローマ字でしか使っていない語もあげられている。

例：CD-ROM, DJ, e-mail, Hi-fi, on-line

これらをロシア語と認めるか否かは意見が分かれている。文字が「ロシア化」されるまでは外国語とみなすべきであるという者もいる。外来語のこうした急激な増加によるもうひとつの問題は，やはりこの新語辞典にも収録されているが，ローマ字表記の語とキリル文字表記の語からなる合成語の増加である。これにはさすがに眉をひそめる者が多い。

DVD-плеер「DVDプレーヤー」，e-mail-адрес「メイルアドレス」，PR-рынок「PR市場」，Web-сайт「ウエブサイト」，WWW-страница「WWW頁」など，コンピュータ関係の語が多い。

伝統的に外来語に寛容であったロシア語も，ここまでくると何がしかの対策が必要であると考える者が増えているようだが，このタイプの合成語の勢いは当面止みそうにない。

6　自由化とスラング

さて，ロシア語辞典に限らず，一般に〇〇語辞典というものには規範が設けられており，何から何まで収録したりはしない。他方，そうした辞典から外れたものは，それはそれでさまざまなジャーゴン辞典，俗語辞典，方言辞典などに収録されているものだが，ソ連時代には標準語辞典や方言辞典はあっても，ジャーゴン辞典や俗語辞典はなかった。ましてやラーゲリ（強制

収容所）用語辞典など出版されるはずがない。むろんそれは言論統制政策と密接な関係にあったわけだが，そのため，ロシア語・ロシア文学の研究者や翻訳者は少しでも助けとなるような辞書を欧米から入手していたものである。イギリスでは Beyond the Dictionaries などいうロシア語辞典まで出ていた。

そうした状況への反動であろうか，ペレストロイカ後，俗語辞典，隠語辞典，罵言辞典などが次々と公刊された。そのうち，「スラング」辞典も出るようになった。

スラングが猛烈な勢いで増えていったのは，社会が大きく変化していった 1980 年代後半から 90 年代である。あらゆる領域，とりわけ，以前はスラングが禁止されていたラジオやテレビ，新聞に入ってきた（こうした現象は，程度は今回ほどではないにしても，1917〜1920 年代初頭や 1950 年代後半〜60 年代初頭のような転換期にも見られた）。

スラングはたんに語数が増えただけではない。以前ならくだけたコミュニケーションという状況でのみ使用可能であったのが，事実上あらゆるコミュニケーション状況で用いられるようになった。

ちなみに，ロシア語学では伝統的に使ってこなかったこの「スラング」という用語は，いまでは，「ロシアの都市住民が年齢，教育，職業にかかわらず，くだけた個人的コミュニケーションで用いている非標準語下位体系」を指している。以前は「共通ジャーゴン」という用語も使われていたが，この用語よりも「スラング」を優先する理由について，ある本では以下のように説明されている[2]。

1) 「ジャーゴン」は，「麻薬患者のジャーゴン」，「刑務所・強制収容所のジャーゴン」などといったように，（ふつう，社会に敵対している）閉じられた社会的グループの言葉遣いを連想させる。「共通ジャーゴン」という表現自体，この点で矛盾している。

2) 「スラング」のほうは「ジャーゴン」よりニュートラルである。ロシア語使用者の意識ではいかなる犯罪グループとも結びついていない。

3) 英語圏では，ジャーゴン的語彙を起源としながらも，英語・米語の使

用者の共有財産となっていて，くだけたやりとりで使われるものを「スラング」としており，否定的連想はない。
4) ロシアの英語学や辞書学では，スラングが英語使用者の意識しうるひとつのカテゴリーとして存在していることが否定されていた。
5) 1990年代に「スラング」という用語を英語学，英語辞書学に復権させた言語学者アプレシャンは，スラングのようなカテゴリーが，以前にそれがなかった言語，とりわけロシア語にあらわれ，発達していることに注目している。

要するに，スラングは，地域方言，職業ジャーゴン，泥棒隠語，種々の閉鎖的社会グループのジャーゴンに対置されている。また都市の俗語とも区別されている。俗語という下位体系を使うのは，教養があまりなく標準語規範を身につけていない都市住民であるとされている。また，主に男性間で使われる下品な婉曲表現とも異なる。あくまでもニュートラルというわけである。

こうした「スラング」の定義からもうかがえるように，スラングはソ連時代の窮屈さからの解放の表現にもなっている。スラングの隆盛は，まさに「言論の自由」の謳歌となっているかのようであり，実際，マスコミの言語に広がっているだけでなく，教養ある者も使っているとのことである。

例：
квасить「1) 発酵させる，2) 酸っぱくする」を，「酒を飲む」という意味で使う者たちはいたが，いまでは教養ある者も「しずかに，ゆっくりと飲む」という意味で使っている。ящик「箱」を「テレビ」，мыло「石鹼」を「まずい食べ物」の意味で使ったりもする。

スラングのこうした流行と関連して，やはり「自由化」がもたらしたといえる正書法の「混乱」もここであげておこう。これもまた以下のような嘆きを招いている。

検閲の廃止，教養があるとはかぎらない民間の出版社の創設，校正の欠如などのために，正書法の無視が起こり，意味不明のものが出てきている。……発行人のレベル低下。……教師は，高校の上級生までが小学校1年生のように порное молоко［正しくは парное молоко］，комнота［正しくは комната］などと書くと嘆いている。新聞の見出しもひどい。…… この理由は，一般的に（あるいは言語面で）文化が社会に不足していることにある[3]。

こうした現象がとくに多く見られるのは広告であり，要するに，目を引くために「誤用」をおこなっているのである。

例：
1918年の正書法改革前の古い書き方：трактір［正しくは трактир: 以下も同様］
部分的ローマ字化，ハイブリッド：ЧЕлОVEK, LЮБОВЬ［человек, любовь］
大文字と小文字の混合：БУХГАЛТЕРиЯ［бухгалтерия］
音節への分解：Тре！ Бу！ Ет！ Ся！［требуется！］
複数の語の融合：Черное НЕБОбелое（劇場名）［черное небо белое］

これらは意図的な「誤用」ということになろうが，他方では，日本でも見られるように，インターネット上の表現には無自覚な誤用が少なくない。「検閲」や「校正」がないがために，誤用や不注意なミスが目立つ。また，ソ連時代にはまずありえなかったことだが，ロシア語教科書にすらミスが散見されるようになってきている。

7　今後の動き

ここでとりあげてきたのは，もっぱら新語や新語義の増加についてであっ

た。ロシア語の変化は文法や発音の面においても見られる。ただし，それらのほとんどは，ここ20年近くの社会変動に直接関係づけられるものではなく，かなり以前から進行してきている変化であり，なるほど以前にくらべれば活性化している現象もないわけではないが，ここでは省いておく。ただ，発音や文法の変化にたいしてもマスコミがかなり影響を及ぼしていることは，確かである。

　社会の変化を反映した「規範の軟化」，「俗語化」は，昨今では落ち着きつつあるようだが，ロシア語を学ぶ者にとっても新しい教科書や辞書が必要な程度にまでは進行している。こうした状況下では，「ロシア語を守れ」といった動きがロシアで出てきてもなんら不思議はない。しかし，その声が権力側から出たり法律化されることには人びとは警戒的であり，ロシア語の「乱れ」に眉をひそめる者ですら，むしろ「俗語化」を支持しているようだ。そうした立場は，両面価値的ともとれるが，ロシアの多くの人びとはロシア語のみならずロシア自体に関しても「変化」を自然な状態とみなしつつあるのかもしれない。

注

(1) *Толковый словарь русского языка начала XXI века*, Эксмо, 2006, C.5.
(2) *Современный русский язык: Активные процессы на рубеже XX-XXI веков*, Языки славянской культуры, 2008, C.100-103.
(3) Там же, C.408.

参考文献

Языки Российской Федерации и нового зарубежья: статус и функции, Элиториал УРСС, 2000.
Валгина,Н.С., *Активные процессы в современном русском языке*, Логос, 2001.
Белков,В.И., Крысин, Л.П., *Социолингвистика*. РГГУ. 2001.
Государственные и титульные языки в России, Akademia, 2002.
Современный русский язык: Социальная и функциональная дифференциация, Языки славянской культуры, 2003.

塩川伸明『多民族国家ソ連の興亡 I　民族と言語』岩波書店，2004 年。
Кронгауз,М., *Русский язык на грани нервного срыва,* Языки славянской культуры, 2007.
Этнокультурный облик России: перепись 2002 года, Наука, 2007.

2　スラヴの文字と文化
――グラゴール文字とキリル文字の来歴が示すもの――

小　林　　　潔

1　スラヴ語の文字

　ロシア・中東欧・バルカンは多民族地域であるが，その中で人口などの点で主要な民族で，言語的・文化的共通性から相当のまとまりがあると見なされているのがスラヴ民族である。その言語であるスラヴ諸語は東・西・南の3群に分かれ，比較的大きな言語で現在，15あるとされるが，ラテン文字もしくはキリル文字〔キリール文字〕で表記される。過去にはグラゴール文字〔グラゴル文字〕があり，ギリシア文字を応用する試みもあった。アラビア文字の使用はボスニア語にあったとされる。ベラルーシではアラビア文字やヘブライ文字の使用例がある。ソルブではフラクトゥーア〔亀の子文字〕での表記もあった（千野（1988），Cubberley（1993），黒田（1998））。なお，ここでいうキリル文字とは，古教会スラヴ語の文字であるキリル文字の意でもあり，またその文字に由来する諸文字ということでもある（日本語を表記する文字の一種類を漢字と呼ぶように，例えばロシア文字をキリル文字と呼ぶことがある）。
　現用スラヴ諸語においてどの系列の文字によって表記されているかを示すと次のようになる。[　]内は東西南の群を示している。

- ラテン文字を使用する諸言語

 ポーランド語［西］, チェコ語［西］, スロヴァキア語［西］, 上ソルブ語・下ソルブ語［西］, クロアチア語［南］, スロヴェニア語［南］, ボスニア語［南］, モンテネグロ語［南］（後二者ではキリル文字も使用）

- キリル文字を使用する諸言語

 ロシア語［東］, ベラルーシ語［東］, ウクライナ語［東］, ブルガリア語［南］, セルビア語［南］（ラテン文字も使用）, マケドニア語［南］

　大まかにいうと，西スラヴ諸語はラテン文字を使用し，東スラヴ諸語はキリル文字を使用，南スラヴ諸語は双方を使用している。キリスト教でいえば西方教会の影響圏はラテン文字圏，東方教会の地域がキリル文字圏であり，これは，キリル文字の成立とも深い繋がりを持つ。

　スラヴ諸語で用いられている書記素（grapheme）の総数は，諸家によって数え方に違いはあるが，ある数え方では436（教会スラヴ語を入れると490）とされる。同形のものを一つと数えると，総数は108字母，そのうちラテン文字が63，キリル文字が45である。そして，スラヴ語のキリル文字体系で244書記素，そのうちの190が現用で，54の教会スラヴ語の字母はもはや用いられないという。（以上 B Tošović による。Bruns T., *Einführung in die russische Sprachwissenschaft*, Tübingen: Gunter Narr, 2007. S.37 より再引）。

　なお，言語と文字の使用圏域が重なる訳ではない。ラテン文字はもちろん西欧諸国およびその影響圏の言語の表記に用いられているし，キリル文字は「スラヴ以外でもワラキアとモルダヴィアではキリル文字による教会スラヴ語の典礼を用い，1859年まではルーマニア語の公文書にもキリル文字を用いた」［佐藤1999：16］。ルーマニア語はロマンス語に属するが，彼の地は正教圏だったのである。ソ連時代は，その圏域の非スラヴ語諸言語の表記に用いられ，ルーマニアの一部であったモルダヴィアもソ連に編入されモルダヴィア語としてロシア文字を利用して書かれた（ソ連崩壊後ラテン文字化された）。モンゴルでもロシア文字を利用した。文字がある政治圏なり文明圏へ

の帰属を示す一例である。

　スラヴ諸語がラテン文字の採用に至った経緯，使用の変遷と現状に関しても興味深い問題が多いであろうが，本稿ではグラゴール文字とキリル文字およびロシア文字に関して述べる。

2　グラゴール文字とキリル文字の成立

　グラゴール文字とキリル文字はスラヴ語を表記するための最初期の文字であり，9～11世紀，スラヴの諸言語の分化が進んでいない時代に，スラヴ世界に東方教会のキリスト教を布教するために少数の学者達によって作られた。そのおおよその経緯を言えば，まずグラゴール文字が作られ，その体系を別の字体に移したものがキリル文字である（両者の新旧については千野（2002），神山（2007）ほか参照）。

　その歴史は9世紀に始まる。当時，既に東西の両キリスト教会の対立は深まり，事実上の分裂状態で（1054年に相互破門にいたる），スラヴ人は二つの勢力圏の狭間にあった。このとき，西スラヴの大モラヴィア公国（830-906年）に隣接する東フランク王国ではローマ教会に属するフランク人司祭が活発な活動を展開していた。公国併合の怖れもあり危機感を抱いたモラヴィアのロスティスラフ公（在位864-870年）は，ビザンツ皇帝ミカエル3世（在位842-867年）に庇護を求めることとし，862年（もしくは863年），使者を送り，スラヴ語で（東方教会の）キリスト教を布教する人の派遣を要請する。

　皇帝は，コンスタンティノス（827年頃-869年；868年に修道士キリロスとなる）とメソディオス（815年頃-885年）の兄弟を派遣することとした。兄弟二人は学識を備えた大人物だったが，特にコンスタンティノスは哲人とも称される秀才であった。実際，彼は哲学者であり，神学者であり，外交官であり，多くの言語に通じていたという。兄弟はギリシア人だったのであろうが，スラヴ人が多数暮らすテサロニケ（今のサロニカ）出身で，ギリシア語とスラヴ語のバイリンガルであった。彼等は，皇帝からモラヴィア布教を命

じられると，ただちにスラヴ語用にグラゴール文字を考案し（グラゴールとは「言葉」という意味)，聖書や祈禱書をギリシア語から翻訳したという．もっともそれは伝説というべきことであって前々から相当の準備をしていたことは，文字の出来映えからうかがえる．この教典翻訳の言語を古教会スラヴ語と呼んでいる．グラゴール文字をもってスラヴは文字化し，古教会スラヴ語という文語を手に入れたのである．当時はいまだスラヴ語の分化が進んでいなかったので，古教会スラヴ語はスラヴ世界共通の文語となり得た．

　863年，兄弟は自分たちの作り上げたグラゴール文字と翻訳を携えモラヴィアに赴く．彼らはこの地で教会文書の翻訳を続け，弟子を育て，スラヴ語で教会の儀式を行った．兄弟は西方教会によっても列聖されているほどで（東方教会では亜使徒）ローマ教皇からも保護を受けていたが，結局，フランク王国側司祭の妨害もあって，モラヴィア布教は挫折した．彼らの手になる最初期の文献も現存しない．大モラヴィア公国も亡び，この地域は西方教会圏となっている．

　弟子達はブルガリアに逃れた．グラゴール文字ができて数十年後，シメオン（スュメオン）1世（在位893-927年）庇護下の第一次ブルガリア帝国で，孫弟子達は活動を続けていた．彼らはグラゴール文字体系のギリシア化をはかる．このギリシア化した文字がキリル文字である．弟子達がキリロスを記念してこう名付けたのであろう．首都プレスラフ近辺でキリル文字銘文史料が発見されている．西方のオフリドではグラゴール文字の使用がやや長く続いた．

　スラヴの文字に関しては，9世紀末に修道士フラブル——ブルガリアに逃れた弟子達の一人かもしくは近しい者——が「文字について」という文章を残している（後世の写本でしか伝わっていない．黒田（1998）に和訳がある）．グラゴール文字を擁護する論文であるが，それによればキリスト教受容以前のスラヴ人は「線や刻み目で数えたり判じたりしていた」．しかし，体系をなしていなかった以上，それを文字と呼ぶことはできない．キリロス・メソディオスの活動があって初めて体系としての文字が成立したと言える．なお，

スラヴ語用の文字の成立以前は，ギリシア文字など異民族の文字を流用することもあったようである。しかし，独自の文字を用いることをスラヴ人は選択したのであった。

　スラヴの文字成立および採用の背景にある理由は重要である。

　まず，政治力学上の理由である。ビザンツ側としては，スラヴ人にその言語と文字で書かれた聖書を与えることで彼らを自分たちの陣営に取り込もうと意図していた。ローマ側はローマ側で，キリロス達の活動を認めることで，スラヴへの宥和政策としたのであった。

　2番目は，政治的意図があったにしろ，文字成立は，スラヴ人の民族的自覚の表出だったということである。「スラヴ民族が自己の文字を持つということは，宗教的な情熱と共に民族的なパトスに支えられた困難な闘いであった」[山口　1991:10]。キリロス・メソディオスのスラヴ人の弟子たちはローマ側からの迫害を受けたが，ラテン文字は受け容れなかった。スラヴの民としての思いを文字に込めていたからだと言える。

　第3の理由は，スラヴ人が受け容れた宗教が東方教会（正教）だったということである。ヘブライ語・ギリシア語・ラテン語の3言語以外を認めない西方教会（三言語説はセビリアのイシドルス（570-636年）に由来するという）とは違って，東方教会は諸民族語での典礼を認めていた。栗原（1999）によれば，『使徒行伝』にはガリラヤ人が彼等が知るはずもない様々な国の言語で同一の神の業を語った奇跡が描かれ（五旬節の奇跡），東方教会はこれに基づいて，それぞれの民族の言語で「罪のあがない」の神聖なメッセージを伝えることができる，という見解を示していたのである。キリロス自身も三言語説を他の民族の目と耳を封じていると批判していた（参照[山口　1991:6]）。なおローマ側にも三言語説からの多少の譲歩が見られはした。

　端的に言えば，スラヴの文字は聖書翻訳・キリスト教化という明確な意図をもって創出されたもので，その考案されたグラゴール文字は純粋にスラヴ語のための文字であった。

2 スラヴの文字と文化

表1 グラゴール文字とキリル文字対照表

1.	2.	3.	4.	5.	6.	7.	1.	2.	3.	4.	5.	6.	7.
ⴀ	Ⰰ	1	а	1	azъ	a	Ⴔ	Ⴔ	500	ф	500	frьtъ	f?
ⴁ	Ⰱ	2	б	–	buky	b	ⴗ	Ⴠ	600	х	600	chěrъ	ch
ⴂ	Ⰲ	3	в	2	věděe	v	ⴘ	Ⴘ	700	ѡ	700	otъ	o
ⴃ	Ⰳ	4	г	3	glagoli	g	ⴙ	Ⴙ	800	щ	–	šta	št
ⴄ	Ⰴ	5	д	4	dobro	d	ⴚ	Ⴚ	900	ц	900	ci	c
ⴅ	Ⰵ	6	є	5	jestъ	(j)e	ⴛ	Ⴛ	1000	ч	90	črьvь	č
ⴆ	Ⰶ	7	ж	–	živěte	ž	ш	ш	–	ш	–	ša	š
ⴇ	Ⰷ	8	ѕ/ʒ	6	ʒělo	ʒ	ⴝ	Ⴝ	–	ъ	–	jerъ	ъ
ⴈ	Ⰸ	9	з	7	zemlja	z	ⴞ	–	–	ъı	–	jery	y
Ⱑ/Ⱓ	Ⱑ	10	і/ї	10	i	i	ⴟ	Ⴟ	–	ь	–	jerь	ь
ⴋ	Ⰹ	20	и	8	iže	i	Δ	Ⴞ	–	ѣ	–	jatь	ě, ja
ⴌ	ⰠⰓ	30	(ħ)	–	g'ervъ	g'	Ⱇ	Ⱇ	–	ю	–	ju(sъ)	ju
ⴍ	Ⰽ	40	к	20	kako	k	–	–	–	ꙗ	–	ja	ja
ⴎ	Ⰾ	50	л	30	ljudьje	l	–	–	–	ѥ	–	je	je
ⴏ	Ⰿ	60	м	40	myslite	m	Ⱔ	–	–	ѧ	900	ę(sъ)	ę
ⴐ	Ⱀ	70	н	50	našь	n	Ⱘ	–	–	ѫ	–	ǫ(sъ)	ǫ
ⴑ	Ⱁ	80	о	70	onъ	o	Ⱗ	Ⱗ	–	ѩ	–	ję(sъ)	ję
ⴒ	Ⱂ	90	п	80	pokojь	p	Ⱙ	–	–	ѭ	–	jǫ(sъ)	jǫ
ⴓ	Ⱃ	100	р	100	rьci	r	–	–	–	ѯ	60	ksi	ks
ⴔ	Ⱄ	200	с	200	slovo	s	–	–	–	ѱ	700	psi	ps
ⴕ	Ⱅ	300	т	300	tvrьdo	t	Ⱚ	Ⱚ	–	ѳ	9	fita	t?
ⴖ	Ⱆ	400	оу	400	ukъ	u	–	–	–	ѵ	400	ižica	i

1:グラゴール文字(丸形),2:グラゴール文字(角形),3:数価,4:キリル文字,
5:数価,6:字母名,7:音価

出典: Hock W. Das Altkirchenslavische. In: Rehder P.(Hrsg) *Einführung in die slavischen Sprachen*, 3. Aufl. Darmstadt, 1998.

　グラゴール文字とキリル文字の形・数価・音価・字母名を表1に示す。グラゴール文字はキリル文字に置き換えられてしまうが,クロアチアの一部では2列目のような形の文字を比較的長く使っていた。
　まずグラゴール文字であるが,キリロス・メソディオス兄弟が実際に書いたものは何一つ伝わっていない。後代の写本をもとに推定すると40字母あったとされる(フラブルは38字母と言う)。

配列はギリシア文字に従っている。ギリシア語と音が同じ字母はギリシア・アルファベットの順序のままで、スラヴ語独自の音を表すものは、音が近いギリシア字母の近くにおくか末尾にまとめている。書体は時代や地域によって丸かったり角張っていたりすることがあった（後者がクロアチア）。当時は数字が無く、文字で数を示していたが（ギリシア語も然り）、十進法できれいに並んでいる。

基本的な外形的特徴は、丸（終端に丸を加えるなど）と三角形が文字装飾に多用されることと、上下あるいは左右の対称性を志向することである［神山 2007：30-31］。しかも「当時知られていた文字との類似性を何らかの手段によってむしろ意図的に回避した可能性が疑われる」［前掲：32］。

グラゴール文字を作るにあたって、兄弟に何らかの手本があったことは確かである。ギリシア文字のミヌスクラ書体（続き書き小文字書体）やヘブライ文字、サマリア文字からの借用などという説が提出されてきた。ビザンツ錬金術の秘密文字からとか、遊牧民が自分たちの家畜につけた焼き印（所有印）がもとだとか、漢字が起源（「山」と"Ш"とは形も音も似ていると言う）とかオカルト的あるいは荒唐無稽な説すら見られる。フラブルが伝えるところでは、キリロスはギリシア文字を基に24の字母を案出したと言い、これらの字母は山本（1980）により同定されている（✝ⰂⰁⰓⰈⰑⰒⰕⰏⰐⰓ ⰗⰓⰈⰍⰠⰒⰛⰜⰘⰔⰕⰙⰝ）。神山は「グラゴール文字のほぼ半分は〔……〕何らかの形でギリシア文字に端を発していると言いうる」［前掲：35］とする。

いずれにせよ、グラゴール文字に何らかの神学的な意味づけをしていたのは間違いない。キリスト教布教用に案出された文字ゆえ、異教の言葉も書き表すギリシア文字より神聖とみなす向きもあった。形状もそうで、たとえばイエス・キリスト、ダヴィデを表す語を、当時貴重な羊皮紙を節約するために用いた略字で表記すると、前者だと2字ⰙⰒで、後者だと3字ⰂⰒⰂとなり字母のみならず語の綴りも見事な対称形になっている。アルファベット最初の字母アズ✝（「私」という意味）は十字架になっているが、これは、キ

リストの言葉「我はアルファにしてオメガなり」やヘブライ語の「アレフ」と通底しているとも言われている（Успенский（2005）の指摘による）。

　グラゴール文字は使いにくいものだったのであろう。もともと，スラヴ語圏ではギリシア語になじみがあった上，スラヴ世界の文化的中心を目指すブルガリアの政治的力学も働いていたようである。グラゴール文字の体系をギリシア文字と新字母に置き換えることでキリル文字が成立した。

　キリル文字に関しても確実な資料が存在しないが，最大で45字母あったとされる。数価はギリシア語アルファベットに合わせたため，キリル文字の中では順番がずれている（表1第5列）。既存のギリシア文字で表せる音にはそれを採用し，ギリシア文字では表現できないスラヴ語特有の音を表すためにはグラゴール文字の字母を残した。ギリシア文字ではウンキアリス体（アンシャル体・大文字書体）に基づく。神山（2007：24）はキリル文字中25字母がウンキアリス体に，5字母はギリシア文字的な要素を使うことで音価を伝えようとした，としている。なお，教会書にウンキアリス体が用いられていたので，それに由来するキリル文字に聖性をよみとる説もある。

　キリル文字が具体的にいつから使われたか，正確な年号はよくわかっていない。ブルガリアの学者達はシメオン皇帝が即位した893年には使われていたとも言うが，定かではない。キリル文字で書かれた石碑がいくつか出土しており，プレスラフの北方クレプチャの教会跡からは921年の刻文が発見されている。

　10-11世紀のブルガリアでの写本にはグラゴール文字，キリル文字双方の使用が見られる。キリル文字は正教スラヴ人の文字として定着し，東方教会の拡大とともにセルビア，ロシア（ルーシ）に普及していく。グラゴール文字はクロアチアを除き12世紀以降使われなった。

　キリル文字の成立をもって，スラヴの文字は形状の点でも完全にギリシアの伝統を標榜することになった。キリル文字の末裔である現在のロシア文字を例に取ると,形や音の点でギリシア文字と共通なものが目立つ。αやβはа,в（ロシア語でも現代ギリシア語でもвの発音は[v]）であるし，ガンマ線のγ

は r［g］，ラムダロケットのλはロシア語でл［l］．円周率記号のπはロシア語のп［p］，曲率半径のρはロシア語のp［r］など．

　西方の文化圏に入ったスラヴ人たちはラテン文字を採用した．東方教会の文字は今にいたるまでキリル文字であって（字母の一部にラテン文字を採用したものもあるとはいえ），スラヴの中でも西方文化圏と一線を画す一因となっている．ブルガリアは，キリル文字揺籃の地であり，その文字研究にもナショナリスティックな傾向が散見されるが，キリル文字の成立をもってスラヴ民族とヨーロッパ・キリスト教文明への自国の貢献としている．現在，ブルガリアはEU加盟国であり，キリル系文字はラテン文字，ギリシア文字とならぶヨーロッパ主要アルファベットの一つである．キリロス・メトディオスの日は法定祝日（5月11日）として讃えられている．2009年1-2月には日本とブルガリアの国交再開50周年を記念して印刷博物館にて「『キリル文字をポスターに』展」が開催された．2009年は日本・ドナウ交流年でもあった．

　表2にEU非加盟国も含め現用スラヴ諸語で用いられているキリル文字系の字母を掲げる．

表2　現用スラヴ諸語のキリル文字系アルファベット

ロシア語	А	Б	В	Г	Д	Е	Ё	Ж	З	И		Й	К	Л	М	Н
	О	П	Р	С	Т	У		Ф	Х	Ц	Ч	Ш	Щ	Ъ	Ы	Ь	Э	Ю	Я
ベラルーシ語	А	Б	В	Г	Д	Е	Ё	Ж	З		І	Й	К	Л	М	Н
	О	П	Р	С	Т	У	Ў	Ф	Х	Ц	Ч	Ш			Ы	Ь	Э	Ю	Я
ウクライナ語	А	Б	В	Г	Ґ	Д	Е	Є	Ж	З	И	І	Ї	Й	К	Л	М	Н
	О	П	Р	С	Т	У		Ф	Х	Ц	Ч	Ш	Щ			Ь		Ю	Я
ブルガリア語	А	Б	В	Г	Д			Ж	З	И		Й	К	Л	М	Н
	О	П	Р	С	Т	У		Ф	Х	Ц	Ч	Ш	Щ	Ъ		Ь		Ю	Я
セルビア語	А	Б	В	Г	Д	Ђ	Е		Ж	З	И		J	К	Л	Љ	М	Н
	Њ	О	П	Р	С	Т	Ћ	У	Ф	Х	Ц	Ч	Џ	Ш					
マケドニア語	А	Б	В	Г	Д	Ѓ	Е		Ж	З	Ѕ	И		J	К	Л	Љ	М	Н
	Њ	О	П	Р	С	Т	Ќ	У	Ф	Х	Ц	Ч	Џ	Ш					

　各字母の音価は言語により異なる．例えばъはロシア語では音価を持たないが，ブルガリア語では［ə］．筆記体や斜体も各言語によって細かな異同が見られる．ブルガリア語やセルビア語等の現用の字体成立にロシア文字が範とされた．

3 ロシア文字

　キリル文字の変遷の一事例がロシアの文字史である。ブルガリアで成立したキリル文字は，正教の普及とともにロシア（ルーシ）へと入っていった。それ以来ロシアの文字は，キリル文字およびその系統のロシア文字である。ロシア文字史にはおよそ以下の4つの契機を認めることができる。

　1　10世紀，キリル文字のロシアへの伝播（第1次南スラヴ影響）
　　　（古期ロシア語から中期ロシア語の時代）
　2　18世紀初頭のピョートル大帝による文字改革
　　　（新ロシア語から現代ロシア語の時代）
　3　20世紀の改革（現代ロシア語の時代）
　4　現代（現代ロシア語の時代）

1　キリル文字のロシアへの伝播

　ロシアすなわち東スラヴ世界は988年ウラジーミルによる国教化によりキリスト教を受容した。ロシアにキリスト教，その言語たる古教会スラヴ語，キリル文字が三者一体で入ってきたと言ってよい。国教化以前にも既に東スラヴでも古教会スラヴ語とグラゴール文字・キリル文字が知られていたが，キリスト教を伴っていたという事情は変わらない。こうして，ロシアでは東スラヴ語と古教会スラヴ語（南スラヴ語）が並立し，文語としては古教会スラヴ語がロシア版教会スラヴ語として用いられる二言語の使い分け（ダイグロシア）が形成された。ロシアでは，こうして伝播したキリル文字が現在まで用いられている。18世紀初頭の文字改革により世俗文字が登場したが，キリル文字の使用が完全に廃止されたわけではない。

　このモメントで決定的に重要なのは，東方教会＝正教に代表される高度の文明とともに文字が無文字社会に入ってきたことである。ロシアはキリスト教化したので文字を得たとも，文字を得てキリスト教化したのだとも言える。

キリロス・メソディオス兄弟が「スラヴを啓蒙した者」とされ，いまなお讃えられる所以である（ブルガリアではもちろんのことモスクワにも彼等の銅像があり，記念日も（旧暦で）同じ5月11日に定められている）。

かくしてロシアで文字＝文明＝正教という等式が成立した。更に受容した文字がギリシア文字に基づいていたことは，ギリシア文化とのつながりを示している。こうした結びつきはその後のロシアの文字文化の方向性を決定づけた。現代のロシアでなお見受けられる文字信仰・書かれたものの神聖視の起源も，文字が何よりも聖典のものであったからとみなせよう。

書体（文字体系全体のデザイン）に関しては，楷書体，行書体，草書体（устав, полуустав, скоропись）といった様々な書体が使われた。紙は貴重であり，節約のためにも略語を示す行上記号も使われた。中でも15-17世紀の草書体が重要である。文語たる教会スラヴ語が行書体で書かれたのに対し，草書体は行書体と異なる字母と正書法を有しつつ，実務行政語を表すために用いられたのである。実務行政語は教会スラヴ語と対立，（その意味での）ロシア語的な言語環境を表すものであった［Успенский 1994: 60-64］。次世代のロシア語につながる要素を表現するものとして草書体が機能していたのである。例として図1に17世紀末ピョートル大帝（1世）の書簡（母后宛）を示す。

2　18世紀初頭のピョートル大帝による文字改革

キリル文字は幾つかの書体の変遷を経たものの，字体（字母の基本的な構造上の形状）が大きく変わることはなく，18世紀，ピョートル大帝の時代（在位1682-1725年）を迎える。教会や大貴族といった旧来の権力との訣別，新首都ペテルブルグの建設（1703年），行政・文化・風俗の徹底的な西欧化等々この時代はあらゆる分野でその後のロシアにとって決定的な意味を有する時代であった。文字改革もこの時代に皇帝の積極的な主導で行われた。皇帝自身が字体の決定に関与したことも記録されている（図2はピョートル自身による校閲）。強権をもっての「上から」の改革であり，西欧の技術の導入を図っての世俗文献印刷を目的としたものである。幾つかの不要な文字や行上記号

図1　ピョートル1世の書簡（17世紀末）

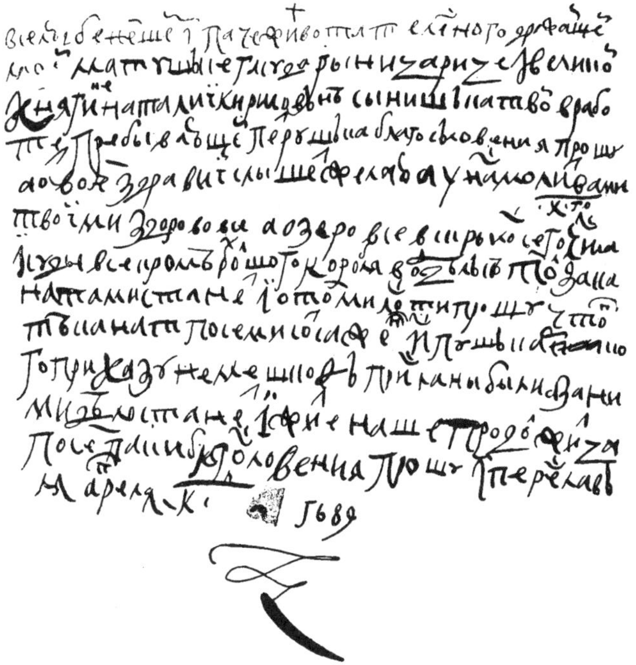

出典：Князьков С. А. *Очерки из истории Петра Великого и его времени*, 2-ое изд., М., 1914.

は排除された。ただし，排除した字母が守旧派の抵抗で後に復活するなど，ピョートルといえども一度で確定できたわけではなかった。ピョートル没後にも変遷している。字体は（教会スラヴ語に対置という意味で）ロシア的であった草書体に基づきかつラテン文字に近付けられた。この志向にはなんらかの文化的意図を認めざるを得ない。行上記号の撤廃もラテン化の一つと考えられる［Успенский 1994: 116］。こうして出来たのが世俗文字（гражданский шрифт）である。教会権力との断絶という意図を形状で示す非教会文字であった。なお，この文字は民間文字と訳されることがあるが，本稿では岩田（2000: 60）の指摘「教会に対する概念としての世俗〔……〕『世俗文字』はツァーリであるピョートルをはじめ政府機関がまず用いたものであり，『民間文字』

図2　ピョートル自身が校閲した世俗文字の表

出典：小林（2004）

の訳語はその実態からしても不適切である」に従う。

ピョートルによる文字改革は「正教的〈スラヴ・ギリシア的〉敬神の拒否」と結びついており，彼自身が新しい文字を世俗の用途だけではなく教会書でも用いようとさえした（必ずしも実現はしなかった）［桑野 2003：188］。すなわち，文字改革は言語の単なる外形を変えるにとどまるものではなく，文化そのものの改革であったわけである。新しい文字はそうしたシンボリックな意味も有していた［Успенский 1994: 117］。

語史の上でも「教会スラヴ語の支配的位置の喪失を意味し，これと共に国民的ロシア文章語の民衆的基盤の創造のための爾後の闘いの道筋を定めた」（ヴィノグラードフ［山口 1991：132］による）とされる。こうして，

　　新しいロシア＝ロシア語＝非教会・西欧志向
　　　＝世俗文字（ロシア文字）（草書体とラテン文字に由来）
　　旧いロシア＝教会スラヴ語
　　　＝教会・正教志向＝旧来のキリル文字（行書体に由来）

という棲み分けが生じた。興味深いのは，世俗文字を用いた教会書も印刷可能であったが，キリル文字は世俗用途には不可であることである［Успенский 1994: 117-118］。

　ピョートルの文字改革はロシアの現行文字体系の基盤となったもので，その文化的な意義は大きい。教会権力との別離，新しい時代に即したロシア語とその表記を象徴するものである。この改革の後も字母の入れ替えがあったが，爾後のロシア文字史はピョートルが定めた方向に従っている。現行アルファベットはこの世俗文字が継承されたものである。こうして，ロシア語表記のための文字には，18世紀の世俗文字に由来する「ロシア文字」と宗教用の文字に由来する「キリル文字」の2つが存在することになった。従って「キリル文字」なる語には複数の意味がある。東と南のスラヴ諸国・旧ソ連影響下の諸国で用いている文字，（古）教会スラヴ語の文字，（現代において）主として宗教書で使われている文字である。

3　20世紀の改革

　18世紀に導入された文字体系と正書法は，絶えず議論の対象とされ改変を経ながらも継承され，20世紀の字母と正書法の改革を迎えることになる。ロシア革命と時期的に重なるこの改革で現行の文字体系が現れた。ピョートルの文字改革でも生き延びた不要字母 I Ѳ Ѣ V がここで除去され，実際の発音とあまりに乖離した綴りが，全てではないが廃棄された［小林　2004：39-41］。

　現行文字体系（および正書法）は1918年10月10日のボリシェヴィキ政権（ソ連政府）の政令によって示され，普及した。しかし，1917年の革命以前から準備されていたものである。アカデミズムを離れた世界でも文字改革・正書法改革につながる動きは以前からあって，例えば語末の硬音符ъの使用はこの政令で廃止されたが，既にチェーホフの「犬を連れた奥さん」（1899年）では主人公の妻は硬音符を書かないとされている（«Она много читала, не писала в письмах ъ...»）。1904年には言語学者フォルトゥナートフとシャーフ

マトフの指導下で正書法委員会が設立され，改革案が採択されていたし，1912 年には改革案の改定版も公表されていた。また，実際の施行もボリシェヴィキ政権によるものではなかった。臨時政府によって十月革命以前の 1917 年 5 月 11 日（新暦 24 日）——キリロス・メソディオス兄弟の記念日たるスラヴの文字と文化の日——に導入されていたのである。また，臨時政府文部省の 2 つの通達——新正書法の導入と新学期 9 月 1 日から学校で教育することを指示——が存在する。ソ連政権の施策はこれを続けたものである。したがって，現行文字体系・正書法とソ連政府，共産主義・全体主義をイコールで結ぶのは事実に反する。1930 年代には，現行正書法を更に強権を持って変えようという「極めて政治的な動き」を学者たちが阻止し，正書法を守ったという事実さえある［佐藤 1994：3］。だが，ソ連政府は施行にあたり，印刷所から旧正書法用の活字を取り上げるなど「行政的な手段」を取り，亡命者など反政府側が旧正書法を使用し続けた，つまり，古い文字体系を保ち続けたという事情があった。旧正書法擁護の論文を書いて流刑にあったリハチョフのような学者もいた（参照［佐藤 1994］）。こうした結果，現行文字体系・正書法＝ソ連＝共産主義・社会的抑圧という連想が出来あがったのである。これは文字と正書法に関する歴史認識の喪失を招いた。

　ラテン文字化案も論じられたが，採用はされなかった。ロシア文字は使われ続け，キリル文字は一部の宗教書や教育・研究用文献といった特殊用途で使われた。

4　文字を巡る現代の論議

　1991 年にソ連が崩壊すると，現行文字体系・正書法＝ソ連＝社会的抑圧という思い込みのもといっそう現行文字体系・正書法への批判が行われるようになった。1990 年代から旧正書法擁護の論考が復刻という形で世に出るようになった。教会を擁護し，ソ連を批判し，ピョートル大帝の改革すら批判するケースもある［桑野 2003：182, 188］。例えば，大主教アヴェルキーは以下のように述べる。「旧正書法だけが語本来の意味で正・書法（орфография, или право-писание) である。ロシア語正書法の，ボリシェヴィキによって暴力的に導き入れられた堕落は，正・書法を名乗る権利を求めることも出来ないし，求めるべきでもないのだ」［Аверкий «Памтать» 1991. № 1］。ある正教の長司祭も旧正書法の便覧を刊行し，正書法改革はロシア人民を過去から切り離そうという悪魔の業だとしている [Протоіерей Валентинъ Асмусъ *Краткое пособіе по старой орѳографіи русскаго языка*, М.: Русское Зерцало, 1999.]。ソルジェニーツィンもソ連批判と共に現行正書法を批判していた。

　いずれにせよ，ロシアの文字の起源に基づく宗教性は意識され続けている。一方で，資本主義化と商業の発展をうけてキリル文字の世俗利用も見られるようになった。もちろん，何らかの視覚効果を狙った文字使用（デザインとしての文字）は古くから見られた。古くはシメオン・ポロツキー(1629-1680年)，19世紀末から活躍しロシア・バレエ団の舞台デザインも担当したイヴァン・ビリビン（1876-1942年）などがいる。

　現状をまとめると以下の図式となる。

キリル文字＝特殊用途＋世俗用途（一定の視覚効果を狙う）
ロシア文字＝世俗用途＋宗教用途

　近年は更に，文字の神秘的な歴史を主張したり，宇宙と人間の紐帯といったオカルト的な意味を各字母に読み込もうとしたりする書物が刊行されている。不安定な社会情勢の中で拠り所となるべき精神的源流を求める動き——おそらく民族主義的な，偉大なる過去を求める風潮の現れ——があるのか，科学を装ったオカルト的言説が顕在化している。このような言説・思潮を生み出す社会的・文化的背景に関してはそれ自体を対象とした研究が必要であろう。

4　文字の来歴が示すもの

　スラヴ人とてふだんは自分の文字を空気のような存在と感じているだろう。だが，文字の歴史を振り返れば，スラヴにあっては文字は常に何らかの文化——イデオロギーと呼んで構わない——と結びついており，かつ，ある種の権力をもって導入されたことが明らかである。ロシアの事例で見たごとく，文字と結びついていたイデオロギーは宗教であったり，ピョートルのごとき西欧化であったり，共産主義・全体主義であったりしたが，いずれも「上から」もたらされたものであった。キリル文字が生まれて 1150 年，ロシア文字（世俗文字）が生み出されて 300 年，文字の歴史はスラヴの国と文化の歴史に重なっている。文字の歴史は，文化の来し方と有り様を示すものである。スラヴのように文字とイデオロギーが密接に結びついたケースの研究は，文化・歴史の研究一般にも一定の貢献をなすことと思われる。

5　文献案内など

　スラヴ諸語の文字も含め文字全般についての便覧として，世界の文字研究会（2003）や河野ほか（2001）の辞典がある。後者では，グラゴール文字について千野栄一が（357-367 頁），キリル文字については佐藤純一が（337-343 頁）執筆している。

　グラゴール文字・キリル文字の成立についての記述は，殆どのスラヴ語学，ロシア語学の概説書に見られる。山口（1991）では簡にして要を得た記述に加え，フラブルについての説明もされている。また，教会スラヴ語の教科書・記事で解説されている。例えば，木村（1985），千野（1988, 2002）である。両文字の史料に関する書誌情報も得られる。

　一般向けには，佐藤（1999），栗原（1999）の記事がある。前者は写本等の写真も掲げ，グラゴール，キリル双方の文字の成立と特質を解説している。

後者は文化史的な記述である。

　もっとも手軽に読めるのが黒田（1998）である。スラヴ世界の言語文化全般についての概説書で，文体はエッセイ風だが記述のレベルは高い。黒田への書評を契機として神山（2007）がグラゴール文字とキリル文字の各字母の字体の由来について優れた見解を示している。キリル文字からロシア文字への変遷にもふれ，研究史を踏まえた文献表も詳しい。

　ロシア文字に関しては，神山（2004）で由来についても一定の情報が与えられている。小林（2004）は一般向けのロシア文字史である。ソ連での先行研究に依拠しており，補足が必要であろう。より一般向けに小林（2006／2007）および（2007／2008）がある。装飾としての文字，装幀・デザインでの文字の利用については，例えばフォークロアやアヴァンギャルド研究の一環としてなされている。

　スラヴ諸語，諸外国語でも数多くの文献がある。文字の変遷そのものを扱ったものも多いが，言語史や古文書学（палеография），書記法（графика），正書法（орфография）などの学問領域内の対象として扱われていることも多い。書籍史の一分野でもある。

参考文献（スラヴ・スラブ，ロシヤ・ロシア双方の表記がある）

Cubberley P., Alphabets and Transliteration, in Comrie B., Corbett G. G.(ed.), *The Slavonic Languages*, Routledge, 1993. pp. 20-59.

Успенский Б.А., *Краткий очерк истории русского литературногоо языка (XI — XIX вв.)*, М., 1994.

Успенский Б.А., О происхождении глаголицы, *Вопросы языкознания*, 2005, №1, С.63-77.

岩田行雄『「ピョートル大帝蔵書」とロシアの書籍文化』一橋大学社会科学古典資料センター，2000年。〔Study Series No.43〕

神山孝夫『日本語話者のためのロシア語発音入門』大学教育出版，2004年。

神山孝夫「スラブの2つの文字の由来について」『ロシア・東欧研究』（大阪外国語大学ヨーロッパI講座）第12号（2007年）: 13-50頁。

木村彰一『古代教会スラブ語入門』白水社，1985年。

栗原成郎「スラヴ世界とキリスト教」『たて組ヨコ組』（モリサワ）第53号（1999年）: 17-19頁。

黒田龍之助『羊皮紙に眠る文字たち:スラヴ言語文化入門』現代書館,1998年。

桑野隆「正書法問題について」『バフチンと全体主義　20世紀ロシアの文化と権力』(東京大学出版会,2003年): 182-191頁。

河野六郎『言語学大辞典(別巻　世界文字辞典)』三省堂,2001年。

小林潔『ロシアの文字の話―ことばをうつしとどめるもの―』東洋書店,2004年。〔ユーラシア・ブックレット57〕

小林潔　連載「ロシア文字への旅」『NHKテレビ　ロシア語会話』(日本放送出版協会) 第34巻第1号〜第12号(2006年4月〜2007年3月): 全12回。

小林潔　連載「ロシア文字への旅　エクスクールシア」『NHKテレビ　ロシア語会話』(日本放送出版協会) 第35巻第1号〜第12号(2007年4月〜2008年3月): 全12回。

佐藤純一「Д.С.リハチョフの歴史的正書法擁護論」『ロシア語研究　木二会年報』(木二会) 第7号(1994年): 1-14頁。

佐藤純一「スラヴ文字の成り立ちと特質」『たて組ヨコ組』(モリサワ) 第53号(1999年): 8-16頁。

世界の文字研究会『世界の文字の図典』(吉川弘文館,1993年)。普及版2009年。

千野栄一「古代教会スラブ語」『言語学大辞典　世界言語編(上)』(三省堂,1988年): 1704-1708頁。

千野栄一「スラブの二つの文字をめぐって」『言語学フォーエバー』大修館書店,2002年: 155-167頁。

山口巌『ロシア中世文法史』名古屋大学出版会,1991年。

山本富啓「フラブルとグラゴール文字のグループ分け」『ロシヤ語ロシヤ文学研究』(日本ロシヤ文学会) 第12号(1980年): 1-15頁。

3 ベラルーシのことばと文化

佐藤純一

1 ベラルーシをめぐる歴史

　現在のベラルーシ共和国の領土は，9世紀後半以来「ルーシ」と呼ばれたキエフ大公国を中心とする東スラヴ諸族連合の支配地域の西北端に位置し，ノルマン人やフランク王国のゲルマン人をはじめ，西スラヴのポーランド人，バルト諸族，フィン諸族などとの日常的な接触の下にあった。13世紀「キエフ・ルーシ」の崩壊分裂にともない，ウクライナの大部分とともにリトワ大公国とポーランド王国の支配下に入り，15世紀以降は新興の「モスクワ・ルーシ」に対して，「南西ルーシ」と呼ばれる独自の政治・文化圏の重要な一部を形成した。

　しかし18世紀以降のポーランド王国の弱体化とロシア帝国の強大化の流れの中で，1772年〜1795年の三度にわたるオーストリア，プロシア，ロシアの三者によるポーランド分割の結果，現在のベラルーシの地域はポーランドの東半部およびウクライナの大部分とともにロシア帝国領となった。1917年のロシア革命による混乱の中でポーランドは共和国として独立復活を果たし，ベラルーシでもロシアから独立の動きがあったが，1919年にベロルシア・ソビエト社会主義共和国の創設が宣言され，やがてソビエト連邦の構成共和国となった。ポーランドは誕生したばかりのソ連と領土回復のため戦って勝

利し，1921 年のリガ条約でベラルーシの西半分をウクライナの一部とともに自国領として奪回した。

　1939 年 9 月，第二次世界大戦の勃発に際してスターリンはヒトラーとの密約に基づきポーランドの東部を占領し，ベラルーシ西半部は再びソ連領となった。しかし 1941 年 6 月には独ソ戦が始まり，間もなくドイツ軍の占領下となったベラルーシではナチス・ドイツの「非ポーランド化・非ロシア化政策」によるファシスト的なベラルーシ民族主義の鼓吹が横行した。ソ連軍は 1944 年 7 月にベラルーシ全土をドイツ軍の占領から解放し，同時にベラルーシ民族主義者への報復的な弾圧を強めた。1945 年 6 月，国際連合の結成に際してベラルーシは，ソ連の意向を受けて，ウクライナとともにソ連構成共和国でありながらソ連と同格の独立の加盟国として参加を承認された。大戦後ソ連は東西ドイツの分割を主導し，東欧とバルカン地域の多くの国々をワルシャワ条約機構による自らの軍事的・経済的支配下に置いて「東西冷戦」を進めたが，ソ連構成共和国としてのベラルーシにはその政策への全面的従属と協力の可能性しか存在しなかったと言えよう。

　80 年代後半からのペレストロイカに続くソ連の解体過程の中で，1990 年 1 月ベラルーシ最高会議はベラルーシ語を唯一の「国家語」とする政令を公布する一方，同年 7 月には国家主権宣言を採択してソ連から独立の一歩を踏み出し，翌 1991 年 8 月から 9 月にかけての一連の立法行政措置により国名をベラルーシ共和国に変更した。1991 年 12 月，エリツィン（ロシア連邦大統領）の主導の下にロシア，ウクライナ，ベラルーシ三共和国首脳のベロヴェージャ会談が突如開催され，ゴルバチョフが大統領職にあったソ連からの脱退と新たな独立国家共同体の創設を決定し，ベラルーシはその歴史上初めて完全独立国となった。

　当初独立を主導したシュシュケーヴィチの民族派政権は市場主義経済への転換に際して失政を繰り返し，空前のインフレを招くなどして急速に権勢を失墜した。1994 年 7 月の大統領選挙では旧社会主義政権の経済テクノクラートの一人で，ロシアとの再統合を主張するルカシェンコが当選した。1995

年 5 月の国民投票で，ロシアとの統合路線とロシア語のベラルーシ語と並ぶ「国家語」（政府公用語）への復活に関する政府提案が 8 割強の高率で賛成を獲得し，以後経済・外交や軍事面でのロシアとの協調路線が急速に進行した。しかし，最近の世界不況によるロシアの経済成長の停滞とともに双方の利害の対立も明らかとなり，ベラルーシ側の積極姿勢にブレーキがかかってきたとの指摘も見られる。

このように古来近隣の有力民族や諸大国への従属の中で命脈を保ち続ける一方で，周囲の状況次第でめまぐるしく自己の立場や主張を変えてきたベラルーシを「ナショナリズムから遠く離れた不思議の国」と積極的に評価する見方もある（服部倫卓 2004）。

なお，ついでながら，拙稿ではベラルーシ関連の地名・人名などのカナ表記はすべて，公用語の一つであるロシア語表記からの転写で示す方針とすることをお断りしておきたい。

2 ベラルーシの国土と住民

公式の国名「ベラルーシ共和国」は，ベラルーシ語で Рэспублiка Беларусь, ロシア語で Республика Белоруссия, 英語で Republic of Belarus と称する。207,600 平方キロ（日本の 5 分の 3 弱）の国土に 9,634,000 人（2008 年統計）の住民を擁する。東西最大幅約 600 キロ，南北最大幅約 500 キロのひしゃげた円形に近い国土のほぼ中央に人口約 170 万の首都ミンスクが位置する。国土の大部分は豊かな深い森と多くの湖沼に恵まれた海抜 100 メートル前後の平野が続き，大きな山脈や高山には無縁の土地柄で，ミンスクの西のジェルジンスカヤ山の 345 メートルが国内の最高地点である。南西の国境を越えてポーランドへ続くベロヴェージャ森林保護区はヨーロッパ有数の原生林地帯で，絶滅に瀕したヨーロッパ野牛の復活に成功したことでも有名で世界自然遺産に登録されている。

主要な河川は，北部を東から西に流れラトヴィアを経てバルト海に注ぐ西

ドヴィナ川,東部を北から南に流れウクライナを経て黒海に注ぐドニェプル川,中部のミンスク台地の南を源として西に流れリトアニアとロシアのカリーニングラード州を経てバルト海に注ぐネマン川,南部の西から東に流れてウクライナとの国境の外でドニェプルに合流するプリピャチ川などがある。

別掲の略図のように六つの行政区画があり,ヴィテブスク,モギリョフ,ゴメリ,ミンスク,グロドノ,ブレストがそれぞれの中心都市である。

図1　ベラルーシの行政区画と各中心都市

さて,最初に述べたとおり,「ルーシ」はロシアの古称であるが,その起源についてはまだ結着のつかない長い論争の歴史があり,ここでは省略する。ただし,「ロシア」というギリシア語式の呼称は,キエフに代わる新しいモ

スクワ・ルーシの確立者イヴァン三世（イヴァン雷帝の祖父）の時代（15世紀末〜16世紀初）に対外的に用いられたのが最初で，やがて国内でも「ルーシ」を駆逐して，モスクワのツァーリ治下の国家を指す呼称となったものである。

そして「ベラルーシ」の呼称は，北部の古都ポーロツクを中心とする西ドヴィナ川流域地方が14世紀初めにはベーラヤ・ルーシ Белая Русь と呼ばれていた（『イパーチイ年代記』1315年の記事に初出）ことに発するとされている。これは「白いルーシ」の意味であるが，「黒」が多くは否定的な評価（暗黒，不純，未開など）に用いられるのに対して，「白」は「光明，自立，開化，キリスト教文化」のような肯定的評価を表すので，一種の美称と考えられる。また，これから生じたロシア語の Белоруссия が White Russia と英訳されたため，それによる「白ロシア」という日本語の呼び方がソ連解体まで長い間定着していたが，独立以後は自称を尊重した「ベラルーシ」の表記が一般化している。

日本外務省のウェブサイト（2009年）によれば，2002年実施の国勢調査時の自己申告による住民の民族的所属は，ベラルーシ人81.2%，ロシア人11.4%，ポーランド人3.9%，ウクライナ人2.4%，ユダヤ人0.3%，その他0.8%の結果とのことで，一見ベラルーシ人の人口比率がかなり高い印象を受ける。しかし自己申告の性質上これをそのまま事実と信ずるわけには行かない。すなわち，旧ソ連の場合と同様，強圧的な政権下の差別社会では，ユダヤ人は言うに及ばず，ロシア人以外の少数民族の住民が出自を隠してベラルーシ人を名乗るのはいわば当然のこととだからである。前述のように複雑な支配者交代の歴史的背景を持ち，また，住民の大多数を占めるキリスト教徒でも正教，カトリック，合同教会，プロテスタントの混在が常態化していて，しかも後述のようにロシア語の「共通語化」が浸透しつつあるベラルーシの都会では，外見や言語や宗教によって相手の民族的帰属を弁別できる可能性があまり高くはないこともそうした隠蔽を容易にしている。そして戦後のベラルーシでは，ソ連の地域分業化政策により工業化が推進されたため，住民の都市集中化が進み農村人口の急激な減少が生じたこともこの傾向を促進し

た。

　長い変転の歴史の中で権力への従属と周囲への同化が習癖化したベラルーシの住民の大多数にとっては，そもそもベラルーシ人としての一体感が欠けている。また，対西欧のロシア人意識，対独・対露のポーランド人意識，対露のウクライナ人意識などと比べて，自己の民族的アイデンティティーの確立主張の動機が希薄で，その結果ベラルーシ独自の言語・文化の伝統の保持拡大に意識的なのはつねに知識層の一部だけなので，これまでの政治的動機による民族意識の社会的高揚は一時的なものだったと考えざるを得ない。

3　ベラルーシ語の歴史

　ベラルーシ語は10〜13世紀の東スラヴ人の標準語であった「古ロシア語」から14世紀中葉以降分裂し発達したもので，同起源のロシア語，ウクライナ語とは最も近い姉妹語の関係にある。古ロシア語は「印欧基語」に遡る「スラヴ基語」から遅くとも6世紀には分離した「東スラヴ基語」の直接の継承体系であり，「西スラヴ基語」からのポーランド語，チェコ語，スロヴァキア語や，バルカン半島に広く分布するセルビア語，クロアチア語，スロヴェニア語，ブルガリア語，マケドニア語などの南スラヴ諸語とは極めて近い親縁関係にあり，これらは「スラヴ語派」として一括される親族同士である。

　さらに広く同じ「印欧語」という系統分類からすれば，「バルト語派」のリトアニア語やラトヴィア語もベラルーシ語の近い親類であり，「ゲルマン語派」のドイツ語，英語，オランダ語，デンマーク語，ノルウェー語，スウェーデン語はそれに次ぐ親戚で，また，ラテン語，フランス語，スペイン語，イタリア語などの「ロマンス語派」とも，その他ギリシア語，アルバニア語，アルメニア語や，さらに東方の「インド・イラン語派」の諸言語とも親縁関係は続いている。これらの同系の言語の間には基礎語彙や文法構造に一定の共通点があるので，互いに理解しやすく習得しやすいが，こうした相通性は，同系の他言語を持たぬ日本語の話し手の想像を超えるものがある。

まして，ベラルーシ語とロシア語のような姉妹語の間では，日本語の関西と関東，九州や東北といった大方言間程度の相違しかないのが普通である。ただし，両者は文字，正書法，文法，語彙のそれぞれに独自の規範を持つ独立の「標準語」であり，同一言語の「方言」のレベルとは大きな違いがある。

「古ロシア語」は，当時のキエフの話し言葉が正教会キリスト教の典礼用言語である「古教会スラヴ語」の影響の下で，書き言葉としての標準語の規範を形成したもので，キエフ・ルーシの諸族の共通語となった。しかし，12世紀後半以後のキエフ大公一族内の対立や，1223年から数度のモンゴル・タタールによる征服の結果，キエフ・ルーシの統一の崩壊と地方分立の過程が進行し，1240年のキエフ陥落後はその南部と西部の大部分がリトワ大公領に属する一方で，それ以外の北部と東部でも諸公国が分立し言語の統一も失われた。

リトワ大公国の領土は，15世紀初頭には現在のリトアニアとラトヴィアにベラルーシとウクライナの大部分を含む広大な地域に及んだが，その実態はリトアニア人や東スラヴ人の大小封建領主たちの領地に分割されていた。その中で北は西ドヴィナ川流域から南はウクライナ北部を含むプリピャチ川流域に及ぶ一帯は，14世紀以降有力領主の連帯の下に政治的・文化的統合が比較的早く進んだ地域で，古ロシア語の地域的変種の標準語化が早くから進行した。すなわち現代のベラルーシ語と多くの共通点を持つこの地域の東スラヴ方言が古ロシア語とは別の新しい標準語となるが，当初はもっぱら行政・事務関係の世俗的な文書に用いられたため，「プロスタ・モーヴァ」prosta mova（「世俗語」の意味）と呼ばれたのである。これを「古ベラルーシ語」と呼ぶ学者も多い。

この「プロスタ・モーヴァ」は，やがてこの地域の公用語としても広く通用することになるが，特筆すべきは1580年にプロスタ・モーヴァ（すなわち古ベラルーシ語）訳の福音書が印刷刊行されたことである。これはルターによるドイツ語訳聖書の刊行に匹敵する事業で，当時の「南西ルーシ」の文化的先進性を示す事実である。ちなみに正教会と文語としての教会スラヴ語

の権威が長く保たれたロシアでは，聖書のロシア語訳の試みは 18 世紀以降のことに属する．

　しかしポーランド王国によるリトワ大公国の事実上の統合（1569）と教会合同（1596）により，この地域でもポーランド化とカトリック化が強行されるに及んで，プロスタ・モーヴァの使用は公式に禁止され，地域特有の言語と文化の伝統は衰退に向かった．そして 18 世紀以降のロシア帝国領時代には強いロシア化の嵐にさらされることになる．

　そして，プーシュキンの諸作品を通じて確立された現代ロシア語がこの地域でも標準語となった．それはまた，ロマン主義に触発された詩人や文人を生み出すきっかけともなり，自らの言語による創作を試みる中でベラルーシの言語と文化の伝統の復活再生に導く役割も果たした．しかし，帝政ロシア官憲の検閲の目を欺くために，当初はベラルーシ語の作品はキリル文字ではなく，ポーランド語を装ったラテン文字綴りで発表するような苦心も払われたのである．

　1905 年の第一次ロシア革命から 1917 年の二月革命に至る十数年間に，ベラルーシの社会は民族復興運動の第一波を経験し，ベラルーシ民族文学の第一世代を代表する国民詩人ヤンカ・クパーラ（1882–1942）とヤクブ・コーラス（1882–1956）らの作品を通じて新しいベラルーシ標準語の模範が示された．十月革命とソビエト連邦加盟の後も，30 年代前半までは民族文化の保持と振興の基本路線は維持されたので，標準語の音声・正書法・文法の諸規範の中核はこの時期に形成確立されたと考えられる．

　ソ連時代を通じて，ベラルーシ標準語の授業は，初等・中等教育に義務的なものとして一般に取り入れられるようになったが，とくに 50 年代後半からはスターリン批判の波に乗って民族的な教育が相対的に自由化し，ベラルーシ語による教育が広まった．そして，この教育を受けた世代がペレストロイカ時代に始まる独立の動きの中心となったことは，歴史の必然とも言えよう．

4 ベラルーシ語はどんなことばか

アルファベットはロシア語やウクライナ語と同じキリル文字系で次の32字母である：

А а Б б В в Г г Д д Е е Ё ё Ж ж З з І і Й й К к Л л　М м Н н О о П п
Р р С с Т т У у Ў ў Ф ф Х х Ц ц Ш ш Ч ч Ы ы Ь ь Э э Ю ю Я я

ロシア語との違いは Щ щ と Ъ ъ を欠くが，Ў ў [w] を持つこと，И и の代わりに І і を用いること，Г г は軟口蓋摩擦音の [ɣ] を表すのが普通で，閉鎖音の [g] を表すのは гвалт [gvalt]「暴力」のような外来語を含む特殊な少数の語彙や外国の地名・人名に限られることなどである。

　正書法上の最大の注意点は，ж, ч, ш, р の4字母に і, е, я, ё, ю, ь の諸字母を添えることは出来ないという原則である。また，т と д はこれらの字母の前では ц と дз にそれぞれ交替する。

　文法の要点としては，①名詞・形容詞・代名詞などには男・女・中の3性の区別があり，それぞれに6つの格変化の形があるが，複数は単数と異なる形になること，②動詞には自動詞と他動詞の区別とともに，完了と不完了のアスペクトの区別があり，そのどちらでもない動詞は存在しないこと，③動詞の時制は現在・過去・未来の3つで，現在は主語の数（単複）と人称（3）による6つの形があり，過去は単数で3性の異なる形と複数では3性共通の形1つの合計4つを持つが，未来は不完了アスペクトの動詞だけがその不定形と助動詞 быць の未来（人称・数）変化との結合による合成未来の形態を持つこと，④自動詞は能動相のみであるが，他動詞は能動相のほかに受動相の形があり，受動構文を作ることなどである。これらはすべてロシア語と共通する特徴である。以下の例文による説明を参照されたい。発音はわかり易さを優先して不完全ながらカナ表記で示す。

Тут Іван. Ён студэнт.　ここにイヴァンがいます。彼は学生です。
　トット　イヴァン　ヨン　ストゥデント

Там Ганна. Яна студэнтка.　あそこにハンナがいます。彼女は女子学生です。
　タム　　ハンナ　　ヤナー　ストゥデントカ

述語動詞 быць「いる・ある・である」は現在形がないので場所の副詞と主語を並べるだけで存在の文となり，また代名詞と述語名詞を並べるだけで定義の文となる。男女学生の形の違いに注意。

Гэта новая кніга. Яна мая кніга.　これは新しい本です。それは私の本です。
　ヘータ　ノーヴァヤ　クニーハ　ヤナー　マヤー　クニーハ

「これは〜だ」の文ではつねに гэта（指示代名詞中性）を用いる。「本」は女性名詞で形容詞は女性形を用い，またそれに対する人称代名詞も яна「彼女」となる（英語の it に対応の中性の яно ではない）ことに注意。

Зараз я чытаю новую кнігу.　いま私は新しい本を読んでいます。
　ザーラス　ヤー　チィターユ　ノーヴゥユ　クニーフゥ

зараз の語末の子音の無声化は正書法には反映しない（з [z] のまま）。動詞 чытаць「読む」の現在単数 1 人称，直接目的語（形容詞＋名詞）の女性単数対格の形に注意。

Гэта новыя кнігі.　これは新しい本（複）です。
　ヘータ　ノーヴィヤ　クニーヒィ

Яны не мае кнігі.　それらは私の本ではありません。
　ヤヌィ　ニェ　マエー　クニーヒィ

形容詞と名詞の女性複数形と人称代名詞 яны（3 複，3 性共通），所有代名詞 мой「私の」の複数 мае（3 性共通），否定の助詞 не に注意。

Іван чытаў іх.　イヴァンはそれらを読みました。
<small>イヴァン　チィタウ　イフ</small>

Ганна яшчэ не прачытала ўсе.　ハンナはまだ全部を読み終えていません。
<small>ハンナ　ヤシチェ　ニェ　プラチィターラ　ウシェ</small>

　動詞の過去男性語尾 -ў と同女性 -ла に注意。ただし чытаць は不完了アスペクトなので単に「読んだ」事実を述べるだけで，完了アスペクトの прачытаць のような「読み終える・読み通す」のような達成や結果を表す意味はない。іх は人称代名詞 3 複の対格（3 性共通），ўсе は定代名詞 увесь「すべて」の複数対格（3 性共通）の母音の後に続く形。яшчэ「まだ」はロシア語の ещё に対応し，ロシア語の字母 щ はベラルーシ語では шч の 2 字母表記になることに注意。

Сёння я буду чытаць дома.　きょうは私は家で読書しよう。
<small>ションニャ　ヤ　ブードゥ　チィタツィ　ドーマ</small>

Гэты кнігі даўно былі прачытаны.　これらの本は以前に読まれてしまった。
<small>ヘートゥイ　クニーヒィ　ダウノー　ブィリ　プラチィータヌィ</small>

　助動詞 быць の未来変化（単 1）＋動詞不定形（不完了アスペクト）の合成未来と，完了アスペクトの他動詞から作る受動過去分詞 прачытаны と быць（＝be）の諸形（ここでは過去複数）による受動構文に注意。

　ついでに日常的な挨拶や慣用表現を少し挙げておこう。

Дзень добры!　［<small>ヅェニ　ドーブルイ</small>］こんにちは。
Як вы маецеся?　［<small>ヤク　ヴィ　マーエツェシャ</small>］ご機嫌いかがですか。
Дзякуй, добра.　［<small>ヅャークイ, ドーブラ</small>］有難う，元気です。
Сардэчна дзякую вам.　［<small>サルデーチナ　ヅャークユ　ヴァム</small>］心から感謝します。
Да пабачэння!　［<small>ダパバチェーンニャ</small>］さよなら（また会うときまで）。
Усяго добрага!　［<small>ウシャホー　ドーブラハ</small>］ご機嫌よう（幸せを祈る）。

なお，国土を東西に横断する4つの大方言区分があり，北から南の順に挙げれば，北西部の西ドヴィナ川流域のヴィテブスクやポーロツクを含み，南東はモギリョフに及ぶ北東方言，西のリトアニア国境からミンスクを経てゴメリに及ぶ中部方言，グロドノからプリピャチ川の中・下流域に広がる南東方言，そしてブレストとピンスクを含む西ポレーシエ方言である。首都ミンスクを中心とする中部方言は独自の特徴というよりは北東方言と南東方言の特徴が混在して一体化した結果，現代の標準語の基本となったものである。

5　ベラルーシ社会の言語事情

　ミンスクをはじめとするベラルーシの諸都市では，議会や役所はもちろん，一般の職場でも公私の会話でロシア語が普通に用いられており，ベラルーシ語を用いるのは家族内や親友同士の私的なコミュニケーションの場に限られる傾向が強い。また，新聞雑誌や多くの図書出版物でもロシア語によるものが圧倒的に多く，テレビ・ラジオでもベラルーシ語専用のチャンネルはなく，ロシア語番組がその大部分を占めている。つまり社会生活ではロシア語が共通語ないし標準語化している状態が広く認められる。そして政府は1995年以来ロシア語をベラルーシ語と対等の公用語に復権させ，公文書はもちろん多くの公的な表示や掲示などに両方を用いていることは前述のとおりである。

　モロッコやアルジェリアでアラビア語系の現地語の他にフランス語が公用語となったり，インドやパキスタンでもヒンドゥー語やウルドゥー語と並んで英語を公用語ないし共通語にしたりする場合を「二言語併用」bilingualismと呼ぶ。しかし，スイスのドイツ語地域の住民が自らのスイス・ドイツ語と並んでドイツ標準語を公的に使う例や，また，沖縄の住民が首里の琉球語のほかに日本語を標準語としている場合などは「二方言混用」diglossia の段階として区別するのが社会言語学の常識となりつつある。その意味でベラルー

シにおけるベラルーシ語とロシア語の混用はまさに後者の例としなければならない。

　ベラルーシ標準語には多くのロシア語の影響が認められると同時に，ベラルーシ人のロシア語にはベラルーシ的な音声・語彙・文法の特徴が入り混じり，こうしたベラルーシ訛りの強いロシア語はтрасянка［トラシャンカ］と呼ばれる「乾草と藁の混合飼料」にたとえられている。

6　ベラルーシの文化的多様性

　歴史的にロシアと関連の深い東部地域での正教文化の優越に対して，ポーランドの支配下に置かれることの多かった西部地域およびウクライナとの関係の深かった西ポレーシエ方言地域ではカトリックの伝統が意識される。一方，首都ミンスクでは，人口集中による地方的要素の混在の結果として，住民の文化的中立意識と生活面でのグローバル化が進んでいる。

ミンスク市内のエカテリーナ教会。1613年正教同胞会がペトロ・パウロ教会として建立（2002年筆者撮影）。

ベラルーシの文化的伝統の確立者や，その継承発展に貢献のあった文人として頻繁に挙げられるのは，16世紀初めに正教徒たちのために当時の教会スラヴ語で旧約聖書を分冊で多年にわたり印刷刊行した，ポーロツク出身のフランツィスク・スコリーナ（1490?-1551?），その遺志を継いで1580年に福音書のプロスタ・モーヴァ訳を印刷刊行したヴァシーリイ・チャーピンスキイ（1540?-1604），そして，1846年にヴィリニュスで自作のオペラ『村娘』をベラルーシ語とポーランド語で出版したヴィンツェント・ドゥーニン＝マルツィンケヴィチ（1808-84），ベラルーシ語の詩や散文や翻訳を発表してベラルーシ文学の父とされるフランチシェク・ボグシェヴィチ（1840-1900）や，それに続く国民詩人ヤクブ・コーラスとヤンカ・クパーラ（前出），さらに同時代の夭逝の詩人マクシム・ボグダノヴィチ（1891-1917）などである。

ロシア，ポーランド，ウクライナの言語や文化が交錯する中で，ベラルーシにおけるもうひとつの文化的要素として，長く続いたユダヤ人社会の存在についても触れなければならない。ベラルーシの多くの都市やその近辺にはユダヤ人居住地があったが，その内部ではドイツ以東の東欧・中欧のユダヤ人の共通語として10世紀の中高ドイツ方言を借用したイディッシュ語が用いられた。多くの地域方言があったが，イディッシュ語による文学活動が19世紀末から20世紀前半にかけてポーランド，ベラルーシ，ウクライナを中心に展開され，標準語の形成が進み，やがてこれらのユダヤ人の移住先のアメリカで発展した。

1914年ロシア領のベラルーシからアメリカに移住したショロム・アレイヘム（1859-1916）のイディッシュ語の原作『牛乳屋テヴィエ』の翻案によるアメリカのミュージカル『屋根の上のバイオリン弾き』の舞台は，ヴィテブスクの郊外のユダヤ人村である。ちなみに1978年ノーベル賞を受賞したイディッシュ語作家イサーク・バシヴィス・シンガー（1904-91）はポーランドからアメリカへの移住者であった。また，イスラエル初代大統領ハイム・ワイツマン（1874-1952）はブレスト近郊の出身でロシア領だったポレーシエでシオニストとして活動した後イギリスに移住し，戦後のイスラエル建国の

中心人物となった。

　イスラエル建国後は中・東欧のユダヤ人のイスラエルへの移住が進み，アメリカでもイディッシュ文化は衰退に向かい，独ソ戦中のユダヤ人絶滅政策の結果もあって，ベラルーシのユダヤ人居住地は現在は殆ど解体消滅している。

　なお，1920～30年代のエコール・ド・パリを代表する画家の一人であるマルク・シャガール（1887-1985）もヴィテブスク出身のユダヤ人で，十月革命後ベラルーシ芸術の革新運動を進めた後1922年に西側に亡命した経緯がある。

　最後に日本に関係の深いベラルーシの人物として，1853年のプチャーチン使節団の一員として下田に来航し，帰国後の1857年にロシア最初の和露辞典である『和魯通言比考』を完成公刊し，その翌年から1865年まで初代のロシア領事として函館に駐在したヨシフ・ゴシュケーヴィチ（1814-75）を挙げておこう。彼はミンスク近郊の生まれで，帰国退官後はリトアニアとの国境に近いマリに領地を得て日本関係の著作に従事しながら暮らし，ここで一生を終えた。

参考文献

黒田龍之助『ベラルーシ語基礎1500語』大学書林，1998年
服部倫卓『不思議の国ベラルーシ』岩波書店，2004年
服部倫卓『歴史の狭間のベラルーシ』ユーラシア・ブックレットNo. 68　東洋書店，2004年

4 チェコ／スロヴァキア／チェコスロヴァキア
──名乗りと名付けのエトノニム──

長與　進

　固有名詞学 onomastika の一分野として，エトノニム etnonym と呼ばれる領域がある。この耳慣れない用語は，ある種族・エスニック集団・民族の名称を考察する学問分野を指している。本論の目的は，「チェコ」，「スロヴァキア」，「チェコスロヴァキア」を意味するスロヴァキア語とチェコ語の民族名と，そこから派生された言語名や地域名をめぐる錯綜した歴史的経緯を整理して，言語的な名乗りと名付けの歴史的・政治的な意味について考察することである。言語的な名乗りと名付けの問題は，スロヴァキア地域とチェコ地域における（両地域だけに限らないが）近代的なネーション意識の形成プロセスとも，密接な相関関係を持っていて，ある意味で，このプロセスを端的に象徴する役割を果たしているように思われるからである。

1　民族名「チェコ人」の起源

　まず「チェコ人」を意味するチェフ Čech というエトノニムの起源から検討してみよう。12 世紀前半（1119-1125 年）にラテン語で書かれた『ボヘミア年代記』 *Chronica Boemorum*（いわゆるコスマスの年代記）は，チェコ地域の最初の体系的な歴史叙述として知られているが，そこではチェヒ Čechy という地域名の起源を，「チェコ民族の神話的な祖先」チェフ Čech によって説明している。すなわち「民族の始祖」チェフは，両肩の上にご神体を担い

で，自分の同行者たちをジープ山（北部チェコ地方に実在する標高456メートルの山）に連れてくると，この国の美しさを見て，そこに居住することに決めた。一行はこの国を，チェフの名前にちなんで名付けたのだという。

　言うまでもないが，これは伝説化され神話化された解釈である。「チェコ」の語源をめぐる現代の学術的記述を整理すると，次のようになるだろう。

　1）「〔Čechy は〕おそらく本来は地名（Luhy, Louky などのタイプの自然の普通名詞。"lech" と pole-Polsko の同様の発展も参照），より古い形態 Čachy も伴った sušší místo「より乾いた場所」という意味（地名チェホヴィツェ Čechovice とならんで，チャホヴィツェ Čachovice, チェフーフキ Čechůvky を参照）。そこから民族名 Čech,〔形容詞形〕český が派生された」（J．ホルプ，F．コペチニー『チェコ語語源辞典』，プラハ，1952年[(1)]。なお引用文中の〔　〕内は，長與による補遺と注である。以下同）

　2）「古いのは čехъ というかたちだけであるが，それは見たところ，* četьnikъ:četa「集団，群衆」，あるいは * čeljadinъ の指小形のようである。…固有名詞 Čьstislavъ, あるいは Čьstiměrъ の指小形から派生した可能性はより低い…。（ヤコブソンは…čехъ を，čędo「子供」から解釈している。ロシア語の чадо「子供」を参照）」（M．ファスメル『ロシア語語源辞典』, IV 巻, モスクワ，1973年）[(2)]

　3）「* čехъ は初期のスラヴの種族名だが，同時にローカルな種族名であり，その他一連のスラヴの種族名と違って，スラヴの領域の他のどこでも繰り返されていないことを，念頭に置くことが重要である。チェコの領域自体において，それ〔* čехъ〕は初期には，チェコ諸種族の連合総体ではなく，国の中央部にいたチェコ人の種族だけを意味していた」（О．Н．トルバチョーフ編『スラヴ諸語語源辞典』，4巻，モスクワ，1977年）[(3)]

　4）「この古い民族名〔Čech〕は，本来は，今日のチェコの中央部に住んでいたひとつの種族だけを指していて，多数の解釈がそれを説明しようと試みている。我々がもっとも受け入れやすいと見なしているのは，基盤 *čel- からの解釈で，それは čeleď「家族」, človek「人間」のなかに見られ，感情

表現のヴァリアント1→ch を伴っているが(hochの例を比較)(種族の構成員は，自分自身をしばしば lidé「人々」と名付けている。cizí の項目の Deutsch も参照)，次のありうる可能性は，* čechati, * česati「掻く，擦る」，さらに bít「打つ」の意味からの派生で，その場合 Čech は，bojovník「戦士」を意味することになる。スロヴェニア語の čeh「羊飼い，少年」に対する関係はあいまいだが，意味的には［上述の2つの］解釈と結び付けることができる」（J．レイゼク『チェコ語語源辞典』，ヴォズニツェ，2004年．）(4)

5) 最後に，スロヴァキアの言語学者シモン・オンドルシの新説を紹介しておこう。彼は，スラヴ祖語の命名基盤 ček-:čak-:čech-:čach-「1.（地形の）高まり，丘，2. 前髪の房」と，バルト語の命名基盤 kek-「（地形の）高まり，頂き」の意味に依拠して，次の2つの解釈の可能性を提示している。

a) 種族名チェフ Čech／チャフ Čach は，より高い場所，丘陵地帯に住むスラヴ人を意味していた。・・・この解釈では種族名チェフは，種族名ベルジャニ Beržani, ストドリャニ Stodorjani（スロヴェニア語のストドル stodor「懸崖，岩山，丘の尾根」を比較），おそらくフルヴァチ Chrvati もそうだったような，意味論的動機付けのカテゴリーに属している。それは，低地や谷間に住むスラヴ人を意味していた種族名ジェチャニ Děčani, ドゥドレビ Dudlěbi, ウリチイ Ulitji, ヴェリニャニ／ヴォリニャニ Velyňani/Volyňani に対する反対語だった。

b) 種族名チェフの本来の意味が，「前髪の房を持ったスラヴ人」であった可能性も完全には否定できない。つまり基盤 ček-: čech- を持つ普通名詞は，自然の高まり，丘，岡だけでなく，人間や動物の頭の髪の盛り上がり，すなわち chochol も意味していた。エスニック集団のこうした命名の可能性については，ウクライナ人に対するロシア語のあだ名－ホホール хохол が物語っている。ウクライナ人に対するロシア語名ホホールは新しいが，いっぽう種族名チェフはより古くて，スラヴ祖語（すなわち10世紀以前）であるという状況は，決定的なものではない。命名の動機付けは，さまざまな時代に繰り返される可能性がある。

オンドルシ自身はa）の解釈に傾いていて，「なぜなら生活の自然的諸条件に従った古スラヴ諸種族の命名が，もっとも頻繁だったからである」[5]と付け加えている。

2　年代記のなかの「チェコ人」

このように，「チェコ人」という名称の語源については諸説があり，今日にいたるまで定説は確立していないが，その用例は比較的古くから記録に残されている。オンドルシによると，文献上で最初に見られる言及は，9世紀初頭（805-806年）のラテン語文献『フランク王国年代記』*Annales regni Francorum* における「カール大帝〔シャルルマーニュ〕は，後にチヒと名付けられることになるスラヴ人の地で terra sclavorum qui vocabuntur Cihi, 戦いを行った」という記述であるという[6]（引用文中の傍点は長與による。以下同）。

12世紀初頭（1113年頃）に，キエフのペチェルスキー修道院の年代記作者ネストルが執筆した古代ロシア語の文献『ロシア原初年代記』*Повесть временных лет* にも，チェヒ Чехы, チャヒ Чахы という名称が見出される。

彼らはそれらの〔ドナウに沿って定住した〕スロヴェネから地上に広がり，住んでいた場所を自分の名として呼ばれた。例えばモラヴァという名の川のほとりにやって来て住みつき，モラヴァ〔モラヴィア人〕と呼ばれ，他のものたちはチェヒと名付けられた。[7]／ウグリ〔マジャル人〕はグレキ〔ギリシャ人，東ローマ帝国を指す〕に対して戦いを始め，サロニカまでのトラキアの地とマケドニアの地を占領し，モラヴァとチェヒに対して戦いを始めた。スロヴェネの民族は一つであった。ドナウに沿って定住し，（後に）ウグリによって占領されたスロヴェネ，モラヴァ，チェヒとリャヒ〔ポーランド人の古称〕，およびいまルシと呼ばれているポリャネである。[8]

ハンガリー（マジャル）人の祖先が大ドナウ盆地を征服する過程を記録し

た（おそらく）12 世紀末のラテン語文献『ハンガリー人の歴史』*Gesta Hungarorum*（いわゆるアノニムスの年代記）においても，チェコ人は「ボヘミア人」として言及されている．

　彼ら〔マジャル人？〕は，かの地方の住民であるスラヴ人とボヘミア人 Sclauos et Boemos が，ボヘミアの公たち ducis Boemorum の助けを得て，彼らに抵抗しているのを見た」／「だがソヴァールドとカドチャが派遣した斥候たちは，スラヴ人とボヘミア人 Sclauos et Boemos が彼らに抵抗するのにじゅうぶんなほど強力でないことを見て取ると，三度にわたって彼らに向かって矢を射かけて，彼らのうちのある者は矢のために死んだ．ズブルを防衛するために送られたスラヴ人とボヘミア人 Sclaui et Boemi は，ヘトゥモゲルと呼ばれている者たちが，こうした武器を用いているのを見ると，ひじょうに恐れた」／「すでにもう長いあいだ相互に戦っていたとき，ウフリ人〔マジャル人〕は，多数のボヘミア人とスラヴ人 Boemis et Sclauis を矢によって倒したが，しかし 3 日間洪水のために，ウフリ人はどうしても渡河地点を獲得できなかった．だがとうとう 4 日目に，ボヘミア人とすべてのニトラのスラヴ人 Boemi et omnes Nytrienses Sclaui は，ウフリ人の勇敢さを見て，射かけられる矢に耐えられずに，逃走しはじめた．[9]

　L. E. ハヴリークによるとこの戦闘の描写は，1030〜1042 年と 1051〜1052 年のチェコ侯ブジェチスラフ一世のハンガリー遠征に関連したものだという[10]．ここで「ボヘミア人」とならんで言及されている「スラヴ人」が，なにを意味しているかは，次節で考察する．

　この年代記の記述にも見られるように，チェコ人 Čech に対応するラテン語の名称は，ボエミ／ボヘミ Boemi/Bohemi である．この名称は本来は，紀元前 3〜2 世紀に当該の地域に居住していたケルト系のボイ族を指していたが，後にこの地域に新たに定住した住民の呼称として定着した．ドイツ語による民族名ベーメ Böhme（歴史的領域の住民としてのボヘミア人），形容詞形

ベーミシュ böhmisch, 地域名ベーメン Böhmen（歴史的領域としてのボヘミア）はラテン語名に由来する。エスニック集団として理解されたチェコ人を指す場合は，今日では民族名チェヘ Tscheche, 形容詞形チェヒシェ tschechische, 地域名チェヒエン Tschechien（広い意味でのチェコ）が用いられている。

　単数男性のかたち Čech から，女性形 Češka, 形容詞形 český（古くは čésský という形もある）が規則的に派生される。地域名については，通常用いられているチェヒ Čechy とともに，チェスコ Česko というヴァリアントが存在することを，特筆する必要がある。地域名 Čechy は民族名 Čech から派生されたかたち（起源的にはその古い複数対格形）で，本来はボヘミア（狭い意味でのチェコ）を指しているが，モラヴィアとシレジアの一部も含めたチェコ諸邦 české země（広い意味でのチェコ）を意味することもあり，両義性を帯びて使われている。

　1989 年の体制転換以後，とくにチェコスロヴァキア国家解体に伴う 1993 年のチェコ共和国成立以後，チェコ共和国全体（広い意味でのチェコ）を指す通称として，それまでほとんど用いられていなかった地域名 Česko というかたちが人為的に導入され，当初は多くのチェコ人が違和感を持ったが，今日ではしだいに定着しつつあるように見える。

3　スラヴ人としての「スロヴァキア人」

　民族名「チェコ人」の語源はいまだに特定されていないが，すでに 9 世紀以来，用例が見られるのに対して，民族名「スロヴァキア人」のほうは，使用例が認められるのは 14 世紀後半以降であり，後述するように語源自体は明らかだが，今日の意味に定着するまでには，長い錯綜したプロセスを経ている。

　その「錯綜」を端的に示しているのが，「スロヴァキア」に関連した一連の語彙のかたちである。現代スロヴァキア文章語においては，民族名の単数男性形は Slovák，女性形は Slovenka，形容詞形 slovenský，地域名 Slovensko

であるが，一見して明らかなように，これらの形態は「非対称」である。つまり民族名の男性形と，その他のかたちのあいだに「ずれ」が認められる。規則どおりであれば，男性形 Slovák からは，女性形 Slováčka，形容詞形 slovácky，地域名 Slovácko というかたちが派生されるべきであり[11]，いっぽう女性形 Slovenka 以下のかたちは，民族名の男性形として Sloven を想定しているはずである。なぜこのような「非対称」が生じたのだろうか。

＊　　　　　＊　　　　　＊

　今日のスロヴァキア言語学と歴史学の定説によれば，紀元6世紀以来，大ドナウ盆地に定住していたスラヴ系住民（今日のスロヴァキア人の祖先とされるエスニック集団）は，14世紀以前にはたんに「スラヴ人」と呼ばれていた。
　具体的な実例で見てみよう。9世紀の出来事を記述した古代スラヴ語の文献『コンスタンティノス一代記』と『メトディオス一代記』（いわゆるパンノニア伝説）においては，大モラヴィア（9世紀に西スラヴ系諸種族がはじめて形成した国家形態，ほぼ今日のチェコ共和国モラヴィア地方と，スロヴァキア共和国の西半分に相当する）の住民は，スロヴェネ Slověne とも，モラヴリャネ Moravľane とも呼ばれていた。『メトディオス一代記』第5章から，862年頃に大モラヴィアの公ラスチスラウ（ロスティスラフ）が，コンスタンチノープルの東ローマ皇帝ミカエルに使者を派遣する有名な一節を引用する。

　ス̇ロ̇ヴ̇ィ̇エ̇ン̇の公ラスチスラウ Rastislav, knieža slovienske は，スヴェトプルク Svätopluk とともに，モラヴィア〔人の地〕Morava から皇帝ミカエルのもとに〔使者を〕おくり，こう言わせたのである。「・・・われらス̇ロ̇ヴ̇ィ̇エ̇ン̇ Slovieni は素朴な民であり，〔その〕われらを真理へと導き，〔聖典の〕意味を教えてくれる人物をわれらはもたない。よって，いとも畏き陛下よ，われらのためにすべての真理を説き明かしてくれる，そのような人物を派遣して頂きたい」・・・そのとき皇帝ミカエルは哲人コンスタンティノスに向かって，〔こう〕言った。「・・・そしておのれの兄弟，修道院長メトディオスを伴って，〔かの地へ〕行くがよい。なぜなら，おまえたちふたりはテッ

サロニケ人 Soluňania であり，テッサロニケ人はみなスロヴィエンのことばを sloviensky なまりなく話すからである」。・・・するとそのとき，神は哲人にスロヴィエン語〔訳〕聖典 slovienske písmo〔についての考え〕を啓示された。すると彼はたちまち文字を制定し，〔福音書の翻訳〕テクストを作り上げ，メトディオスを伴って，モラヴィア人〔の地〕へと旅に出た。(12)

ここに示されているように，大モラヴィアの人々は自分たちを，「スロヴィエン」と自称しているが，同時に彼らは「モラヴィア人」とも呼ばれている。注目すべきことに，『メトディオス一代記』ではラスチスラウは「スロヴィエンの公」と呼ばれているが，『コンスタンティノス一代記』では「モラヴィアの公」(13)とされている。

この点についてスロヴァキアの言語学者ヤーン・スタニスラウは，「ラスチスラウが支配していた大モラヴィア諸種族の連合は，「スロヴィエンの」とも「モラヴィアの」とも呼ばれていた。「スロヴィエンの」という名前が本来的で，いっぽう「モラヴィアの」という名前は，モラヴァ川の名前による副次的なものである」(14)と述べ，また言語学者ヤーン・ドルリャは，「「モラヴィアの公」の結合においては，国家政治的な表示が強調されていることを，確かに議論の余地がないことと見なす必要があるとはいえ，「スロヴィエンの公」と「モラヴィアの公」の結合は，意味上は完全に対応している」(15)と指摘している。大モラヴィアのスラヴ系住民は，みずからの言語的・文化的アイデンティティとしては，ヨーロッパ東部に広く分布していたエスニック集団スロヴィエン（スラヴ人）の一部と感じ，いっぽう国家的アイデンティティとしては，モラヴィア人と意識していたと想定することができるかもしれない。

前節で引用した『ロシア原初年代記』のなかにも，関連すると思われる記述が見出される。周知のようにネストルは，「スロヴェネ」という名称によってスラヴ人全体を指しているが，そのなかの個別の「種族」を指す場合にも，この民族名を用いている（たとえば，北部ロシアのノヴゴロドの「スロヴェネ」）。

現代スロヴァキアの言語学者の主張によると,「第三章　オレグの治世」中の次のような記述は,今日のスロヴァキア人の祖先に関係しているという。

彼ら〔ウグリ＝マジャル人〕は東からやって来て〔ウゴリの山と呼ばれていた〕大きな山々〔カルパチア山脈を指す〕を越えて進み,そこに住んでいたヴォロヒ〔おそらくローマ人を指す〕とスロヴェネに対して戦いを始めた。そこには以前スロヴェネが住んでおり,次いでヴォロヒがスロヴェネの国を取ったからである。その後ウグリがヴォロヒを追い出して〔その〕国を受け継ぎ,スロヴェネと共に住んで,自分の下に彼らを従えた。ここからウグリの国が呼び名を得たのである。(16)

言語学者ドルリャは,「古代ロシアの年代記の上述のテクストから明らかに見て取れるのは,ここではスロヴェニ Slověni, スロヴェンスク slověnьskъ という語が,「スラヴ人,スラヴの」という意味で使われているだけでなく,まったく具体的なスラヴ人,我々の大モラヴィアの祖先にも,彼らの公たちと国(スロヴェネの国,スロヴェネの公たち,など)にも関係していることで,なぜなら彼ら自身がスロヴェニと自称しているからである」(17)と主張している。

同じく前節で引用した『アノニムスの年代記』の記述に見られる「スラヴ人とボヘミア人」,「ボヘミア人とすべてのニトラのスラヴ人」における「スラヴ人」という名称も,現代スロヴァキアの言語学では,スラヴ人一般ではなく,今日のスロヴァキア人の祖先を指すと解釈している。同じくドルリャの説に耳を傾けてみよう。

意識する必要があるのは,いわゆるアノニムスが自著を書いたのが13世紀であることで,その時にはすでに状況は安定化して,旧大モラヴィアの東部であるスロヴァキアは,ハンガリー王国の一部であり,その住民はスロヴェニ(ラテン語－スクラヴィ,スラヴィ,あるいはスラヴィ・フンガリ)と自称し

ていたが，いっぽう地理的なモラヴィア－旧大モラヴィアの西部－はチェコ国家の一部で，その住民はラテン語でボエミ，あるいはスラヴィ・ボエミ／ボヘミと呼ばれていた。かつてはひとつの国家政治的な総体を形成していた大モラヴィアの双方の部分の住民を，アノニムスは13世紀の目で見ていて，つまり彼らを，当時の国家政治体制の視点から名付けているのである。(18)

4　民族名「スロヴァキア人」の定着をめぐる錯綜した経緯

　今日では「スロヴァキア人」を意味するスロヴァーク Slovák という名称の起源は，比較的新しく，文献における初出は14世紀後半とされている(19)。この名称は，当時の西スラヴ諸語（つまりチェコ文章語とポーランド文章語）の環境のなかで，「スラヴ人」を意味するスロヴェン Sloven，あるいはスロヴェニン Slovenin のヴァリアントとして生まれ，本来はそれらの語と同じくスラヴ人一般を指す言葉だったが，ある時期から，ハンガリー王国北部に居住するスラヴ系住民（今日のスロヴァキア人の祖先）を意味する用語として定着したと理解されている。

　すなわち，スロヴァキア地域においては15世紀から18世紀末まで，民族名 Slovan と Slovák，形容詞形 slovanský と slovenský は，「スラヴ」と「スロヴァキア」の意味を厳密に区別することなく，両義性を帯びて使われていた。

　11世紀から18世紀末までのスロヴァキア地域の，記録に残された語彙を収録した『スロヴァキア語歴史辞典』の民族名 Slovák の項目には，「1．スロヴァキア民族の構成員」と「2．スラヴ人」という二つの語義が挙げられ，形容詞 slovanský の項目でも同様に，「1．スラヴ人に関係する」と「2．スロヴァキアの」が並列されている。形容詞 slovenský の項目はさらに複雑で，「1．スロヴァキア人に関係する」と「2．スラヴの」に加えて，さらに南スラヴ諸語に属する「3．スロヴェニアの」という語義も挙げられている(20)。

　こうした錯綜した命名状況について，この時期のいくつかの書物のタイトルを例にして，具体的に検証してみよう。

17世紀のスロヴァキア地域出身の福音派系知識人ダニエル・シナピウス＝ホルチチカ Daniel Sinapius Horčička（1640-1688年）が編集した学校用の諺集（出版地はポーランドのレシノ，出版年は1678年）は，原本のタイトル・ページに *Neo-forum Latino-Slavonicum, Nowy Trh latynsko=slowensky* という二重表記がなされている（図1を参照）。ラテン語表記中の形容詞形 slavonicum は「スラヴの」，後半部分の形容詞形 slowensky は現代語では「スロヴァキアの」を意味するが，この書物のなかでは slavonicum/slowensky は「スラヴの」と「スロヴァキアの」の両義で用いられていることからすると，このタイトルは『ラテン語・スラヴ／スロヴァキア語のネオ・フォルム』と訳されるべきかもしれない。

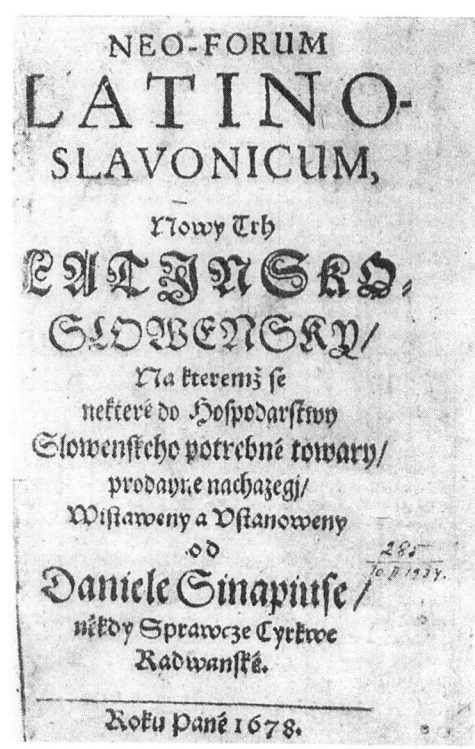

図1 ダニエル・シナピウス＝ホルチチカの諺集『ラテン語・スラヴ／スロヴァキア語のネオ・フォルム』のタイトル・ページ
出典— Slovenský literárny album. Bratislava 1968.

　同じく17世紀の福音派系知識人トビアーシ・マスニーク（マスニツィウス）Tobiáš Masník（Masnicius）（1640-1697年）のチェコ語による正しい書き方の手引き書 *Zpráwa Pjsma Slowenského, gak se ma dobře psati, čjsti y tisknauti*（レヴォチャ，1696年）の場合も（図2を参照），形容詞形 slowenský は両義的に用いられているので，『スラヴ／スロヴァキア文字の情報。いかに巧みに書き，読み，印刷されるべきか』と訳出するべきだろう。

ほぼ1世紀後に，歴史家ユライ・パパーニェク Juraj Papánek（1738-1802年）が出版したラテン語の歴史書 *Historia gentis Slavae - De regno regibusque Slavorum atque cum prisci civilis et ecclesiastici, tum buius aevi statu gentis Slavae.*（ペーチ，1780年）においても，民族名スラヴィ Slavi は「スラヴ人」と「スロヴァキア人」の意味で，形容詞形スラヴス slavus とスラヴォニクス slavonicus は，いずれも「スラヴの」と「スロヴァキアの」の意味で用いられている。スロヴァキア文学の通史『民族再生の文学』（ブラチスラヴァ，1960年）では同書のタイトルを，『スロヴァキア民族の歴史－スラヴの王国と王について，スロヴァキア人の新旧の時代の市民的・教会的状況について』と訳し分けている(21)。

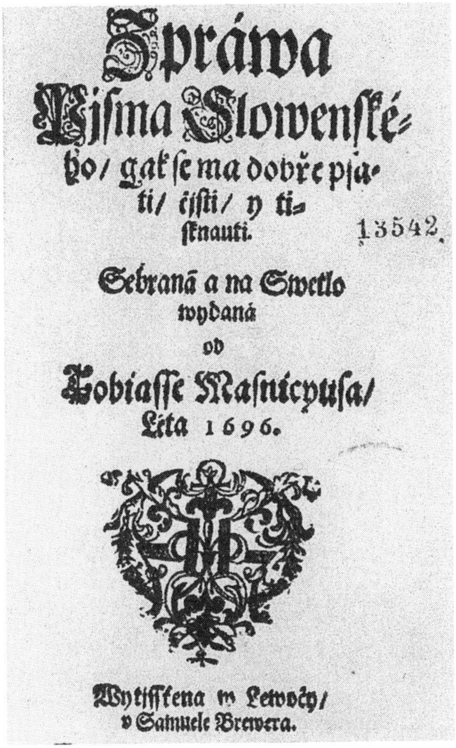
Spráwa
Pjsma Slowenské-
ho / gak se ma dobře psá-
ti / čjsti / y ti-
sknauti.
13542.
Sebraná a na Swetlo
wydaná
od
Tobiásse Masnicyusa /
Léta 1696.
Wytisstena w Lewočy /
v Samuele Brewera.

図2　トビアーシ・マスニーク（マスニツィウス）の手引き書『スラヴ／スロヴァキア文字の情報。いかに巧みに書き，読み，印刷されるべきか』のタイトル・ページ

出典－ Slovenský literárny album. Bratislava 1968.

パパーニェクはスラヴィ Slavi という呼称を，「スロヴァキア人」と「スラヴ人」の意味で両義的に用いているが，形容詞を添えて意味を限定する以下のような複合的用例も見受けられる。－スラヴィ・フンガリアエ Slavi Hungariae（ハンガリーのスラヴ人＝スロヴァキア人），フンガロ・スラヴィ Hungaro Slavi（同上），スラヴィ・モラヴィアエ Slavi Moraviae（モラヴィアのスラヴ人＝モラヴィア人），モラヴォ・スラヴィ Moravo-Slavi（同上），スラヴィ・チェヒアエ・セウ・ボヘミアエ Slavi Czechiae seu Bohemiae（チェコあるいは

ボヘミアのスラヴ人＝チェコ人），チェヒアエ・スラヴィ Czechiae Slavi（チェコのスラヴ人＝チェコ人），スラヴィ・ボヘミアエ Slavi Bohemiae（ボヘミアのスラヴ人＝チェコ人）[22]。最後のチェコ人に関わる複合表現は，次節で扱う「チェコスロヴァキア」概念とも関連して，示唆的な用法である。

注目すべきことにラテン語のテクストにおいては，「スロヴァーク」という表現が，今日の「スロヴァキア人」を意味することが広く了解されはじめた時期にも，あいかわらず「スラヴィ」という用語が用いられていた。

例として挙げることができるのは，18世紀末から19世紀初頭の時期の，最初のスロヴァキア文章語の規範制定者アントン・ベルノラーク Anton Bernolák（1762-1813年）の言語学著作のタイトルである。ベルノラークは，今日の意味でのスロヴァキア文章語をはじめて規範制定した人物として知られているが，彼が編纂した『チェコ語・ラテン語・ドイツ語・ハンガリー語対照スロヴァキア語辞典』（6巻，ブジーン，1825-1827年，没後に出版）は，原本のタイトルが次のように二重表記されている。― *Slowár Slowenskí Česko=Laťinsko=Ňemecko=Uherskí: seu Lexicon slavicum bohemico-latino-germanico-ungaricum*（図3を参照）。この場

図3 アントン・ベルノラークが編纂した『チェコ語・ラテン語・ドイツ語・ハンガリー語対照スロヴァキア語辞典』第1巻のタイトル・ページ

出典 ― Rudolf Krajčovič, Svedectvo dejín o slovenčine. 2.vydanie, Martin 1980.

合の形容詞形 slowenskí は「スラヴの」ではなく，明らかに今日の意味の「スロヴァキアの」を指しているが，しかしラテン語表記ではいまだに slavicum が用いられている。

ちなみにベルノラークは，スロヴァキア語に関するラテン語著作のなかで，スロヴァキア人をスラヴィ Slavi，ときには限定語を伴ってスラヴィ・フンガリアエ Slavi Hungariae（ハンガリーのスラヴ人），パンノニイ・スラヴィ pannonii Slavi（パンノニアのスラヴ人）と呼んでいる。

19世紀中期のスロヴァキア地域における民族意識覚醒運動を代表する福音派系知識人リュドヴィート・シトゥール Ľudovít Štúr（1815-1856年）

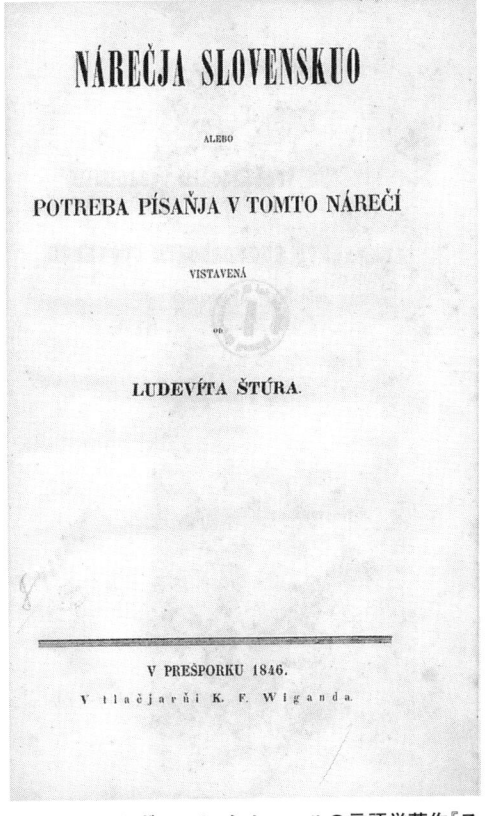

図4 リュドヴィート・シトゥールの言語学著作『スロヴァキア方言，あるいはこの方言で執筆する必要性』のタイトル・ページ
出典－筆者の蔵書

は，1843年に中部方言に基づいた新たな文章語を規範制定したが，この文章語（いわゆるシトゥール語）が若干の修正を経て，今日のスロヴァキア文章語の基礎になっている。彼は1846年に，自分が定めた新しい正書法に従って『スロヴァキア方言，あるいはこの方言で執筆する必要性』*Nárečja slovenskuo alebo potreba písańja v tomto nárečí*（図4を参照）と，『スロヴァキア語文法』*Nauka reči slovenskej* という2冊の言語学著作を出版したが，ここで用いられている形容詞形 slovenskí は，すでに明確に「スロヴァキアの」

を意味している。

スロヴァキア地域において，民族名 Slovák，形容詞形 slovenský が，両義的でなく，今日の意味における「スロヴァキア人」，「スロヴァキアの」を指すことが，知識人のあいだで広く了解されたのは，おそらく 19 世紀前半のことである。ドルリャは，男性形とその他のかたちのあいだの「非対称」に関連して，「時とともに「スロヴァーク」という形態は，もっぱら今日のスロヴァキア人を指す名称として残った。派生的な女性形（Slovenka）と形容詞（slovenský）と国名（Slovensko）は，（Slovienin/Sloviene, Sloven/Sloveni のかたちからの）より古い基盤を保持している」[23] と述べている。

なお現在ではラテン語においても，民族名スロヴァクス Slovacus，形容詞形スロヴァクス slovacus，地域名スロヴァツィア Slovacia という，スラヴ人一般とは区別された独自の表記が確立している。ドイツ語に関して言えば，古い時代にはスロヴァキア人に対して，ヴィンデ Winde，形容詞形ヴィンディシュ windisch というかたちが用いられたが（興味深いことに，今日ではこの名称は，南スラヴのスロヴェニア人を指す俗称になっている），今では民族名スロヴァケ Slowake，形容詞形スロヴァキシュ slowakisch，地域名スロヴァカイ Slowakei が用いられている。これらの語がいずれも近年になって，Slovák というかたちから派生されたものであることは言うまでもない。

5　「スラヴ・ボヘミア語」から「チェコスロヴァキア語」へ

「チェコ」と「スロヴァキア」を組み合わせた（ように見える）「チェコスロヴァキア」概念の起源はごく新しく，用例が確認されるのは，18 世紀末から 19 世紀初頭にかけての時期以降である。民族名として登場した（と思われる）「チェコ」と「スロヴァキア」とは違って，「チェコスロヴァキア」という用語の特徴は，最初に言語名として用いられたことであろう。しかもこの概念は，時期によって含意する内容に「ずれ」が見られるので，具体的なコンテクストを抜きにしては，その内容を正確に理解することは難しい。

スウェーデン在住のスロヴァキア人スラヴ研究者リュボミール・ジュロヴィチの考証によると,「チェコスロヴァキア」概念の端緒は, 18世紀以降にハンガリー王国北部のスロヴァキア地域の福音派系知識人のあいだで用いられた「スラヴ・ボヘミア語」lingua slavico-bohemica という用語であるという。彼の指摘によれば,「ダニエル・クルマン (1700年頃) とパヴェル・ドレジャル (1746年) の文法書のなかで, 両民族〔チェコ人とスロヴァキア人を指す〕によって文章語として用いられていたチェコ語のために, スラヴ・ボヘミア語という名称が創り出された」[24]

スロヴァキア地域出身の福音派牧師だったダニエル・クルマン Daniel Krman (1663-1740年) は, 17世紀後半から18世紀前半の時期のもっとも注目すべき文化人の一人だったが, 彼は『スラヴ・ボヘミア語文法の基礎』Rudimenta grammaticae Slavo-Bohemicae (1729年) という未完で未公刊の著作のなかで, 当時のチェコ文章語 (いわゆるクラリツェ版聖書のチェコ語) の文法について記述した[25]。

同じくスロヴァキア地域出身の福音派系知識人パヴェル・ドレジャル Pavel Doležal (1700-1778年) は, 一連の言語学著作—『スラヴ・ボヘミア語文法』Grammatica Slavico-Bohemica (ブラチスラヴァ, 1746年),『ボヘミア・スラヴ語正書法』Orthographia Bohemo-Slavica (レヴォチャ, 1752年),『スラヴ・ボヘミア語の基礎』Elementa linguae Slavo-Bohemicae (レヴォチャ, 1752年)—をラテン語で執筆した。彼は主著である1746年の『スラヴ・ボヘミア語文法』のなかで「スラヴ・ボヘミア語」を,「ボヘミア方言とハンガリー王国のスラヴ系知識人の」方言 dialectvm Bohemorvm & cvltiorvm Slavorvm in Hvngaria から構成されるひとつの二重言語体系 (ディア・システム) と捉えている (図5を参照)。ジュロヴィチによると, ドレジャルが「ボヘミア方言」として記述したのは, クラリツェ版聖書のチェコ語であり,「スラヴ系知識人」の言語と見なしたのは, 西部スロヴァキアの町スカリツァの都市言語であるという[26]。

「スラヴ・ボヘミア語」lingua slavico-bohemica というラテン語名は, スロヴァ

> GRAMMATICA
> SLAVICO-BOHEMICA,
> IN QVA,
> PRAETER ALIA, RATIO ACCVRATAE
> SCRIPTIONIS & FLEXIONIS,
> quæ in hac Lingua magnis difficultatibus
> laborat, ex genuinis fundamentis,
> demonstratur,
> VT ET DISCRIMEN INTER DIALECTVM
> BOHEMORVM & CVLTIORVM
> SLAVORVM IN HVNGARIA,
> infinuatur;
> CVM APPENDICE,
> Quæ, tum modum multiplicandi
> Vocabula per Motionem, Derivationem
> Compositionemque ; tum quædam ad ele-
> gantiam fermonis spectantia,
> CVM CATONIS DYSTICHIS,
> exhibet.
> QVAE OMNIA,
> Partim ex aliis Grammaticis accepta,
> partim propria industria inuestigata, atque
> a VIRIS, linguæ huius haud imperitis, examina-
> ta, omnibus eiusdem Cultoribus ad usum proponit
> PAVLLVS DOLESCHALIVS,
> Szakolcza - Hung
> PRÆFATVS EST
> MATTHIAS BELIVS.
> POSONII, Typis Royerianis, An. 1746.

図5 パヴェル・ドレジャルの言語学著作『ス
ラヴ・ボヘミア語文法』のタイトル・
ページ

出典— Slovenský literárny album. Bratislava 1968.

キアの文献においては，slovensko-
český jazyk と翻訳されるが，ドル
リャも指摘しているように[27]，こ
の場合の slovenský は「スラヴの」
を意味しており，また内容的には当
時のチェコ文章語を指していた。

ジュロヴィチが引用しているスロ
ヴァキアの文学史家ルド・ブルター
ニの指摘によると，「1800年まで慣
用語法においては，slavo-bohemicus,
あるいは slavico-bohemicus という名
称が大部分だった。・・・1800年頃
になって〔スロヴァキア地域の福音
派知識人ボフスラウ・〕タブリツ
〔Bohuslav Tablic（1769-1823年）〕
と〔イジー・〕パルコヴィチ〔Jiří
Palkovič（1769-1850年）〕はチェコ
の基盤を認めて，"česko-slovenský"
と書きはじめた。つまり "slovensko-
český" という形容詞の代わりに，
"česko-slovenský" と "československý" が使用されはじめたのは，1790〜1820
年である」[28]

ジュロヴィチはブルターニの考証を総括して，こう述べている。「我々が
出さなければならない結論は，この命名〔チェコスロヴァキア語〕が「チェ
コ語」（それは客観的にはクラリツェ・チェコ語である）という名称と，「（洗練
された）スラヴ語」(pulerovaná) slovenčina という（ふつうは福音派の）スロヴァ
キア人のもとでの，その当時のその〔チェコ語の〕通称の，自然発生的な結
合だったことである。この新しい名称の成立にとって，「スラヴ・ボヘミア語」

がどのような刺激になったかについては，なんらかの連続性がひじょうにありそうだとしても，なにかの明確な当時の表現なしには，知ることはできない。我々が確認できるのは，19世紀前半を通じて，並んで，無作為に，なんらの意味上の区別もなしに，スロヴァキア人が使用するひとつの同一の文章語〔クラリツェ版聖書のチェコ文章語を指す〕が通常，スロヴァキア語 slovenský jazyk，チェコ語 český jazyk，チェコスラヴ語 českoslovanský jazyk，チェコ・スロヴァキア語 česko-slovenský jazyk と名付けられていたことだけである」[29]

先にも引用した『スロヴァキア語歴史辞典』では，「チェコスロヴァキア語」československý jazyk という語結合を，「ハンガリー王国で用いられていたスロヴァキア語化されたチェコ語」と定義している[30]。

6 「チェコスロヴァキア語」の変容と没落

19世紀後半以降の時期の「チェコスロヴァキア」概念の内容の変容を把握するために，チェコとスロヴァキアの詳解辞典の記述を見てみよう。

第一次世界大戦末期の1918年10月にチェコスロヴァキア国家の成立が宣言され，1920年2月にチェコスロヴァキア共和国憲法（いわゆる第一共和国憲法）が可決されたが，チェコ人とスロヴァキア人を単一民族とみなす「チェコスロヴァキア主義」の原則に立脚した同憲法では，「チェコスロヴァキア民族」の統一理念が高らかに掲げられ，同時に可決された言語法では，「チェコスロヴァキア語」が新生国家の国家語・公用語と規定された[31]。

1930年代にプラハで刊行された『チェコ語卓上辞典』では，両大戦間期の「チェコスロヴァキア主義」的な理解が示されている。「チェコスロヴァキアの」československý の項目の語義説明では，巻頭に「（広い意味における，すなわちチェコ人とモラヴィア人とスロヴァキア人を包含した）チェコの」という定義が挙げられているが，注目すべきことにこの語義説明は，「チェコスラヴの」českoslovanský の項目と同一である。「チェコスロヴァキアの」とい

う言葉の今日の一般的解釈である「チェコ(すなわち,狭い意味でのチェコとモラヴィア)とスロヴァキアの」という定義は,二番目に提示されている[32]。

　同辞典の「チェコスロヴァキア語」の項目でも,この定義と順位が踏襲されていて,「1. チェコ人・モラヴィア人・シレジア人・ハンガリーのスロヴァキア人の共同の文章語のための,かつての名称。広い意味でのチェコ語。2. 現在ではチェコスロヴァキア民族の言語の共同の名称で,それにはチェコ文章ヴァージョンとスロヴァキア文章ヴァージョンがある」[33]となっている。この定義は,19世紀後半から20世紀初頭にかけての時期のチェコ地域においては,「チェコスロヴァキア語」という用語が,使用地域がスロヴァキアにまで拡大されたチェコ語(広い意味でのチェコ語)として理解されていたことを示している。

　第二次世界大戦の末期(1945年4月)に復興されたチェコスロヴァキア国家は,コシツェ政府綱領によってスロヴァキア人を独自の民族として認定し,「チェコスロヴァキア民族」と「チェコスロヴァキア語」理念は公式に撤回された。1971年に刊行された『チェコ文章語辞典』の「チェコスロヴァキア語」の項目では,「(かつてのブルジョア・ナショナリズム的概念において)現実には存在しないチェコ人とスロヴァキア人の統一された言語,チェコとスロヴァキアの二重の文章ヴァージョンを持つ」[34]という,イデオロギー的意味付けによって粉飾されたネガティヴな評価に変わっている。

　1950年代末から1960年代にかけて刊行された『スロヴァキア語辞典』においても,同様にネガティヴな評価が見られる。同辞典の「チェコスロヴァキア語」の項目の記述は,「1. 言語学用語－チェコ人とスロヴァキア人の共同の文章語のための昔の名称。スロヴァキアでは,スロヴァキア語的用法を伴ったチェコ語。2. 廃語－ブルジョア的代表者の統一されたチェコスロヴァキア民族に関する見解において,チェコ文章語とスロヴァキア文章語の「2つのヴァージョン」を持った,チェコ諸方言とスロヴァキア諸方言の総和のための名称。3. 通常は侮蔑－チェコ語とスロヴァキア語の言語的ごたまぜ」[35]である。

1989年の体制転換後に刊行された「脱イデオロギー化」された『現代スロヴァキア語辞典』1巻（ブラチスラヴァ，2006年）の「チェコスロヴァキア語」の項目は，「1. 歴史的用法－法律〔1920年の言語法を指す〕によると，現実には存在しないチェコ人とスロヴァキア人のための統一した文章語で，チェコ文章ヴァージョンとスロヴァキア文章ヴァージョンを持ち，両大戦間期のチェコスロヴァキア（1918年以後）において，統一言語の概念の枠内で適用された。2. 口語－スロヴァキア語とチェコ語の言語的ごたまぜ」[36]という記述内容で，イデオロギー的意味付けは取り払われているが，「現実には存在しない」というネガティヴな評価は変わっていない。

　つまり「チェコスロヴァキア語」概念は，18世紀末から19世紀初頭の時期に，おもにスロヴァキアの福音派系知識人のあいだで，ハンガリー王国に居住するスラヴ系住民（スロヴァキア人）が使用する当時のチェコ文章語を指す言葉として生まれ，19世紀から20世紀初頭までは，モラヴィア・シレジア・スロヴァキアにまで使用地域が拡大された，共同の文章語としてのチェコ語（広い意味でのチェコ語）として理解されていた。「チェコ人とスロヴァキア人の共同の文章語」という今日の解釈に移行したのは，1918年のチェコスロヴァキア国家成立以後のことであると想定すべきかもしれない。

　チェコスロヴァキア国家成立当初「チェコスロヴァキア語」は，言語法によって公式に新生国家の「国家語・公用語」と規定されることによって，「将来的な統合に向けたヴィジョン」としてポジティヴなかたちで提示されたが，第二次世界大戦後にスロヴァキア民族の存在が公式に認定されて以来，「現実には存在しないフィクション」として，ネガティヴなレッテルを貼られることになった。チェコスロヴァキア国家自体も，1992年末には解体することになるのだが，「チェコスロヴァキア語」のほうは，それよりずっと以前に，すでに引導を渡されていたわけである。

＊　　　　＊　　　　＊

　言うまでもないが，エスニックな名乗りと名付けの必要性は，言語的・種族的な「他者」との恒常的な接触のなかから生じる。「我々」を「彼ら」か

ら識別するために,「我々」を指す自称と「彼ら」を意味する他称の必要性が生まれる。この意味ではエトノニムの歴史的根源は,ひじょうに古い時代に遡ることがありうる。

　中世と近世を通じて,スロヴァキア地域とチェコ地域においてもスラヴ系住民のエトノニムは,みずからのエスニック・アイデンティティを確認するカテゴリーとして,確実に存在していた。しかし民族的な名乗りの問題が,政治的な重要性を帯びて浮かび上がってくるのは,18世紀末から19世紀初頭にかけての,近代的なネーション意識の形成プロセスの時期と重なっているように見える。「スロヴァーク」というエトノニムが,ハンガリー王国北部に住むスラヴ系住民を指すことが,知識人のあいだで広く了解されたのも,「広い意味でのチェコ語」を意味する「チェコスロヴァキア語」概念が,まずスロヴァキアにおいて提示されたのも,いずれもこの時期であることは示唆的であろう。

　この観点からすれば,中世の文献に出てくる種族名を,現代のネーション名と直接に結び付けようとする試みは,当該のネーションの歴史的連続性(と正統性)を証明するために,過去にさかのぼって行われる「祖先のルーツ探し」に似た営為だと表現することができるかもしれない。

注

(1) HOLUB, Josef - KOPEČNÝ, František: Etymologický slovník jazyka českého. Praha 1952, s.90.
(2) Фасмер, Макс: Этимологический словарь русского языка. Том IV, Москва 1973, стр.353.
(3) Трубачев, О. Н.: Этимологический словарь славянских языков. Выпуск 4, Москва 1977, стр.34.
(4) REJZEK, Jiří: Český etymologický slovník. Voznice 2004, s.112-113.
(5) ONDRUŠ, Šimon: Etnické meno Slověn-Slovan-Slovák a kmeňové meno Čech. In: Slovakistické štúdie. Martin 1985, s.393.
(6) ONDRUŠ: tamže, s.393.
(7) 『ロシア原初年代記』,名古屋大学出版会,1987年,5頁。

(8) 同掲書，27頁。
(9) DORUĽA, Ján: Pomenovanie Slovákov. In: Tri kapitoly zo života slov. Bratislava 1993, s.19.
(10) DORUĽA: tamže, s.19.
(11) 興味深いことに，チェコ共和国モラヴィア地方の南東部の男性を指す語として，(Moravský) Slovák というかたちが存在し，それに対応する女性形は Slovačka, 形容詞形 slovácký, 地域名 Slovácko (= Moravské Slovensko) である。Pozri Slovník spisovného jazyka českého. III., Praha 1971, s.388.（スロヴァキア語表記では女性形 Slováčka, 形容詞形 slovácky. Pozri Slovník slovenského jazyka, IV., Bratislava 1964, s.119）。この点についてドルリャは，「東部モラヴィアの住民が，スロヴァキアの住民と同じように自称していて，今日でも自称している事実，彼ら〔東部モラヴィアの住民〕のエスニック名が，スロヴァキア人のエスニック名と似たような発展を辿った事実は・・・共同の国家政治活動の時期〔9世紀の大モラヴィアを指す〕にさかのぼる歴史的根源を持っている」と指摘している。DORUĽA: ibid., s.10.
　またスロヴァキア語とチェコ語以外のスラヴ諸語では，「スロヴァキア」に関連する一連の語彙は，男性形 Slovák から規則的に派生されたかたちが規範制定されている。たとえばロシア語では，словак, словачка, словацкий, Словакия，ポーランド語では，Słowak, Słowaczka, słowacki, Słowacja。同じくドルリャの指摘－「それら〔上述のスラヴ諸語〕のなかでは，スロヴァキア語におけるような名称の発展の歴史プロセスは，反映されることができない」DORUĽA: ibid., s.14.
(12) 木村彰一・岩井憲幸「メトディオス一代記－訳ならびに注－」，『スラヴ研究』，33号，1986年，7-8頁。一部の固有名詞の訳語については，長與の判断で変更を加えた。参考のためにそれらについては，現代スロヴァキア語訳を添えておいた。Pozri DORUĽA: ibid., s.18. スロヴィエン Slovien, スロヴィエンの sloviensky は，「大モラヴィア期のスラヴ人（の）」を意味し，通常のスラヴ人 Slovan, スラヴの slovanský とは区別して用いられている。Pozri Slovník slovenského jazyka. IV., Bratislava 1964, s.120.
(13) 「コンスタンティノス一代記－訳ならびに注（2）」，『スラヴ研究』, 32号, 1985年, 203頁。
(14) STANISLAV, Ján: Dejiny slovenského jazyka. I., 3.vydanie, Bratislava 1967, s.115.
(15) DORUĽA: ibid., s.10.
(16) 前掲書，26頁。
(17) DORUĽA: ibid., s.10.
(18) DORUĽA: ibid., s.12.
(19) 接尾辞 -ák (-iak) は，本来は拡大する意味，あるいは侮蔑的な意味を持っている。スロヴァキア語において民族名に適用された例としては，ポーランド人 Poliak, シレ

ジア人 Slezák, ルシーン人 Rusnák などを挙げることができる。スタニスラウによると，今日でも「モラヴィア人」については，標準形としてのモラヴァン Moravan と，粗野な形態としてのモラヴァーク Moravák が使い分けられているという。Pozri STANISLAV: ibid., s.116.

(20) Historický slovník slovenského jazyka. V., Bratislava 2000. s.298-299.
(21) PIŠÚT, M. - ROSENBAUM, K. - KOCHOL V.: Literatúra národného obrodenia. Bratislava 1960, s.21.
(22) DORUĽA: ibid., s.20.
(23) DORUĽA: ibid., s.15.
(24) ĎUROVIČ, Ľubomír: Ku vzniku pojmu "reč československá" (Posledný text Dr. Ruda Brtáňa). In: Všeobecná jazykoveda a slavistika. Vybrané štúdie. II., Bratislava 2005. s.131.
(25) Pozri ĎUROVIČ, Ľubomír: Koncepcie spisovného jazyka - chrbtová kosť slovenskej kultúrnej histórie. In: O slovenčine a Slovensku. Vybrané štúdie. I., Bratislava 2004. s.257-258.
(26) ĎUROVIČ: tamže, 2004, s.259.
(27) 〔ドレジャルの当該の著作を〕 J．ホヴァンは『スラヴ・チェコ語文法』Slovansko-česká gramatika と翻訳している。この逐語訳を正しいと見なす必要がある。ここでも「スラヴ・ボヘミアの」slavico-bohemicus という当時の語結合は，「チェコの」český という意味である。これはチェコの文法であり，チェコ語の文法である」DORUĽA: ibid., s.21.
(28) ĎUROVIČ: ibid., s.134.
(29) ĎUROVIČ: ibid., s.139.
(30) Historický slovník slovenského jazyka. I., Bratislava 1991, s.211.
(31) この問題については，さしあたり拙論「政治問題としてのスロヴァキア語－その法的地位をめぐる一考察－」，『「ヨーロッパ」の歴史的再検討』，早稲田大学出版部，2000年，198-200頁を参照。
(32) Příruční slovník jazyka českého. Díl I., Praha 1935-1937, s.315. 念の入ったことに例文のひとつとして，「スロヴァキア人の民族意識のより急速な覚醒に導くのが，チェコスロヴァキア文章語か，それともスロヴァキア語かは，〔スロヴァキア人〕自身が自分たちのあいだで決めたらいい」が挙げられている。
(33) Tamže, s.315.
(34) Slovník spisovného jazyka českého. I., Praha 1971, s.252.
(35) Slovník slovenského jazyka, I., Bratislava 1959, s.205.
(36) Slovník súčasného slovenského jazyka. I., Bratislava 2006, s.496.

II　バルカン地域における言語文化の諸相

5 バルカン半島の諸言語とバルカン言語学

野町素己

1 バルカン半島の諸言語

ヨーロッパの東南部に位置するバルカン半島は，政治，経済，宗教などさまざまな理由から，多くの民族の接触と移動が繰り返されてきた歴史を持つ多文化・多言語地域である。

今日のバルカン半島には，旧ユーゴスラヴィアの構成国（ボスニア・ヘルツェゴヴィナ，セルビア，モンテネグロ，マケドニア，条件つきでコソヴォ），およびブルガリア，ギリシア，アルバニア，ルーマニア，トルコが存在し，そこでは各国家の名前を冠する諸言語が話されている。それらの諸言語とは，インド・ヨーロッパ語族に属するボスニア語，セルビア語，モンテネグロ語，マケドニア語，ブルガリア語（以上スラヴ語派），ギリシア語（ギリシア語派），アルバニア語（アルバニア語派），ルーマニア語（ロマンス語派）および，チュルク諸語に属するトルコ語である（地図参照）。

これだけでもバルカン半島の多言語性が見て取れるが，上記の言語以外にもルーマニア語に近いアルーマニア語やメグレノ・ルーマニア語（以上ロマンス語派），スペイン系ユダヤ人の言語であるジュデズモ語（ロマンス語派），いわゆるジプシーの言葉であるロマ語（インド語派），チュルク系のガガウズ語といった国家を持たない民族の言語，またルーマニアとセルビアには多くのハンガリー語（ウラル語族）話者，ブルガリアには約1〜2万人のアルメニ

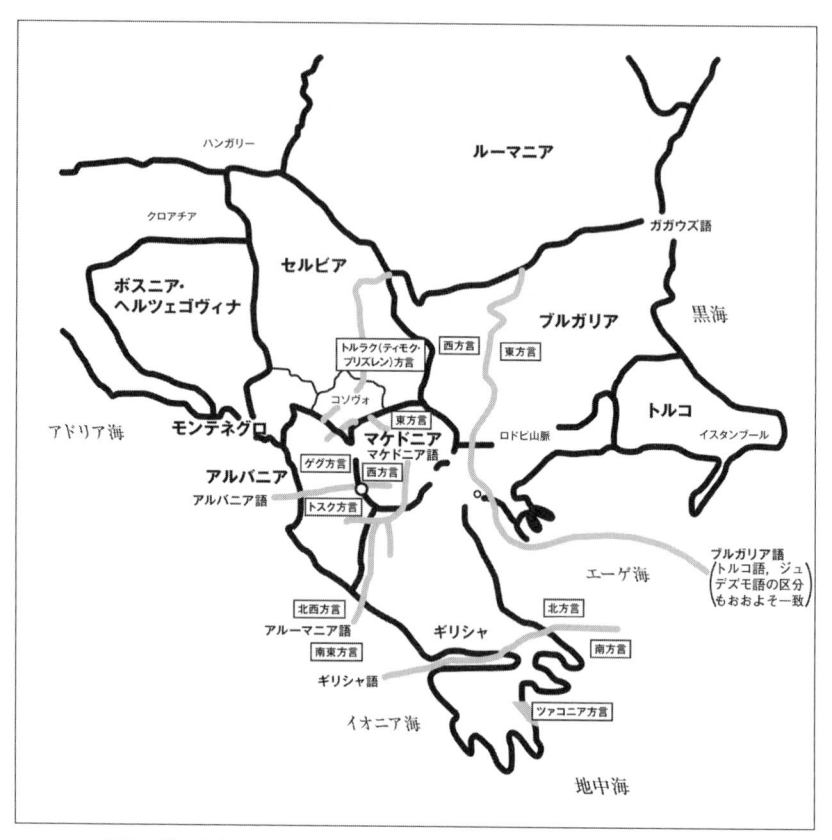

地図：ヴィクター・フリードマンによるバルカン半島の諸言語の分布図
（一部改編。灰色の線は方言区分の目安）

ア語（アルメニア語派）話者の存在などが知られている。

　では，現在幾つの言語がバルカン半島に存在するのかを考えた場合，その問いに正確に答えるのは困難である。例えば，旧ユーゴスラヴィアの解体に伴って，かつて1言語として扱われていた「セルビア・クロアチア語」から政治的理由で「ボスニア語」，「モンテネグロ語」が独立し，「独自」の言語を形成しつつあるので，その数は増えていると言える。また第2次世界大戦後に公式に独立した言語として存在することになったマケドニア語は，それ以前にはブルガリア語あるいはセルビア語の方言として扱われていた経緯

があり，ブルガリアの学者たちはマケドニア語を今日でも独立した言語とは認めていない。これらの事例からも問いが容易には解決しないことは明らかである。

　また，バルカン半島の言語状況を通時的に見た場合，「古代バルカン諸語」と呼ばれる諸言語が存在したことが知られているため，言語の数はさらに増える。「古代バルカン諸語」とは，インド・ヨーロッパ語族に属すると考えられるトラキア語，ダキア語，イリリア語，フリギア語，古代マケドニア語などのことで，これらの言語はギリシア文字やラテン文字で書かれた僅かな碑文，短い表現が刻まれている装飾品，歴史書に出てくる人名，民族名，地名などによりその存在が確認されているが，資料が極めて少ないため，その言語的特徴の多くは未知である。これらの「古代バルカン諸語」は，ギリシア人，ローマ人さらに後にバルカン半島に移住してきたスラヴ人に同化したことで消滅した[1]。

　このように，バルカン半島は比較的小さな空間の中で，言語間の相互接触が絶え間なく行われ，バルカン半島の住民の多言語併用は日常的な現象であった。その結果，バルカン半島の諸言語には「言語連合」と呼ばれる特殊な言語現象が形成されていった。

2　「言語連合」とは何か？

　地理的に連続した地域において，語族としての系統が異なる（あるいは比較的系統関係が遠い）複数の言語が，長期間にわたる言語接触，複数言語併用を繰り返した結果，一定の言語的特徴を共有するようになることがある。このような共通特徴を持つ言語群は「言語連合（Sprachbund, linguistic area）」と呼ばれている。

　「言語連合」という概念は，構造言語学のプラハ学派に属するN.S.トルベツコイ（1890-1938）が，まず1923年の論文「バベルの塔と言語混合」で言及し，そして1928年にハーグで開催された第1回国際言語学者会議におい

て提唱した概念であり、それは19世紀から研究が進んでいたインド・ヨーロッパ諸語比較文法に対置される概念であった。尚、「比較文法」とは、大まかに言えば、同系統に属する言語を比較し、その音声と形式の対応から祖語の形式を再建し、文献以前の言語の特性および各語派の歴史的変遷を明らかにすることを目標とする研究分野である。

　トルベツコイは、発生に基づく言語のグルーピング（Sprachfamilien）ではなく、文化的・地域的に共有される特徴に基づく言語のグルーピングの必要性を説き、後者の特徴として、(1) 文構造と造語法において著しい類似を示すが、同系統の言語に見られるような有機的な対応はない、(2) 基礎語彙は大きく異なるが、共通の文化に属する語彙を多く有している、ということを指摘した。トルベツコイが言語連合の例として挙げたのが、本稿で扱うバルカン言語連合であり、バルカン言語連合は言語連合の典型例として最も広く知られている。バルカン言語連合の他にも、インド・アーリア語とドラヴィダ語の分布が重なるインド南部のクプワル（Kupwar）、北アメリカ北西部沿岸、オーストラリアのアーネムランド（Arnhem Land）などに言語連合の存在が知られている。さらに音調的、形態的な特徴から中国語、タイ語、ベトナム語などを言語連合と見る見解や、系統的な共通点を排した上でヨーロッパ諸言語の言語的特徴を踏まえ、特に西ヨーロッパ諸言語を一つの言語連合と見なす意見もある。

3　バルカン言語学の歴史

1　黎明期

　言語連合が言語学の概念として提唱され、その研究が深まったのは20世紀に入ってからであるが、バルカン半島の諸言語に見られる類似性はそれ以前にも指摘されていた。何をもってバルカン言語研究の始まりとするかは諸説あるが、上記のトルベツコイの提唱から約100年前の1829年に、ウィーンで活躍したスラヴ語学者イェルネイ・コピタル（1780-1844）が注目に値す

る指摘をしている。コピタルはインド・ヨーロッパ語族の中でも系統が異なる3言語（アルバニア語，ルーマニア語，ブルガリア語）について，(1) 代名詞派生の後置冠詞の存在，(2) 不定法の消滅と接続法による置換，(3) 未来時制が元来「欲する」を意味する動詞と本動詞との結合によって表現されるなどといった文法形式の共通点に注目し「ただ一つの言語形式が支配するが，三種類の言語材料からなる（nur eine Sprachform herrscht, aber mit dreyerlei Sprachmaterie)」と述べている[2]。

バルカン半島の諸言語の共通特徴については，インド・ヨーロッパ諸語比較文法の創始者として知られるアウグスト・シュライヒャー（1821-1868）も言及している。1850年に刊行された『ヨーロッパ諸言語の体系的概観』において，アルバニア語，ブルガリア語，ルーマニア語が各語派の中でも特に異なり，ともに後置冠詞を有することを共通点として指摘している。

上述のコピタルの研究を引き継いだフランツ・ミクロシッチ（1813-1891）は，さらに（1）属格と与格の融合，（2）人称代名詞斜格の長形と短形の重複使用，（3）数詞11から19までの語形成の形式が共通であるといった文法的特徴に加え，（4）非円唇中舌中央母音（曖昧母音）の存在，（5）ロータシズム（n などが r に変化），（6）母音 a の弱化といった音声的な共通特徴，その他アルバニア語とルーマニア語のみに見られる語彙的特徴も指摘した[3]。

2　独立研究分野としての確立

20世紀に入ると，個々のバルカン諸語の研究および方言研究の方法論も大きく発展した。中でもドイツのロマンス語学者グスタフ・ヴァイガント（1860-1930）の貢献は重要である。ルーマニア語，アルーマニア語の方言研究，およびアルバニア語，ブルガリア語研究で大きな成果を挙げただけでなく，『バルカン・アルヒーフ（Balkan Archiv）1925-1928』などの研究誌を刊行しバルカン諸言語の組織的研究および国際化と発展の一歩となった。

このような潮流の中で，1926年にデンマークのロマンス語学者クリスティアン・サンフェル（1873-1942）が，これまでのバルカン諸語研究を総括する

著書『バルカン・フィロロジー：その成果と諸問題の概観（Balkanfilologien. En oversigt over dens resultater og problemer）』を発表した。サンフェルは音声学に始まり，文法（形態および統語），語彙，慣用表現までに見られる部分的，あるいは全体的な類似点・共通点である「バルカニズム」の指標リストを作成し，その特性を論じた。サンフェルの研究成果は1930年に出版されたフランス語改訂版によって学界に広く知られることなったが，時に恣意的とも思われるサンフェルの比較手法には賛否両論があった。しかし今日のバルカン言語学の基礎的な枠組みはサンフェルが確立したことに疑いはなく，フランス語版は現在でもバルカン言語研究者の座右の書になっている。ステファン・ムラデノフ（1880-1963）のように，バルカン言語学そのものに全面的に批判的な学者もいたが[4]，上記のトルベツコイの「言語連合」とサンフェルの研究成果により，バルカン諸語研究は「バルカン言語学」という言語学の一分野として確立したと言えよう。

このようなバルカン言語研究が本格化する流れの中で，1934年にはベオグラードに「バルカン研究所」が設立され，ペタル・スコク（1881-1856）らによってバルカン言語文化の総合的な研究誌『国際バルカン研究誌（Revue Internationale des Études Balkaniques）』が発刊されるに至ったが，第二次世界大戦前が迫る1938年に廃刊になり，1941年に研究所も閉鎖された（1969年にセルビア科学芸術アカデミーの1組織として復活した）。

3　現代のバルカン言語研究

第二次世界大戦前後にバルカン言語研究は一時停滞するが，1960年代あたりから研究が再び活発化し，学際的な「バルカン地域研究」の枠組みの中で国際的なバルカン言語研究が行われるようになった。例えば，ブルガリアでは『バルカン言語学（Linguistique Balkanique）1959～』，ドイツでは『バルカン学研究（Zeitschrift für Balkanologie）1963～』，ルーマニアでは『南東ヨーロッパ研究（Revue des Études Sud-Est Européennes）1963～』，旧ユーゴスラヴィアでは『バルカン研究（Balcanica）1970～』，アメリカでは『バルカン学

(Balkanistica) 1974〜』，旧ソ連では『スラヴ及びバルカン言語学 (Славянское и балканское языкознание) 1975〜』といった多くの優れた研究誌や論集が刊行され，1963 年には国際南東ヨーロッパ研究学会 (Association Internationale d'Etudes du Sud-Est Européen) が組織され，1966 年から 2009 年までに 10 回の国際会議が開催されている。また，国際スラヴィスト会議にもバルカン言語研究部会が常設され，2003 年からアンドレイ・ソボレフが中心となり『バルカン諸語小方言地図（「文法シリーズ」および「語彙シリーズ」）』が刊行されはじめた。

個人レベルでは，アグニヤ・デスニツカヤ（1912-1992：アルバニア語学），タチヤナ・ツィヴィヤン（バルカン比較統語論，バルカン言語世界像），タチヤナ・ニコラエワ（スラヴ語学，韻律論），アレクサンドル・ロセッティ（1895-1990：ルーマニア語学），クラウス・シュタインケ（スラヴ語学，ルーマニア語学），シャバン・デミライ（アルバニア語学，バルカン言語学），ペタル・イリエフスキ（西洋古典学，バルカン言語学），ズザンナ・トポリンスカ（スラヴ語学，特に形態統語論），イレナ・サヴィツカ（バルカン言語学，特に音声・音韻研究），オルガ・ミシェスカ＝トミッチ（マケドニア語学，バルカン比較形態統語論），ノルベルト・ボレツキ（ロマ語学，バルカン言語学）らによる貢献が大きい。またヘルムート・シャレル著『バルカン諸語：バルカン・フィロロジー入門』(1975)，ノルベルト・ライテル著『バルカン言語学概説：ユーロ言語学への第一歩』(1994)，ペーチャ・アセノワ著『バルカン言語学：バルカン言語連合の基本的諸問題』(2002) といった 20 世紀のバルカン言語学の総括的著書が複数上梓されたことも指摘できる。

また，第二次世界大戦後は，ヨーロッパだけではなくアメリカの言語学者による貢献も顕著になった。アメリカのバルカン言語研究の基礎はエリック・ハンプ（インド・ヨーロッパ諸語研究）らに加え，ヘンリク・ビルンバウム（1925-2002：スラヴ語学），ズビグニェフ・ゴウォンプ（1923-1994：スラヴ語学，ロマンス語学）といった東欧からの亡命スラヴ語学者によって築かれたが，現在はその次の世代であるヴィクター・フリードマン（スラヴ語，アルバニア語，

ロマ語，トルコ語学），ブライアン・ジョセフ（西洋古典学，スラヴ語学，歴史言語学），ロネル・アレクサンダー（スラヴ語学）らが研究をリードし，今日のバルカン言語研究で重要な地位を占めている。

4 バルカン諸言語の分類

バルカン半島の諸言語のうち，バルカン言語連合を構成する言語は特に「バルカン語」として区別されることが多い。しかしバルカニズム（本論5節）は，あらゆるバルカン語に均等に存在しているわけではない。したがって，バルカン言語連合を構成する言語は，主なバルカニズムの配分の度合いによって二分されることが多い。ヘルムート・シャレルによると主要なバルカン語は以下のように分類される。

(1) 第1級バルカン語：アルバニア語，ルーマニア語，マケドニア語，ブルガリア語
(2) 第2級バルカン語：ギリシア語，セルビア語

第2級バルカン語は，非円唇中舌中央母音や後置冠詞といった典型的なバルカニズムを欠いている言語である。しかし，ジャック・フェイエのようにギリシア語を第1級バルカン語に含める学者もいるなど，必ずしも意見の一致は見ていない。

なお，セルビア語は第2級バルカン語に分類されるか，あるいはバルカン言語連合に含まれないこともある。しかし，トルラク（ティモク・プリズレン）方言（98頁の地図参照）はマケドニア語，ブルガリア語への過渡的な方言であり，両言語と共通であるが標準セルビア語には見られないバルカニズムが多く認められるので，バルカン言語連合に含められる。

また，インド・ヨーロッパ諸語に属するバルカン語とは言語系統が異なるトルコ語の扱いについては意見が分かれる。例えば，上述のシャレルやサムイル・ベルンシュテイン（1910-1997）はトルコ語をバルカン語に含めない。その理由は，トルコ語はバルカン語とは言語構造が根本的に異なるため，バ

ルカン語のようにバルカニズムという共通特徴で言語構造が収斂していると言えないからである。しかし，ウラジーミル・ゲオルギエフ（1908-1986）や上述フェイエはトルコ語をセルビア語とともに周縁的なバルカン語に含めている。ゲオルギエフはトルコ語からの借用語，造語法がバルカン語に多いことを根拠としているが，その他にもアルバニア語，マケドニア語，ブルガリア語に見られる「感嘆法」や「伝聞法」といった特殊な動詞カテゴリーは，同カテゴリーを有するトルコ語からの影響である可能性もあるため，バルカン言語学からトルコ語を排除することは不可能である。しかし言語構造が全く異なるトルコ語とセルビア語を同列に扱うことには無理があるので，トルコ語はバルカン語とは区別して扱うのが妥当である。

19世紀末からバルカン言語研究ではトルコ語の影響（特に語彙）について繰り返し指摘されてきたが，トルコ語そのものがバルカン言語学の中心的研究対象として扱われることは多くなかった。現在ではフリードマンらによって，言語接触論，言語類型論の視点からバルカン諸語（特にマケドニア語，アルバニア語）とトルコ語の音韻，文法構造，および語彙・慣用句の比較研究が行われ，その影響関係が総合的に検証されている[5]。

5　バルカニズム：バルカン諸言語の共通特徴

バルカン諸語の共通特徴，すなわちバルカニズムは音韻組織，文法（形態論・統語論），語彙（慣用句を含む）の多岐に渡る。バルカン言語学は，バルカニズムのリストアップ，その性質，形式，意味機能の分析と分類を主な課題としているが，バルカニズムの数とその分類方法には諸説ある（表1参照。ただし，音韻的バルカニズムは除外）。本論では，紙面の都合上バルカニズムの中でも特に重要な文法的バルカニズムおよび音韻的バルカニズムのいくつかを論じるに留める。また共通する語彙・慣用句も重要ではあるが，本稿では扱わない。

表1

	ミクロシッチ (1861)	サンフェル (1926/1930)	シャレル (1975)	リンドシュテット (2000)
「欲する」未来	＋	＋	＋	＋
不定形の欠如/制限	＋	＋	＋	＋
属格と与格の合一	＋	＋	＋	＋
(後置/前接辞)定冠詞	＋	＋	＋	＋
目的語の重複使用	＋	＋	＋	＋
11〜19＝「10の上に×」	＋		＋	
所有者のマーカーとしての代名詞クリティック		＋	＋	
比較級・最上級の分析的表示			＋	＋
前置詞による格表示				＋
「どこで」/「どこへ」の中和			＋	＋
「持つ」完了				＋
過去未来＝条件法				＋
伝聞法・感嘆法				＋
一般関係詞(relativum generale)				＋

H. I. アーロンソン『バルカン言語連合, オリエンタリズム, 言語類型論』より

1 文法的バルカニズム

ヨウコ・リンドシュテット (2000) によると, バルカン語の文法的バルカニズムの分配は表2のようになる。以下, 主要なバルカン語における特に典型的な7種のバルカニズムを概観する。

(1) 代名詞派生の(後置)冠詞

・アルバニア語：mjek（医者）・mjeku（その医者）

・ルーマニア語：bâiat（少年）・bâiatul（その少年）

・ブルガリア語：град（都市）・градът（その都市）

・マケドニア語：човек（人）・човекот（その人）

・セルビア語トルラク方言：grob（墓）・grobat（その墓）

ギリシア語やロマ語では冠詞が前置される点で他のバルカン語と区別される（ギリシア語：o φίλος（その友人），ヴラフ・ロマ語：o raklo（その少年））。しかしアセノワ (2002) のように位置に関わらず冠詞を有することがバルカニ

表2　リンドシュテットによるバルカニズムの一覧

	ギリシア語	アルバニア語	※バルカン・スラヴ語	※バルカン・ロマンス語	※バルカン・ロマ語
代名詞派生の冠詞	(＋)	＋	＋	＋	(＋)
目的語の重複使用	＋	＋	＋	＋	＋
前置詞による格表示	(＋)	(＋)	＋	(＋)	(＋)
属格と与格の合一	＋	＋	＋	＋	－
「どこで」／「どこへ」の中和	＋	＋	＋	＋	(＋)
一般関係詞(relativum generale)	＋	＋	＋	＋	＋
助動詞＋動詞定形	＋	(＋)	＋	(＋)	＋
「欲する」未来	＋	(＋)	＋	＋	＋
過去未来＝条件法	＋	＋	＋	(＋)	(＋)
「持つ」完了	＋	＋	(＋)	(＋)	－
伝聞法・感嘆法	－	＋	＋	(＋)	(＋)
比較級・最上級の分析的表示	(＋)	＋	＋	＋	＋

※バルカン・スラヴ語とは、主にマケドニア語、ブルガリア語、セルビア語トルラク方言を指す。
※バルカン・ロマンス語とは、主にルーマニア語、アルーマニア語、メグレノ・ルーマニア語を指す。
※バルカン・ロマ語とは、バルカン半島で話されるロマ語の諸方言を指す。

D. ギルバース編『言語の接触』より

ズムと考える研究者もいる。

(2) 目的語の重複使用
- ギリシア語：τό βλέπω τό βιβλίο．（直訳：私はそれを（τό）その本を（τό βιβλίο）見る）
- アルバニア語：Ai i bleu biletat．（直訳：彼はそれらを（i）切符を（biletat）買った）
- ルーマニア語：Le iau pe acestea．（直訳：私はそれらを（le）それらを（acestea）貰う）
- ブルガリア語：Те ме изпратиха мене．（彼らは私を（ме）私を（мене）送った）
- マケドニア語：Toj го виде Божо．（直訳：彼は彼を（го）ボジョを（Божо）見た）
- セルビア語トルラク方言：On če me mene ubije．（直訳：彼は私を（me）私

を（mene）殺すだろう）
- ヴラフ・ロマ語：dikhel ma man（直訳：彼女は私を（ma）私を（man）見る）

間接目的語の場合，直接目的語の場合双方ともに重複使用が認められる。なお，アルバニア語やマケドニア語では間接目的語の場合に重複使用が義務的であるが，ブルガリア語では義務的ではない。

(3) **前置詞による格表示（分析的傾向）**
- ギリシア語：πηγαίνω με το αυτοκίνητο．（私は自動車で行く。）
- アルバニア語：pres me thikë．（ナイフで切る。）
- ルーマニア語：plec cu trenul．（電車で行く。）
- ブルガリア語：пътувам с влак．（私は電車で旅行する。）
- マケドニア語：идам со кола．（私は自動車で行く。）
- セルビア語トルラク方言：posluži sьs vino．（ワインでもてなせ。）

以上の例は，「～で」という道具・手段の意味が名詞の格変化ではなく，全て前置詞と名詞の組み合わせで実現することを示しているが，これは他の斜格にも言えることである（(4), (5) も参照）。これは大きな傾向であるが，アルバニア語は5格，ギリシア語は3格を有し，明確な分析的傾向があるとは言い切れない場合もある。また方言差による程度の違いもある。例えばロマ語アルリ方言は，ロマ語の中でも特に分析的傾向が強い。

(4) **属格と与格の合一**
- ギリシア語：τό σπίτι τού γέροντα（属格：老人の家）
  τό είπε τού γέροντα（与格：私は老人に言った）
- アルバニア語：shtëpia e plakut（属格：老人の家）
  ja tha plakut（与格：私は老人に言った）
- ルーマニア語：cartea studentlui（属格：学生の本）
  I-am dat cartea studentlui（与格：私は学生に本を与えた）
- ブルガリア語：книгата на ученика（属格：学生の本）
  казвам на ученика（与格：私は学生に言う）
- マケドニア語：фустан на Марија（属格：マリヤの服）

и дадов на Марија（与格：彼はマリヤに与えた）
- セルビア語トルラク方言：kuća na carsku ćerku（属格：王女の家）
  kazala na carsku ćerku（与格：彼女は王女に言った）

セルビア語トルラク方言では，前置詞は対格形で統一された一般斜格（casus generalis）を支配する。また，所有者のマーカーとして与格が用いられることもバルカン諸語の多くで共有される特徴である。

(5)　「どこで」/「どこへ」の中和
- ギリシア語：Πηγαίνω στην Αθήνα（私はアテネへ行く）
  Μένω στην Αθήνα（私はアテネに住んでいる）
- アルバニア語：Do të shkoj në Tiranë（私はティラナへ行くだろう）
  Unë jetoj në Tiranë（私はティラナに住んでいる）
- ルーマニア語：Mă duc la București（私はブカレストへ行く）
  Locuiesc la București（私はブカレストに住んでいる）
- ブルガリア語：Отивам в София（私はソフィヤへ行く）
  Живея в София（私はソフィヤに住んでいる）
- マケドニア語：Одам во Скопје（私はスコピエへ行く）
  Живеам во Скопје（私はスコピエに住んでいる）
- セルビア語トルラク方言：pa smo išli u edno selo（我々はある村へ行った）
  Bil u edno selo момьк（ある村に青年がいた）
- ロマ語アルリ方言：Me ka dzav ki Skopja（私はスコピエへ行くだろう）
  Me ka besav ki Skopja（私はスコピエに住むだろう）

以上の例が示すように，移動の有無にかかわらず同一の前置詞が双方に用いられ，なおかつ前置詞に支配される名詞の格形式も同一となる。同じように，「どこで」と「どこへ」を意味する疑問詞も形式的に区別されない。例えば次のブルガリア語の例を比較せよ。Къде отиваш?：「君はどこへ行くの？」，Къде живееш?：「君はどこに住んでいるの？」

(6) 助（動）詞＋動詞人称形
- ギリシア語：θά δουλεύω（私は働くだろう）
- アルバニア語：do të punoj（私は働くだろう）
- ルーマニア語：o să văd（私は見るだろう）
- ブルガリア語：ще ходя（私は歩くだろう）
- マケドニア語：ќе читам（私は読むだろう）
- セルビア語トルラク方言：ću dam.（私は与えるだろう）
- ヴラフ・ロマ語：kam dikhav（私は見るだろう）

バルカン語の多くは動詞不定形を失い，不定形に相当する形式は多くの場合助詞と動詞人称形で実現される。ルーマニア語は不定形を保っているが，口語および方言では上記の形式が用いられる。

(7)「欲する」未来

(6) に挙げた例文における 2 重下線部（θά, do, o, ще, ќе, ću/ču, kam）は，語源的に「欲する」を意味する動詞から派生した未来時制のマーカーである。標準セルビア語でも「欲する」を意味する動詞「hteti」の長形および短形が未来時制のマーカーとなる。ただし，アルバニア語ゲグ方言では，未来時制のマーカーは助動詞 kam（「持つ」）である。

(8) 形容詞，副詞比較級・最上級の分析的表示
- ギリシア語：πιο έξυπνος（比較級：より賢い）
  - ο πιο έξυπνος（最上級：最も賢い）
- アルバニア語：më i bukur（比較級：より美しい）
  - më i bukuri（最上級：最も美しい）
- ルーマニア語：mai bun（比較級：よりよい）
  - cel mai bun（最上級：最もよい）
- ブルガリア語：по-добър（比較級：よりよい）
  - най-добър（最上級：最もよい）
- マケドニア語：подобар（比較級：よりよい）
  - најдобар（最上級：最もよい）

- セルビア語トルラク方言：p̲ovelik（比較級：より大きい）
  n̲ajvelik（最上級：最も大きい）
- ヴラフ・ロマ語：ma̲j baro（比較級：より大きい）
  o ma̲j baro（最上級：最も大きい）

バルカン語では比較級，最上級が分析的に表示される。なお，アルバニア語では"më"が比較級，最上級に用いられる。これらの言語には，語尾変化による比較級を保っているものもある（例：ギリシア語：εξυπνότερος「より賢い」，ヴラフ・ロマ語：bar-e-der「より大きい」，セルビア語トルラク方言：stareji「より古い」）。なお，ギリシア語とロマ語の"o"は定冠詞である。またロマ語の"maj"はルーマニア語由来であり，スラヴ語との接触が強い方言にはp̲o baro, n̲aj baro という形式も見られる。

2　音韻的特徴
(1) 非円唇中舌中央母音の存在

この特徴はアルバニア語，ルーマニア語，ブルガリア語およびマケドニア語北部方言とセルビア語トルラク方言などに見られる。

- アルバニア語：motër（姉妹）
- ルーマニア語：cămaşă（シャツ）
- ブルガリア語：дъжд（雨）
- マケドニア語北部方言：dănăs（今日）
- セルビア語トルラク方言：sir̭k（小さいチーズ）

なお，アルーマニア語，メグレノ・ルーマニア語もこの母音を音素として有するが，ロマ語には借用語に見られるのみである（例：sastrən「鉄」）。また，これらの言語のうちルーマニア語，ブルガリア語，マケドニア語北部方言およびセルビア語トルラク方言はこの母音がアクセントを担いうるが，アルバニア語では，アクセントを担えない点で性質が異なる。

(2) 基本5母音の存在および様々な音韻対立の欠如

どのバルカン語も /i/, /e/, /a/, /o/, /u/ を有し，そのうち多くは母音の長さ，

開口度，鼻音性による音韻的区別を持たない。ただしマケドニア語南東方言では /x/ の消失により長母音が 2 次的に生じている。またアルバニア語ゲグ方言は，鼻母音および母音の長短を音韻的に区別している。例えば，トスク方言の pe「糸」は，ゲグ方言では「pê」(ê は鼻母音) となる。なお，標準セルビア語では，母音の長短は音韻的に区別される。

vóda（ó は長音で上昇アクセント）＝動詞 vodati「導く」のアオリスト 3 人称単数形

vòda（ò は短音で上昇アクセント）＝名詞 voda「水」の単数主格形

(3) 高低アクセントの欠如

ラテン語，古代ギリシア語，スラヴ祖語は高低アクセントを有していたが，現代のバルカン諸語はいずれも強勢アクセントである。なお，現代セルビア標準語は長短の対立を持つ高低アクセントであるが，トルラク方言は強勢アクセントである。

以上の他に母音の弱化，子音の対立の対称性，ロータシズムなども指摘されるが，各言語における位置づけは大きく異なる。また，文レベルのイントネーションについても類似が指摘されている。例えば，yes/no 型質問のパターンが，ルーマニア語，アルバニア語，セルビア語において酷似していることが知られている。

6　バルカニズムの起源

バルカン言語学では，以上に見てきたバルカニズムそのものの研究と同時に，バルカニズムの由来を明らかにすることも重要な課題とされてきた。しかし，アルバニア語最古の文献は 15 世紀，ルーマニア語は 16 世紀と比較的新しく，また他のバルカン諸言語でも方言など特に口語を反映した文献が数多く残っているわけではないので，バルカニズムが出現した時代，地域および言語構造の変遷の過程を特定することは困難である。その結果，今日までにバルカニズムの由来に関してさまざまな仮説が提示されてきた。主要な説

を要約すると以下のようになる。

　最も古くから指摘されていたのは古代バルカン諸語起源説（基層言語説）である（本論1節）。これは，コピタル及びミクロシッチに端を発する説で，バルカニズムの由来をかつてバルカン半島で話されていた言語（基層言語）からの影響とし，その由来をイリリア語に求めている。また『バルカン・アルヒーフ』の序文（1925）においてヴァイガントも基層言語がトラキア語である可能性を指摘している。基層言語説は20世紀中ごろまで唱えられ，例えばチチェローネ・ポギルク（1928-2009）は，非円唇中舌半狭母音，与格と属格の統合や後置冠詞といったバルカニズムも古代バルカン諸語に求め，またゲオルギエフはバルカン諸語とアルメニア語の後置冠詞の用法の類似性は基層言語のフリギア語に由来すると考えている。さらにマルク・ガビンスキーはアルバニア語の動詞不定形の消失も基層言語からの影響という見解である。しかし，資料が限られている中で古代バルカン諸語が「バルカン化」した言語かどうかを示す明確な証拠はなく，また，これまでの研究からバルカニズムは古代バルカン諸語が消滅した後に現れた特徴である蓋然性が高い。その他，現代ギリシア語は地域的に古代ギリシア語から連続しているため，現代ギリシア語のバルカニズムは基層言語からの影響では説明できない。これらの理由から，今日では基層言語説は有力とは考えられない。

　その次に有名なのは，サンフェルが提案した説で，傍層言語である古代ギリシア語からの影響と考える理論である。サンフェルはバルカン半島でギリシア語が長い間ビザンツ帝国および正教文化圏の文明語として用いられた経緯を踏まえ，さらに文化的に優位なギリシア語が隣接する諸言語から文法構造などを借用することは考えにくいことを根拠にしている。しかし，古代ギリシア語にはバルカニズムが存在せず，また現代ギリシア語には非円唇中舌半狭母音や後置冠詞といった典型的なバルカニズムが認められないことなどからこの説も現在は支持されていない。

　またローマ帝国がバルカン半島を支配していたことを考慮しつつ，バルカン半島の俗ラテン語が，他の地域の俗ラテン語と異なる特徴を有していたこ

とに着目したゲオルク・ソルタのラテン語起源説，さらにバルカン半島に侵入してきたスラヴ語の影響とによるものと考える説もある。しかし，どれか1つの言語にバルカニズムの起源を求めることは，バルカン諸言語の研究が進むにつれて，ますます不可能であることがわかってきている。

　現在有力と考えられるのは，バルカニズムが二言語併用あるいは多言語併用というコミュニケーション状況に端を発するものとするリンドシュテットらの説であろう。リンドシュテットはサラ・トマソンおよびテレンス・カウフマン他の言語接触研究に基づき[6]，多言語併用状態において話者は，用いる言語のいくつか，あるいは全てに共通の特徴をそれぞれの言語に移し変え，その特徴がそれぞれの言語に定着したことが理由と考えている。

　二言語併用および多言語併用がバルカニズムと密接に関係することは，これまでも指摘されてきたが，リンドシュテットの説は人口の移動など言語使用の社会的コンテクスト変遷の歴史を踏まえた上で，ピジンやクレオール研究などの言語接触研究の成果を援用しながらバルカン半島の言語状況を比較し，さらにバイリンガリズム研究の成果を総合的に検討した結果であり，これまでの諸説より妥当性が高いと考えられる。

7　バルカン言語学の課題

　20世紀末から21世紀初頭にかけて，これまでの研究成果を総合する著作が相次いで上梓された。中でも最も内容が充実しバランスが取れているのは，恐らく上述アセノワの『バルカン言語学：バルカン言語連合の基本的諸問題』であろう。しかしながら，この著作も従来のバルカニズム研究の百科事典的解説が中心であり，バルカン言語研究に有用であるさまざまな言語研究理論の発展は考慮されず，古典的な記述・分析に留まっている。そしてバルカン言語学の長年の課題である，バルカニズムをバルカン語に共通する特徴としながらも，バルカン語はバルカニズムを特徴とする言語とするバルカン言語学のトートロジーといった諸問題は未だ克服されていない。これらは今日の

バルカン言語学全体が抱える課題である。

1999年にバルカン言語学を含めた「ヨーロッパ言語学」の一分野を目指す野心的な大著『南東ヨーロッパ言語学ハンドブック（Handbuch der Südosteuropa-Linguistik)』が刊行された。しかし，バルカン諸言語はバルカン言語連合の概念を踏まえた上での入念な方言調査，バルカニズムの分析が十分に行われていない。したがってバルカン言語学を放棄し，「南東ヨーロッパ言語学」，さらに「ヨーロッパ言語学」に拡大するのは時期尚早であろう。

バルカン言語学の課題は数多くあるが，言語の実態研究では，各言語の精密な方言調査とその記述，それに基づくバルカニズム分布地図およびバルカン諸語辞典の作成が重要である。理論研究では，バルカン諸語を比較する基準の確定及び比較文法理論の確立，そして言語類型論，言語接触論，コミュニケーション論，バイリンガル研究，認知言語学，民族言語学，社会言語学の研究成果や新たな言語研究理論を応用した研究が期待される。その他，文化人類学など言語学の隣接分野の研究成果を踏まえた複合的な研究を行うことにより，バルカン言語学は新たな展開を見せるだろう。

注

(1) これらの言語に関しては，例えば次を参照されたい。Katičić, R, *The Ancient Languages of the Balkans*, The Hague. 1976. Георгиев, В.,*Траките и техният език*. БАН, София, 1977., Нерознак, В.П., *Палеобалканские языки*, Наука, Москва, 1978.

(2) Kopitar, J. Albanische, walachische und bulgarische Sprache. *Wiener Jahrbücher der Literatur*, vol. 46 (1829), p.86.

(3) アルバニア語とルーマニア語の共通語彙については，基層言語（本論7節参照）からの影響，ラテン語からの影響という視点から論じられている。この問題については，例えば次を参照されたい。Калужская, И.А., *Палеобалканские реликты в современнъх балканских языках*, Индрик, Москва, 2001.

(4) Младенов, С. Българският език в светлината на балканистика. *Годишник на софийския университет. Историко-филологически факултет*. кн, XXX. 13. pp. 3-72. なお，バルカン言語学に対する否定的な態度をとる学者は20世紀後半にもいる。次を参照されたい。Andriotis N.P., Kourmoulis G., Question de la linguisticque balkanique et l'apport de la greque. *Actes du premier congres international des etudes balkaniques et sud-est*

europeennes VI. pp. 21-30.
(5) 特に次を参照されたい。Friedman, V., *Turkish in Macedonia and Beyond: Studies in Contact, Typology and other Phenomena in the Balkans and the Caucasus*, Harrassowitz Verlag, Wiesbaden, 2003.
(6) Thomason, S.G., Kaufman T., *Language Contact, Creolization, and Genetic Linguistics*. University of California Press, Berkeley, 1988.

参考文献

Aronson, H.I., *The Balkan Linguistic League, "Orientalism," and Linguistic Typology*, Beech Stave Press, Ann Arbor, 2007.
Banfi, E., *Linguistica balcanica*, Zanichelli, Bologna, 1985.
Feuillet, J., *La linguistique balkanique*, Publications Langues'O, Paris, 1986.
Friedman, A. V., *Turkish in Macedonia and Beyond*. Harrassowitz Verlag, Wiesbaden, 2003.
Lindstedt, J., "Linguistic Balkanization: Contact-induced Change by Mutual Reinforcement", Dicky Gilbers, John Nerbonne, Jos Schaeken (eds.) *Languages in Contact*, Amsterdam-Atlanta, Rodopi, 2000, pp. 231-246.
Mišeska-Tomić, O., *Balkan Sprachbund: Morpho-syntactic Features*, Springer, Dordrecht, 2006.
Sandfeld, K., *Linguistique balkanique: Problèmes et rézultate*s, Champion, Paris, 1930.
Sawicka, I., *The Balkan Sprachbund in the Light of Phonetic Features*, Energeia, Warszawa, 1997.
Schaller, H.W., *Die Balkansprachen: Eine Einführung in die Balkanphilologie*, Heidelberg, 1975.
Асенова, П., *Балканско езикознание: основни проблеми на балканския езиков съюз*, Фабер, София, 2002.
Демирај, Ш., *Балканска лингвистика*, Logos-A., Скопје, 1994.
Соболев, А.(ed.), *Малый диалектологический атлас балканских языков: пробный выпуск*, Biblion Verlag, München, 2003.
Цивьян, Т.В,., *Язык: тема и вариации. Книна первая. Балканистика*, Наука, Москва, 2008.
N.S.トゥルベツコイ（訳・解説　米重文樹）「バベルの塔と言語混合」『岡山大学言語学論叢第二号』1992年。
佐藤純一編著、『バルカン諸言語における言語圏現象の総合的研究』東京大学教養学部、1983年。

6 ルーマニアの言語と文化の生成と発展

倍賞和子

1 はじめに

バルカン半島の北端に位置するルーマニアは，周囲をスラブ系の言語やハンガリー語を話す民族で囲まれているラテン系の民族の国として知られている。ロマンス語を話す民族の国としては，ヨーロッパの最も東に位置している。国名の România（片仮名表記ではロムニアが最も近い）に見られるように，ルーマニア人にとってローマの後裔であるということが非常に誇らしいのである。しかし，ローマが東進してきた頃，この地には既に統一国家の形態を成す民族が存在していたので，この民族の方がルーマニアの祖先と言えるだろう。ルーマニア語の中に，バルカン半島の諸民族の言語との共通点を見ることができる。ローマの属州であった間にルーマニア語の基礎が出来上がり，その後発展的変化を経て現在に至ったと考えられる。その後長い間に亘り接触が絶えなかったスラヴ諸民族の影響も，言語をはじめ，生活のいろいろの面に残っている。さらに，中世から始まるビザンチンによる宗教的干渉，オスマントルコによる支配，近世になるとオーストリア・ハンガリー帝国，ポーランドやロシアといった大国の圧力を受け続けるのである。

さらに，第二次世界大戦後は，社会主義国の一つとしてソ連との関係が深まる。これら外国との関係には，単に政治・外交的場合もあるが，言語と民

族に影響を与えた場合もある。この多様な影響の中でルーマニア人がどう生きてきたか，ルーマニア語がどう発展してきたのか，興味の尽きない民族であり，言語である。20年前の社会主義崩壊の動きの中で，チャウシェスクの圧政から解放され，その後資本主義経済，民主主義体制の中で国の発展を目指している。2007年には念願のEU加盟を果たしたが，世界を覆う経済不況に直面することになったのである。

2　ルーマニア民族の祖先ダキア

　バルカン半島の広範囲に亘り，紀元前1000年以上も前からトラキア人が住んでいたと言われている。トラキア語についてはインド・ヨーロッパ語の一つらしいと言われているが，余り詳しいことは分かっていない。現在のルーマニアの辺りに住んでいたのが，トラキア人の中のダキア人であった。ヘロドトスは記述の中で，「ドナウ沿岸で，紀元前514年に，この地に大群を率いてやって来たイラン王ダリウスに対抗し得た唯一の部族が，ダキア人の中の一部族，ゲト人である」と言っている。紀元前7-5世紀，黒海沿岸にギリシア人が到来し，交易の拠点として町を建設していた。現在のコンスタンツァ等幾つかの町に当時の遺跡を見ることができる。

　このギリシア人とゲト・ダキア人（ダキア人の中のゲト部族）は交易を通じて，対等な関係を保っていたと言われている。ローマとも交易があったが，紛争を伴うこともあったようである。紀元前1世紀にはブレビスタが主としてダキア人を統一していたが，彼について，「ドナウ川両岸の広い地域の王達の中の最大の王である」との記録がある。ローマ皇帝カイウス・イウリス・カエサルは暗殺される前，ダキアへの遠征を企てていたそうである。その後，トライヤヌスが皇帝の時，紀元101-102年と105-106年の二度の激戦の末，当時の王デチェバルは抗し切れず自殺する。こうしてローマはダキアを属州とするのに成功するのである。108-109年ローマ・ダキアの政治・宗教の中心として，現在のフネドアラ県のウルピア・トライヤナ（旧サルミゼジェトゥー

サ)を建設したのである。宗教行事を行った円形講堂の遺跡が残されている。

　ローマ化される前のダキアで話されていた言語がどのようなものであったかは分からない点が多いが，バルカン諸言語の中の，ラテン語でもスラヴ語でもない共通の要素は，共通の祖語であるトラキアの言語にあった要素であると考えるのが妥当である。トラキア語の要素を最も多く残していると考えられるアルバニア語とルーマニア語に共通に見られるのは，barză「コウノトリ」, mazăre「豌豆」, copil「子供」等名詞が多い。その他，ルーマニア語，アルバニア語，ブルガリア語に見られる，冠詞またはそれに類する指示詞を名詞に後置するのは，トラキア語の特徴であろうと言われている。

3　ローマの後裔としてのルーマニア

　上でも述べたが，国名 România（ほぼ日本語のロムニアに当たる）が Roma を含んでいること，つまり，ローマの後裔であるということはルーマニア人にとって大きな誇りなのである。ローマがヨーロッパの西から東にいたる広大な地域を植民地化し，基層の言語を話している民族を征服し，その結果双方の要素を持つ新しい民族，言語が生まれるという点ではフランス語，スペイン語，ポルトガル語等他のロマンス語とルーマニア語も同じである。ところが，周囲をスラブ語群やハンガリー語に囲まれて，ロマンス語圏と離れてからも健気にローマの後裔であり続けたということに，ルーマニア人は大きな自負を感じるのだろうか。

　ローマの衰退により，属州の維持が困難になり，アウレリアヌス帝は271年にローマのダキアからの撤退を決意する。このローマの属州であった間，ラテン語が植民者と被植民者，植民者が連れてきた技術者や経済活動に従事する者，ローマから物資を運んでくる商人等と現地人とのコミュニケーションのための共通語としての役割を果たしたのであろう。ラテン語と言ってもキケロの名文に見られるような古典ラテン語でなく，口語体が変化した俗ラテン語であるが。また，ローマ軍の兵士やその他の目的で派遣された男性と

現地の女性との結婚などを通して混血も進み，ルーマニア人の基礎が出来上がったと見られる。

ここで，ラテン語起源の単語を幾つか示してみよう。

　　frate「兄弟」＜ frater, carte「本」＜ charta, a cânta「歌う」＜ cantare, floare「花」＜ flos, floris（属格以下の格に r が現れる），seară「夕方」＜ sera, moarte「死」＜ mors, mortis,（属格以下の格に t が現れる），bun「よい」＜ bonus, negru「黒い」＜ niger（男性形），nigra（女性形），nigrum（中性形），foarte「とても」＜ forte, repede「速く」＜ rapide

ところで，現在のいわゆるルーマニア語を話すルーマニアとローマとの間にはいろいろのスラヴ系言語の国があるので，あたかもローマ軍が他の地域を通過してダキアにやって来て，ルーマニアにだけ痕跡を残して，他の地域にはなんの痕跡も残さず，撤退したように見えるが，実は，ローマ軍はドナウ川の南部の地域を広く支配下に置いたので，それらの地域にもいろいろな痕跡を残しているのである。たとえば言語に関しては，ルーマニア語の姉妹語に当たるイストロ・ルーマニア語がイストリア半島に，ア・ルーマニア語がギリシアやマケドニア共和国，アルバニアやブルガリアで，メグレノ・ルーマニア語がギリシアとマケドニア共和国にまたがる地域で話されていた，あるいは話されているのである。

ルーマニアで話されているルーマニア語は厳密に言うとダキアで話されるルーマニア語という意味のダコ・ルーマニア語と言って，他のルーマニア語と区別することがある。このダコ・ルーマニア語はルーマニアの公用語となってほぼ2千万人の人に話されているのに反し，他のルーマニア語は，それぞれの国で少数言語となった関係上，話者の数がどんどん減少している。たとえばイストロ・ルーマニア語は1950年に話者数1,200人ないし1500人になっていたので，現在ではほぼ死滅したと考えられる。1950年には，メグレノ・ルーマニア語は1万2千人，ア・ルーマニア語はギリシアで15万人，当時のユーゴスラビアで5万5千人，ブルガリアで3万5千人，アルバニアで1万5千人によって話されていたというデータがある。ドナウ南岸でこれらの

ルーマニア語が少数言語になったのは，より多くのスラヴ系民族の定着により，スラヴ系言語が公用語になったからである。

4　スラヴ民族の移動

　ローマの撤退後，ドナウ川の南北では同じようなローマ化された生活が6世紀頃まで続いていた。一方4世紀頃から，カルパチア山脈の北，現在のウクライナ，ベラルーシ，ポーランドのあたりにいたスラヴ民族が東，南，西へと移動を始めた。7世紀にはドナウ南岸に定住し始め，現在の多くのスラヴ系国家の基を築いた。ルーマニアについては，南へ移動する途中，一時的に留まったという説もあるが，人種的混交も含めて，ルーマニア民族と言語の形成の重要な部分を占めたと考えられる。7世紀末，ルーマニアは「スラヴ人の国」と呼ばれていたとも言われている。また，お互いの言語を学びバイリンガルのような共存関係だったという説もある。

　いずれにせよ，ドナウ川南岸の各地ではブルガリア語，セルビア語，クロアチア語，マケドニア語等スラヴ系言語および民族がその地位を確立するのである。ア・ルーマニア語やメグレノ・ルーマニア語の話し手はスラヴ系各民族と共存していたであろうが，時代が下ってスラヴ民族の国が形成されるようになると，これらのルーマニア語は少数民族の言語となり，話者数の減少によって死語となるか，存亡が危ぶまれるようなるのである。ダキアに於いては，ダコ・ルーマニア語がスラヴ語の要素を取り込んで発展した結果，現在のルーマニア語に至るのである。

5　ルーマニア語はロマンス語かスラヴ語か？

　7世紀末現在のルーマニアは「スラヴ人の国」と言われていたと上に述べたが，時代が下って19世紀，比較言語学が盛んになり，ルーマニア語がロマンス系言語であるという説とスラヴ系言語であるという説の両方が現われ

た。当時，東方正教会で教会スラヴ語を使用していたこともあって，ルーマニア語の表記にキリル文字を使用していたことも原因となり，余り専門知識のない人にとっては，ルーマニア語がスラヴ系言語であるように思えたのであろう。また，da「はい」をはじめ，iubi「愛する」，drag「親愛なる」，plăti「支払う」，prieten「友人」，primi「受け取る」，scump「高い，貴重な」等の重要単語がスラヴ系の言語に似ていると気がついた者には，ルーマニア語がスラヴ起源であると見えるのも分からないではない。ルーマニア語がロマンス語の一つであることについて，19世紀末プシュカリウという言語学者が次のように言っている。「ルーマニアの田園詩のあるページを開いて調べたところ，そのページの全単語の中で88％がラテン起源であった。一方，フランスの小説の同じページの中でも，ラテン起源の単語が同じ割合であった」。また，「ルーマニアの有名な美しい詩の一節を調べたら全てラテン起源の単語から出来ていた。ただし，たとえ短いものであっても非ラテン起源の単語のみで出来ている文はルーマニアの文学に見当たらない。」とも述べて，ルーマニアのラテン起源説を論証している。上のルーマニア語とフランス語の中のラテン起源の単語数の割合の統計は，学問的にはいささか乱暴である。また，ラテン語起源の単語だけで出来ている美しい詩があるということに至っては余りに情緒的であるが，ルーマニア語のロマンス語的性質を表してはいる。しかし，ラテン語起源でない単語だけで文を作るのは難しい，と言うのは正しい。というのは，ダキヤ語の名残だろうと言われている定冠詞の後置にしても，定冠詞の基となる要素の指示詞そのものがラテン語起源なので，ラテン起源の単語を使わないわけにはいかないのである。また，文を構成するのに不可欠な機能語の役を果たす動詞 a fi「to be に当たる」＜ sum（過去形 fui など f が重要な要素である），a avea「to have に当たる」（＜ habere），をはじめ，助動詞の働きをする a putea「出来る」（＜ potere），代名詞 eu「1人称単数主格」（＜ ego），tu「2人称単数主格」（＜ tu），voi「1人称複数主格」（＜ vos），el, ea「3人称単数男性女性主格」（＜ illum, illa）というように，殆ど全てラテン語起源なので，ラテン語起源以外の単語だけで文を作ろうとして

も不可能なのである。スラヴ起源の単語は多いとは言っても重要語彙の中の十数パーセント程度である。以上のことから，ルーマニア語はスラヴ系言語ではなく，スラヴ語の影響を受けたロマンス語の一つであると言うのが正しい。

6 ビザンチン帝国とルーマニアの宗教

ローマが撤退してからもルーマニアは，近隣はもとより，地理的にかなり離れたところの権力によっても，直接或いは間接的に干渉，影響を受け続けることになる。その一つとして，ビザンチン帝国が東方正教会の勢力を広げたことが挙げられる。東方正教会では最初ギリシア語が用いられていたが，10-11世紀になると，ブルガリア，マケドニア地方で，布教に便利なようにギリシア語の経典をスラヴ文語に翻訳して使用するようになった。こうして作り上げたのが教会スラヴ語である。ギリシア文字は教会スラヴ語を表記するのに十分でなかったので，ギリシア文字を基にして，スラヴ語を表記するのに適した文字を作り上げたのがキュリロスとメトディオス兄弟である。この文字は弟の名前をとってキリル文字と呼ばれるようになり，現在スラヴ諸語の中で，ロシア語，ブルガリア語，セルビア語などの表記に使われている。そして東方正教はルーマニアやロシアにまで広がり，後にそれぞれの国でルーマニア正教，ロシア正教となるのである。

ルーマニアの正教会でも教会スラヴ語で書かれた文献を用いたので，聖職者はもちろんのこと，一般の信者にとってもキリル文字が身近なものになっていったのであろう。ルーマニア語の最初の文書は1521年にキリル文字で書かれた手紙である。その後書かれて現存する幾つかのルーマニア語の文書もキリル文字で書かれている。一方，ラテン文字で書かれた文書で最古のものとみなされるのは，1750年カルビン派に改宗した主教によりハンガリー語から翻訳した宗教歌である。ラテン文字で表記できない音，たとえば現在ルーマニア語でş[ʃ]と書く音をsで，それと区別するために，現在のs[s]を

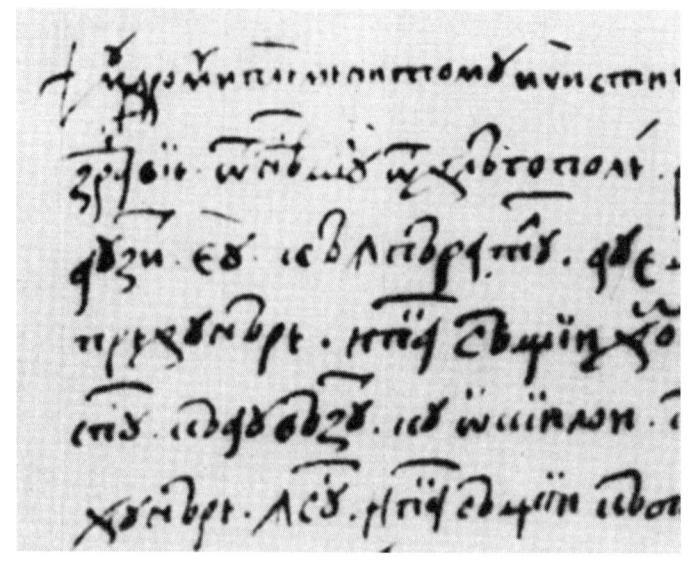

ネアクシェの手紙（ルーマニア語の最古の文書）の一部

ss で表わし，現在 ț[ts] で表している音を c と表記し，i または e の前の c[tʃ] を cz で表す等，工夫が凝らされている。ラテン文字の使用が公式に決まったのは 1859 年である。キリル文字が使用されていたことも，ルーマニア語がスラヴ系言語であると誤解された一因であろう。

　東方正教会を通じて，ビザンチン帝国はルーマニア語の構造には影響を与えなかったが，間接的には，キリル文字の出現を通して，当時のルーマニア語の保存などに貢献した。また，東方正教の普及は，その後現在に至るルーマニア人の宗教観，人生観，また芸術面に大きな影響を与えることになるのである。ルーマニアの殆ど全ての教会に見られるイコンは，ロシアやブルガリアのイコンとともに，美術上の遺産として大切に保護されている。世界文化遺産に登録されたモルドヴァ地方の修道院の壁画も，ビザンチンの壁画の手法を取り入れていて，高い評価を得ている。世界遺産であるヴォロネツ，モルドヴィツァ，フモール，アルボーレ，スチェヴィツァをはじめとする北モルドヴァの十を超える修道院は，建築そのものもそれぞれに味があって，

スチェヴィツァ修道院の外壁の一部

当時の技術と芸術的センスの高さを示しているが、見事な壁画がなかったら、世界遺産に登録されなかったに違いない。

7 オスマントルコとルーマニア料理

　14世紀頃、ルーマニアは大まかには三つの国があった。南部のワラキア（これは外国人による命名で、ルーマニア人はルーマニア国と呼んでいた）、東北部のモルドヴァ、西北部のトランシルヴァニアである。ドナウ川南岸を属州化したオスマントルコは、先ずワラキアに、次いでモルドヴァにも宗主権を求めて来た。抵抗のための紛争も珍しくなかった。権力に屈するのは理不尽だと思いながらも、徹底抗戦した場合の失うものの大きさを知って、実害の少ない妥協を考えるようになる。また、オスマントルコにとっても、自国から遠いルーマニアを直接支配するための費用や労力をかける必要を感じなかったからであろうか、ドナウ南岸に対するように宗教も含めて属領とするようなこともなく、租税や労役というゆるい支配関係に変え、その関係を長く続けることになるのである。武力制圧による命の危険こそ避けられたとは言っ

ても，この隷属関係の中で，特に農民にとっては，領主による搾取の上に宗主国による搾取が上乗せされることになるので，抜け出すことの困難な極貧状態が親から子へと代々続いたわけである。

さて，オスマントルコとの長い関係にも関わらず，ルーマニア語は料理の名前以外はトルコ語の影響を殆ど受けなかった。バルカン全域に対するトルコ料理の影響は驚くほどである。ルーマニアも例外ではなく，非常に多くの料理の名前の語源がトルコ語である。米をつなぎに使ったロールキャベツ，サルマーレ（sarmale）は，祝い事はもちろん会食の際に必ず供される一品で，ほとんどの日本人が一度食べたら好きになる料理である。チョルバ（ciorbă）は肉や野菜をたっぷり入れたルーマニア風ボルシチで，ほぼ毎日の食卓に載るメニューである。肉団子のキフテア（chiftea），野菜とひき肉を交互に重ねたムサカ（musaca）等トルコ語起源の料理の名前を挙げたらきりがない位である。しかもこれらの料理がバルカン諸国に共通に見られ，同じような名前がついているのである。しかしどの国でも同じ名前が同じ料理に対応しているわけではない。トルコ料理がルーマニアを含むこれほど広い地域で食べ続けられているのは，支配者の食べ物であったからではなく，誰の口にも合う美味しいものだったからであることは間違いない。

8 バラード"ミオリツァ"に見られるルーマニア人の死生観

バラード「伝唱叙事詩」の中でルーマニア人に最も多く口ずさまれ，最も愛されているのが，"ミオリツァ"である。ミオリツァとは子羊のことである。初めて読んだとき，その可愛い題名からは想像もできない内容に呆然としたのを覚えている。次にその内容を要約する。

三つの羊の群れと三人の羊飼いが楽園の入り口を谷へと降りて来る。一人はモルドヴァ人，一人はハンガリー人，もう一人はヴルンチャ人である，というのが出だしである。ヴルンチャはワラキア地方にある地名である。この三人は，ルーマニアの三つの侯国モルドヴァ，トランシルヴァニア，ワラキ

アを表している。ハンガリー人とヴルンチャ人が，日が暮れたらモルドヴァ人を殺そうと話しあう。モルドヴァ人が三人の中で一番裕福で，多くのきれいな羊と賢い馬と勇敢な犬を持っているからである。人語を解するミオリツァがこのことを主人であるモルドヴァ人の羊飼いに知らせ，勇敢な犬を連れて隠れるよう忠告する。すると，モルドヴァ人は，自分が死んだら羊小屋の傍に埋めるようハンガリー人とヴルンチャ人に伝えてくれとミオリツァに言う。そして羊達には自分が殺されたとは言うな，自分はきれいな王女と結婚したと伝えるように，また，母親が自分を探しに来たら，きれいな王女を嫁に貰ったと伝えるようミオリツァに頼む。

　羊達が悲しむであろう様子を述べるくだりでは，どんなに羊達を愛しているかがよくわかる。また，母親に心配をかけまいとする気配りも読み取れる。自分を殺そうとしている仲間から逃げようとしないばかりか，恨んだりもせずに死を受け容れるとは，悟りの境地に達した高僧のようだと筆者には思えた。だが，私が知っているルーマニア人とはどうしても結びつかないのである。諦めはいい方だと思うが，このモルドヴァ人のように周囲の人を気遣うより，よい意味でも悪い意味でももっと自分の欲望を大切にするように思える。しかし，圧政と貧しさの中で心の安定を神に求めるしかない状態が長く続くと，このような達観した境地に達するのかもしれないと思い，ここに紹介したのである。このバラードがみんなに愛されていると言うことは共感するものがあるからに違いない。今のルーマニア人がミオリツァのどのような点に惹かれるのか調査してみたい。

9 「隣の芝生」の時代から悲願の EU 加盟へ

　ワラキアとモルドヴァがオスマントルコの圧政に苦しんでいる頃，トランシルヴァニアには隣接するハンガリーやポーランドの圧力がかかっていた。このようにルーマニアはバルカンの国々の例外ではなく，自分達の運命を外からの強い力で決定されることが多かった。そして，無用の波風を立てない

ようにしてオスマントルコの要求を呑んできたやり方は，その後のルーマニアの外交でも続けられた。強い者同士の争いになったとき，どちらに付くかを決めるのは厄介である。

　第二次世界大戦時のルーマニアの動きも複雑である。はじめナチに協力し，後でナチからの解放のためにソ連軍ととも戦ったのだが，結局それはソ連には認められず，ソ連に対し賠償を負うことになるのである。

　政治や外交の問題は，そのときの指導者によって違ってくる。その決定が必ずしも民意に即していないことが多いので，一概にどれが正しいとか正しくないとか言えない。また，決定された方向が民族性によって説明できるとは限らないが，外から見ると一貫性がない，利己的民族であるように見えることは否めない。外ばかりでなく，必要以上にそのことを意識しているルーマニア人がいることは事実である。

　筆者が滞在していた1965年前後，またその後の数度の訪問のとき，何か不祥事が起こった際，或いは，自分または自分たちが勇気ある行動が取れないとき，「周囲の強い国に動かされた歴史の所為(せい)でルーマニア人はこうなった」という自虐的言い訳を何度となく聞いた。そのためか，外国への憧れは非常に強い。社会主義の時代，個人が自由に資本主義国へ旅行することは殆ど不可能だった。自由に行けないからこそ資本主義国は彼らにとって「隣の芝生」に見えたのだろう。特に亡命しなければならない理由もなさそうなのに，何か理由を見つけて国外へ出て行った人も少なくない。

　ひょっとすると，ルーマニア人はいろいろの文化に接して出来上がった民族なので，国境を感じない，国際的で開かれた人々なのかもしれない。19世紀には，才能や向学心がある若者が留学したのはパリだった。そしてその後フランス語が上流階級の教養であった。音楽，絵画，文学等芸術，学問のあらゆる分野に外国で活躍している巨匠が多く見られる。社会主義からの解放後は，頭脳や技術の流出も多く見られる。より広い活躍の場を求める場合もあるだろうが，経済的理由も非常に多い。外国に出ることに対するハードルが低いので，日本人が移住するときのように一大決心など必要でなく，少

しでも条件がよいと,さっと決めることができるのは,もともとルーマニア人は国際的で,彼らにとっての国境は我々にとっての県境位のものだからではないだろうか。

2007年,外国に出ることを夢見てきた人々にとって,悲願のEU加盟が実現した。毎年数万の人がEU内で西へ移住しているそうである。幸いEUにはロマンス語の国も多いので,ルーマニア人にとって同化するのは難しいことではないだろう。ローマは東進して来たが,それと逆にルーマニア人は西へ移動しているのである。平和だから出来る移動である。

参考文献

言語学大辞典　世界言語編　第1－4巻　三省堂　1988－1992

Al. Rosetti: Istoria Limbii Române「ルーマニア語の歴史」, Editura pentru Literatură, București, 1968

Ministerul Educației și Învățământului（文部省）: Istoria Limbii Române「ルーマニア語の歴史」, Editura Didactică și Pedagigică, București, 1978

Academia Republicii Populare Române（ルーマニア人民共和国アカデミー）: Istoria Limbii Române「ルーマニア語の歴史」, Editura Academiei Republicii Populare Române, 1965

Academia Republicii Populare Române（ルーマニア人民共和国アカデミー）: Crestomație Romanică「ロマンス語の例文集」, Editura Academiei Republicii Poulare Române, 1962

Ministerul Educației și Învățământului（文部省）: Curs de Limba Română Pentru Studenții Străini din Anii I-II「ルーマニア語講座　外国人学生1－2年生用」, 1974

III　ロシア・中欧世界の芸術と文化

7　ハンガリー文学にみる民族滅亡のモチーフ

早稲田みか

1　ハンガリー人のルーツ

　ハンガリーはヨーロッパの中央部に位置しており，周囲をオーストリア，スロヴァキア，ウクライナ，ルーマニア，セルビア，クロアチア，スロヴェニアといった国々に囲まれている。面積は約9万3千平方キロメートルで，日本の約4分の1である。人口は約1000万人，そのうちの約176万人が首都ブダペストに暮らしている。
　ハンガリー人（自称はマジャル人）の祖先は9世紀末に東方からヨーロッパに侵入し，現在のハンガリーの地を征服して，そこに定住した。このため，その言語であるハンガリー語（マジャル語）は，周辺で話されている諸言語とは文法構造や語彙がまったく異なっている。ドイツ語やスロヴァキア語やルーマニア語などの周辺言語は，英語やフランス語などと同じインド・ヨーロッパ語族に属しているが，ハンガリー語はウラル語族という別の言語グループに属している。同じ語族の言語には北欧のフィンランド語やエストニア語，サーミ語（ラップ語），ロシアの少数民族言語であるハンティ語やマンシ語などがあるが，地理的に遠く離れており，今では互いにまったく通じない。
　ウラル語族の言語（以下、ウラル諸語）はみな，構造的にみるといわゆる膠着語(こうちゃく)に属している。膠着語とは，語の後ろにさまざまな接辞をつけるこ

とによって，別の語を派生したり，文法的関係を表したりする言語のタイプのことで，日本語も同じタイプに属する言語である。

　ウラル諸語はいずれも膠着語だが，互いの間には違いもある。ハンガリー語には冠詞があるが，フィンランド語やエストニア語にはない。また，ハンガリー語にあって世界の他の言語にあまりみられない現象のひとつに，特殊な動詞の活用がある。ハンガリー語では動詞が主語の数（単数／複数）と人称だけでなく，目的語が定まっているか（定活用），定まっていないか（不定活用）によって，異なった変化をする。たとえば，どんなペンでもかまわないからとにかくペンを1本捜している場合は，keres-*ek*（私は捜す＝不定活用），自分のペンなど特定のペンを捜している場合には，keres-*em*（私は捜す＝定活用）のように使い分けなくてはならない。つまり，ハンガリー語では，動詞の活用語尾のなかに主語だけでなく目的語の情報も含まれているわけである。この現象はウラル諸語のなかでもめずらしいもので，フィンランド語やエストニア語にはみられない。

　ウラル諸語の話し手の祖先は，ウラルという名称が示唆しているように，もともとはロシアのウラル山脈の辺りに暮らしていたとされている。ハンガリー人の祖先はそこから南東に向かって徐々に移動し，黒海の北を経由して，現住の地，カルパチア盆地にたどり着いた。ハンガリー人はよく自分たちはアジア系であるというが，これは，移動の途中で中央アジアの端のあたりを通り，東方からヨーロッパに入ってきたことを意味している。

　ちなみに，5世紀頃に現在のハンガリーのあたりを拠点にヨーロッパ中を脅かしたアッティラ王率いるフン族とハンガリー民族との間に何らかの関係を認めようとする説があるが，これは俗説にすぎない。ハンガリーには，フン族とハンガリー民族が兄弟関係にあるという伝説があって，そのように信じているハンガリー人は少なくない。それに加えて，英語によるハンガリー人の呼称Hungarianの語頭部分のHun-と，フン族のHunが，形のうえで一致することから，フン族とハンガリー民族の同系説が流布するようになったのである。

英語の Hungarian（ドイツ語の Ungar，フランス語の Hongrois など）の語源は，ハンガリー民族が5世紀頃にヴォルガ川中流域で部族連合を形成していたチュルク系オノグル族の名称 Onogur に由来している。居住をともにしていたために，周辺民族から誤って同一の民族とみなされたのである。

このときの民族接触の痕跡がハンガリー語の語彙のなかに残っている。ハンガリー語のなかにはチュルク系諸語からのおよそ300におよぶ借用語があり，それらは5〜9世紀の間に，ハンガリー語の話者がウラル山脈の辺りから現在のハンガリーの地に移動する過程でハンガリー語に入ってきたものと考えられている。

このように，ハンガリー語の語彙のなかに少なからぬ数のチュルク系語彙が含まれていることから，19世紀末にはハンガリー語の系統をめぐって，「ウゴル・トルコ戦争」と呼ばれる大論争が出来した。膠着語であること，母音調和という音現象があることなど，チュルク系諸語との共通性を根拠に，ハンガリー語はトルコ語などのチュルク系諸語と同系統だと主張する学者と，いやそうではない，ハンガリー語はウラル系のウゴル語派であると主張する学者の間で激しい議論が戦わされた。結局，チュルク系の語彙は借用されたものであると結論づけられて，ウラル語派説に軍配があがった。

ハンガリー民族はヨーロッパに定住すると，キリスト教を受け入れて王国を築き，ヨーロッパの一員となった。キリスト教とともにラテン文字が取り入れられ，ハンガリー語は文字言語となった。

しかし，自分たちが東方からやってきた異民族であるというルーツにたいする意識は今に至るまでけっして失われていない。西方（ヨーロッパ）の文化に同化すべきか，東方（アジア）のルーツを守るべきか，地理的にも東と西のはざまに位置する自らのアイデンティティをどこに求めるべきかをめぐって，ハンガリーの知識人たちはつねに両者のあいだを揺れ動いてきた。

歴史的にみると，ハンガリーは中世には広大な領土を有する強国として繁栄したが，その後はオスマン帝国，オーストリア・ハプスブルク家，そして第二次世界大戦後はソヴィエト連邦と，強国に支配される時代が続いた。こ

のことからハンガリー人たちには，自分たちがつねに大国に圧迫され虐げられてきた民族であるという被害者意識がたいへん強く，自らの民族と言語がいつの日にか滅びるやもしれないという脅迫観念をもちつづけてきた。こうした意識はポーランドやチェコなど，他の中欧諸国にも共通してみられるが，ハンガリーの場合，インド・ヨーロッパ語族の言語に囲まれて，いわば孤立した状態にあることが，そうした思いをいっそう強固なものにしているのである。

19世紀ロマン派の詩人ヴェレシュマルティ・ミハーイ（ハンガリー語では，人の名前は日本語と同じように姓・名の順）(1800-1855) の詩「ズリーニ」(Zrínyi, 1826年) に，次のような一節がある。

> 兄弟と引き裂かれたハンガリーの民は，
> 西方を向いてはいても，
> ときに哀しげに東方を振りかえる

以下では，ハンガリーの民族と言語のルーツや歴史が，ハンガリー民族意識の形成にどのような役割を果たし，それが文学や日常の言語表現にどのように刻印されてきたかを概観してみよう。

2 民族滅亡のモチーフ

ハンガリー文学にみられる特徴のひとつに，「民族滅亡」のモチーフの存在がある。ハンガリー語では nemzethalál と表現され，「民族あるいは国民の死」を意味している。これは，ハンガリー民族およびハンガリーという国家がこの世から消滅してしまうのではないかという恐怖，脅迫観念を表しているのだが，こうした恐れや危機感は，18世紀後半から19世初頭にかけて，民族意識や国民意識が形成されたナショナリズムの時代に，文学や政治の世界で声高に叫ばれるようになった。

この思想は現代に至るまで受けつがれており，現代のハンガリー作家の作品のなかにも色濃く反映されている。

1 現代作家クラスナホルカイ・ラースローと民族滅亡のモチーフ

クラスナホルカイ・ラースロー（1954-）は，エステルハージ・ペーテルやナーダシュ・ペーテルらと並び称される現代ハンガリーを代表する作家である。その作品のいくつかは，世界的に著名なハンガリーの映画作家タル・ベーラによって映画化されており（『サタンタンゴ』，『ヴェルクマイスター・ハーモニー』），日本でも劇場公開されている。クラスナホルカイ自身がこれらの映画の脚本を手がけている。

一般にハンガリー作家の作品の多くは，ハンガリーを舞台としており，ハンガリーの歴史や文化の知識を前提にしないと理解が容易でないものが多いが，クラスナホルカイの作品は，ハンガリーが舞台と思われるものであっても，読み手しだいでさまざまな解釈を許容する内容になっており，ハンガリーについての前提知識は必ずしも必要ではない。

たとえば，映画『ヴェルクマイスター・ハーモニー』の原作『抵抗の憂鬱』（Az ellenállás melankóliája，1989年）では，作品中に時代や場所は特定されていないものの，ハンガリーの田舎町とおぼしき土地を舞台にして，人間社会の不条理，破滅，暴力，絶望などが，重苦しい雰囲気のなかで描き出されている。

これはある田舎町で暴動が起き，それが戦車によって鎮圧される物語である。

冒頭，季節はまだ秋というのに町を寒波が襲来し，万物が凍りつくなど，自然界には不吉な出来事が頻出している。一方，町の広場には，どこからともなく得体のしれない男たちが集まってきて，町の治安が日々悪化していく。人々が不安にかられているところに，巨大な鯨の見世物がやってくる。天体の動きに調和を見いだす純朴な青年，町の郵便配達夫ヴァルシュカは，鯨の見世物に自然の大いなる驚異をみて魅了される。ヴァルシュカが面倒をみて

いる年老いた音楽家エステルは，社会から逃避して音楽の世界にとじこもり，音が現代のように平均律に調律されてしまう以前の，自然な音（純正律）こそが美しく調和のとれた本当の音だとして，日々，ピアノに向かっている。

鯨の見世物をともなって町にやってきた扇動者は，広場に集まった男たちを「町を破壊せよ」とあおりたて，男たちは抵抗不能の弱者が集まる病院までをも徹底的に破壊する。音楽家エステルの元夫人が暴動を戦車で鎮圧して町の治安は回復されたものの，郵便配達夫のヴァルシュカは精神を病み，音楽家エステルはさらなる孤独の世界へとひきこもる。暴動の前と後で状況が改善されたようにはいっこうにみえず，町の人々が求める理想や調和，完全なる美といった真理はついに得られない。

多少ともハンガリーの歴史を知る読者ならば，この小説のなかに，1956年に自由と民主化を求めて立ちあがったハンガリー民衆がソヴィエトの戦車によって弾圧された事件の再現を見いだすかもしれない。しかし，暴動や革命はいつの時代のいずこの場所においても起こりうることで，ことはハンガリー事件に限られるわけではない。実際，この小説でも，出来事はさまざまな話し手のさまざまに異なる視点から語られていくため，いったいどの話し手の語りが真実なのか（真実に近いのか）は誰にもわからないまま，すべては読者の解釈にゆだねられている。

なるほど主人公はハンガリー人ではあるが，ハンガリーの歴史や社会についての知識はここではことさら必要とされないのである。このようにクラスナホルカイの作品は，その多くが，いつの時代，いずこの場所においても起こりうるいわば普遍的ともいえる出来事を扱っている点で，いささかハンガリーらしくない作家だといえる。ところが，そんなクラスナホルカイの作品のなかにも，民族滅亡のモチーフはみられるのである。

短編小説集『慈悲の関係』（Kegyelmi viszonyok，1986年）に収められている「最後の船」（Az utolsó hajó）では，人々が船でハンガリーを離れるまでの出来事が描かれている。時代も理由もはっきりとはわからないながら，文脈からみてハンガリーの首都ブダペストが，ハンガリー語以外の言語を話す人々

（他の民族か，あるいは他の国か）によって破壊され，その支配下におかれたために，最後に町に残留していた60人余のハンガリー人たちも祖国を脱出することになる。陸路も空路も絶たれ，彼らは最後の船にのりこむ。船がドナウ川の岸辺をゆっくりと離れていくとき，ひとりがこう叫ぶ。「みんな，あそこがハンガリーだったところだ」。そう，ハンガリーという国家はもはや存在しない，ついに消滅してしまったのだ。

　現代の作家，それもどちらかというとハンガリー的ではないとみられることの多い作家の作品のなかにまで，民族滅亡のモチーフが認められるところから，この思想が現代にいたるまで連綿と受け継がれていることが理解されよう。

　ちなみに，クラスナホルカイは日本や中国の伝統文化に造詣が深い。京都に長期間滞在したこともあり，その体験をもとに京都を舞台とする小説『北に山，南に湖，西に道，東に川』（Északról hegy, délről tó, nyugatról utak, keletről folyó, 2003年）を書いている。

2　ロマン派詩人と民族滅亡のモチーフ：ヴェレシュマルティとケルチェイ

　クラスナホルカイの短編小説「最後の船」は，前述の19世紀前半のロマン派詩人ヴェレシュマルティ・ミハーイに捧げられている。ヴェレシュマルティの詩「ハンガリー人に告ぐ」（Szózat, 1836年）こそ，民族滅亡のモチーフが主題となっている代表的な作品である。この詩は，「ハンガリー人よ，祖国に忠誠を誓え。汝の居場所はここ以外にないのだから」という愛国的な内容であることから，曲がつけられ，ハンガリー第二の国歌として，機会あるごとに演奏され歌われている。ハンガリー人であれば誰もが知っている詩である。そこに，次なる一節がある。

　　沈みゆく民族の墓のまわりを
　　人々が取り囲む
　　何百万もの人々の目に

哀悼の涙があふれる

「ハンガリーの地ではこれまでたくさんの血が流されてきたのだから,今後はよりよい時代が来なければならない。しかし,もし偉大なる死が訪れるならば,つまり,ハンガリー民族が滅亡することになれば,そのときには,沈みゆくハンガリー民族の墓のまわりを人々が取り囲み,人々の目には涙があふれるだろう」という内容である。ここで墓のまわりを取り囲み涙する人々とは,ハンガリー人以外の人々,つまり,スロヴァキア人やルーマニア人,クロアチア人,ドイツ人など,周辺民族をさしているものと解釈される。

ヴェレシュマルティのこの詩は,第二の国歌と呼ばれているが,第一の国歌,すなわち本来のハンガリー「国歌」(Himnusz, 1823年)もこれと似た内容をもっている。ヴェレシュマルティと同時代の詩人ケルチェイ・フェレンツ(1790-1838)の手になるもので,ハンガリーが歩んできた栄光と苦難の歴史が歌われている。

> 神よ,ハンガリー人に与え給え
> 温かく豊かな祝福を
> 敵と戦いしときは
> 守りの手を
> 長く苦難にさいなまれし民に
> 明るい歳月をもたらし給え
> この民はすでに罪を償った
> 過去の罪も未来の罪も

「この民はすでに過去の罪も未来の罪も償った」という一節は,いかなる意味だろうか。すでに述べたように,ハンガリー民族は東方からヨーロッパにやってきて,そこに暮らしていたスラヴ人たちを征服して王国を築いた。その後,華麗なルネサンス文化が花開いた時代もあったが,1526年の「モハー

チの戦い」でオスマン帝国のイスラム軍に大敗を喫した結果，国は3分割された。中央部はオスマン帝国に，西部はハプスブルク家に支配されることになり，東部（トランシルヴァニア）のみが，オスマン帝国の宗主権を認めて，かろうじて自治を保つことができた。そして中央部は，それから1世紀半もの長きにわたってオスマン帝国の支配下におかれたのである。その後，オスマン軍は撤退したものの，今度は完全にハプスブルク帝国の一部となってしまった。

ハンガリーは，国家が消滅してもおかしくない状況を幾度となく体験してきたのである。こうした歴史体験をふまえて，ハンガリーの国歌は「この民はすでに過去の罪も，未来の罪までも，すでに十分に償ったのだから，こののちはどうか安寧だけを与えたまえ」と歌っているのである。

大国によって分割され，地図上から消滅した歴史をもつポーランドの国歌は「ポーランドいまだ滅びず」という詩句で始まる。日本の「君が代」と比較してみれば，その違いはいっそう明らかになる。

チェコ出身のフランス語作家ミラン・クンデラは，中欧は「ロシアとドイツにはさまれた小民族からなる不安定な地域」であり，小民族とは「その存在がつねに脅かされて消滅の可能性さえある民族，それを自覚している民族である」と述べている（「誘拐された西欧—あるいは中央ヨーロッパの悲劇」）。ハンガリーには他民族を支配し抑圧してきた歴史もあるが，ハンガリー人の意識のうえでは，まさに「小民族」なのである。

3 ヘルダーの影響

19世紀前半の大貴族にして政治家のセーチェーニ・イシュトヴァーン（1791-1860）も，その日記（1829年6月20日）に「日々ヘルダーが正しいと思えてならない。ハンガリー民族はやがて滅びるだろう」と記している。セーチェーニは自ら私財を投じて科学アカデミーを創設したり，ドナウ川にかかる最初の恒久的な橋である鎖橋を建設するなど，ハンガリー近代化の父とも，また「もっとも偉大なハンガリー人」とも呼ばれている人物である。

セーチェーニが日記に記しているヘルダーとは，ドイツの思想家ヨハン・ゴットフリート・ヘルダー（1744-1803）のこと。ヘルダーは，『人類史の哲学的考察』第4巻（1791年）のなかで，ハンガリー人はいずれその言語ともどもこの地上から消え失せる運命にあると書いた。

　ハンガリー人は，住民のなかでもとるにたらぬ存在で，スロヴァキア人，ドイツ人，ルーマニア人などに囲まれて，彼らの言語はおそらく数世紀のちにはこの地上でほとんど聞かれることはなくなるであろう。

　ヘルダーのこの驚くべき大胆な予言に触発されて，ハンガリーの文学者や芸術家，知識人たちの間で，民族滅亡の危機が叫ばれるようになり，それが多くの作品のなかで民族滅亡のモチーフが使われるきっかけとなったのである。

　ヘルダーは『考察』のわずか2年後の1793年に刊行された『人間性促進のための書簡』第1巻で，前言を撤回したが，ハンガリー語にたいする死の宣告は，ハンガリーの知識人にハンガリー語の重要性を認識させ，ハンガリー語の近代化をめざす「言語改革運動」にたいしても大きな影響力をもつことになった。

　当時の中東欧では独立をめざす民族運動がさかんであった。この背景にはフランス革命思想とドイツ・ロマン主義の影響があった。自由・平等・博愛の精神を掲げたフランス革命は，言語の平等を「自由な国民のもとでは言語はひとつであり，万人にたいして同じでなければならない」と定義した。こうして，ひとつの同じ言語を話す均質な国民からなる国民国家を理想的な政治形態とする思想が広まり，それがいまだ独立国家をもたない中東欧の民族運動がめざすべき目標となったのである。そして，ある民族が国民たりうる権利をもつことを証明する民族の独自性は言語にこそあると主張したのが，ヘルダーに代表されるドイツ・ロマン主義であった。

　ヘルダーによれば，あらゆる民族には固有の精神があり，それは言語や民

話，民謡，習慣などに宿っている。そのさいの言語は，純粋で汚染されていない農民の言語，土着語，方言でなければならなかった。下層のことばをくずれて汚れたものとみなすフランスの言語観とはおよそ対照的であった。純粋な言語を話す農民こそが，民族固有の精神の守り手であるという思想のもと，文学作品のなかにも農民の言語習慣や民謡がさかんにとりいれられた。農民の生活習慣や言語のなかに純粋なハンガリーらしさを求める考え方は，以来，現在に至るまでさまざまな形で引き継がれている。

　こうしていったん言語の重要性が認識されると，言語は国民意識の形成にあたっての必須条件となっていった。民族のアイデンティティと言語とが固く結びつき，ハンガリー語を話すことがハンガリー国民であることをそのまま意味するようになったのである。

　「もっとも偉大なハンガリー人」セーチェーニに，「国民は言語のなかに生きている」（Nyelvében él a nemzet.）という有名なことばがある。ハンガリー語の重要性を語るときに，ハンガリーでは繰り返し好んで引用されることばである。ハンガリー語こそがハンガリー国民であることの唯一のよりどころであり，ハンガリー語のなかにこそ民族の独自性があるという思想，そしてそれゆえに民族が存続していくためにはハンガリー語を大切に守り育てていかなければならないという，今や一般的となっている思想がここに定着したのである。

　このセーチェーニも最初はハンガリー語が話せなかった。当時のハンガリー貴族の多くがそうだったように，セーチェーニの母語はドイツ語で，ハンガリー語は成人してから学習した言語だった。前述の日記もドイツ語で書かれている。

　ハンガリー人のアイデンティティにとって最も重要な要素であるハンガリー語が消滅してしまえば，ハンガリー民族の存続もありえないことになる。こうして，ハンガリー語の文学作品のなかで，さかんに民族滅亡のモチーフが取りあげられるようになったのである。英雄的な死を美化する傾向がロマン主義的思潮のなかにあったことも，いっそうこの流れに拍車をかけたとい

えよう。

4 世紀転換期の詩人アディと民族滅亡のモチーフ

19世紀末から20世紀初頭にかけて活躍した象徴主義の詩人アディ・エンドレ（1877-1919）の詩「死の湖のうえで」（A halál-tó fölött, 1908年）にも，民族滅亡のモチーフがみられる。

　すべては虚しく
　われらはみな滅びる
　われらみな力を失い
　ハンガリーは死の湖と化す

アディはボードレールやヴェルレーヌなど，フランスの象徴派詩人の影響をつよく受けて，独自のシンボリズムを駆使した，ハンガリー社会を痛烈に批判する詩を数多く書いている。ハンガリーには古い体制がいまだに残っており西欧にくらべて非常に遅れていること，そうした後進性や，富と権力の支配などをグロテスクかつ赤裸々に歌いあげて，アディはハンガリー社会の変革を求める急進的ブルジョワ階級の人々から熱狂的に支持された。アディは，祖国ハンガリーを「まったく耕されていない荒れ地」と表現して，その後進性を攻撃した。「ハンガリーが死の湖になる」というのも，このままではハンガリーが滅びてしまうという警告であり，それはハンガリーを愛するがゆえの痛切な思いでもあった。

3　小民族意識と被害者意識

ハンガリーでは，19世紀の民族運動と国民意識形成のなかで，民族滅亡という強迫観念が生まれてきたこと，そしてそれ以来，このモチーフが文学作品のなかでさかんに取りあげられてきたことをみてきた。また，自分たち

が東方からやってきた異民族であり，ヨーロッパにあって周囲に同胞のいない孤立した民族であるという意識や，中世以降，ハンガリーが長きにわたって大国から支配され続けてきた歴史に由来する小民族意識，被害者意識が少なからずあることもみてきた。

ハンガリー人によくみられるこうした妄想といえなくもない自己中心的な被害者意識を，現代ハンガリーの作家エステルハージ・ペーテル（1950-）は，『ハーン＝ハーン伯爵夫人のまなざし―ドナウを下って―』（Hahn-Hahn grófnő pillantása - lefelé a Dunán, 1991年）のなかでこう揶揄している。

これらを目のあたりにして，旅人は自国のイメージ，とりわけ悲惨な運命に翻弄されてきたという自己イメージは見当ちがいの妄想で，自己憐憫にすぎないことを確信した。ハンガリー民族に特有の被害者意識と不平不満，悲嘆。野蛮なトルコに冷酷なオーストリア，不名誉の極みとも言うべきトリアノンの和約，イギリスは援助の手をさしのべてはくれない，そうしてきわめつけは最後に登場したロシア。ああ，なんて運に見はなされた国。だが，こうしたことはヨーロッパではまま見られる平均的な運命にすぎない。国家の消滅を経験したところだってある。椅子でも引くように国境が移動し，早い遅いの差はあっても最後にはロシア人が襲来した。ことさらに憐れみをおぼえる必要など，どこにもない。

エステルハージ・ペーテルは，その名前からわかるとおり，ハンガリーの名門大貴族エステルハージ家の末裔である。当時のハンガリー王国領で生まれた大作曲家ハイドンが伺候していたことでも知られている。

貴族の出身であることから，第二次世界大戦後にハンガリーで共産主義政権が成立すると，一家は財産を没収されて，数年間，地方に強制移住させられた。それまで支配階級だった貴族や資産家は，労働者である人民の敵とみなされて，差別や迫害の対象となったのである。エステルハージ自身も，大学入学のさいに，その家柄のせいで制約を受け，人文系に進むことができず

に数学を専攻した体験がある。

　20代中ごろに小説を書き始め、それまでの社会主義リアリズムやドキュメンタリズムに代表されるハンガリー小説とはおよそ異なるポストモダン的スタイルによって一躍、作家としての名声を確立した。以来、数多くの小説を発表し、国内外の文学賞を次々に受賞、作品はいくつもの言語に翻訳されており、国内はもちろん国際的にももっともよく知られた現代ハンガリーの作家である。

　代表作といってよい『ハルモニア・ツェレステス』（Harmonia Caelestis, 2000年）では、エステルハージ家の歴史、ひいてはハンガリーやヨーロッパ全体の歴史がおびただしい引用や歴史的逸話、伝説、民話などを織り交ぜて語られている。『ハルモニア・ツェレステス』とはラテン語で「天上の調和」を意味し、祖先のひとりエステルハージ・パールが作曲したとされている宗教カンタータ集のタイトルでもある。エステルハージ・パール（1635-1713）は、オスマン軍の攻撃からウィーンを守り、ブダをオスマン軍から奪還する戦いで活躍した軍人であるとともに、自ら楽器を演奏し、ラテン語やハンガリー語で宗教詩を書く文人でもあった。こうしたことのすべては、ハンガリー人読者ならば、身近な歴史の一部として先刻ご承知のことであり、先の引用の意味するところも、疑問の余地なく明白である。

　「野蛮なトルコ」とはオスマン帝国、「冷酷なオーストリア」とはオーストリア・ハプスブルク家。1848年から49年にかけての独立戦争でハンガリーが敗れたとき、ハンガリーの首相バッチャーニ・ラヨシュと13人のハンガリー軍の将軍は「冷酷なオーストリア」によって処刑されたのであった。

　「不名誉の極みとも言うべきトリアノンの和約」とは、第一世界大戦の戦後処理として、ベルサイユのトリアノン宮殿でハンガリーと連合国の間で締結された講和条約のこと。第一次世界大戦によってオーストリア・ハンガリー帝国は崩壊し、ハンガリーは念願かなって独立国になったものの、敗戦国であることから、このトリアノン条約によって、それまでの国土の3分の2を隣国に割譲され、全人口の3分の1を失った。ハンガリーはこれを大いに不

服として，失地回復をめざして第二次世界大戦ではドイツ側についたが，またしても敗戦国となり，国境線の修正はついに実現しなかった。

このため現在でも，周辺諸国に多くのハンガリー人が少数民族として暮らしており，民族問題をめぐるさまざまな対立や軋轢の火種となっている。その数は概算で，ルーマニアのトランシルヴァニア地方に約200万人，スロヴァキアの南部に約70万人，セルビアのヴォイヴォディナ地方に約40万人，ウクライナのカルパチア地方に約20万人，クロアチアに約2万5千人，スロヴェニアに約1万人といわれている。

トリアノン条約はハンガリー人にとって，オスマン帝国に敗れたモハーチの戦いとともに，歴史上もっとも悲劇的な出来事であった。

ハンガリー語には，モハーチの戦いという歴史的大事件にちなんだ，こんな表現がある。何かひどく悲惨な体験をしたとき，ハンガリー人は「モハーチの戦いではもっと多くのことが失われた」(Több is veszett Mohácsnál.)という。「これっきしのこと，どうってことはない。モハーチにくらべればまだましだ」という意味である。

第二次世界大戦後，ハンガリーでは共産主義政権が成立し，ソヴィエトの影響下に言論の自由のない一党独裁体制がしかれた。そう，「最後にはロシア人が襲来した」のである。そのロシア人（ハンガリーに駐屯していたソヴィエト軍）も，1991年にはハンガリーから完全に撤退した。ベルリンの壁が崩壊し，ハンガリーは民主主義国家へと体制転換をはたした。

そして，2004年にはEUに加盟。東方からヨーロッパにやってきて以来，ハンガリー人はいつも，ヨーロッパの一員になりたいと願ってきた。それがようやく現実のものとなった今，ハンガリーの人々は今度はこういうのである。EUに飲みこまれやしないかと、それが心配だ。

最後に，自己憐憫に陥りがちなハンガリー気質を表現した言い回しをひとつ紹介しよう。

「ハンガリー人はうれしいときも泣いている」(Sírva vigad a magyar.)

ハンガリー人は歌ったり踊ったりお酒を飲んだりして，どんなに楽しく浮

かれ騒いでいるときでも、心の奥底のどこかに哀しみをかかえている、という意味である。ハンガリー人の悲観的でメランコリック、自己憐憫に満ちた民族的性格をちょっぴり自虐的に表現した言い回しといえようか。

　ハンガリー人たちは、さまざまな歴史的な不幸をこうして巧みにことわざや慣用表現に織りこんで、波乱にとんだ過酷な歴史を今日まで生き抜いてきた。ハンガリー人とは、そんな不屈の精神をもった情熱的な人々でもある。苦難の歴史がハンガリーの言語を、そして文化を、よりいっそう豊かなものにしてきたといえるだろう。

参考文献（日本語のみ）

アディ・エンドレ、徳永康元、池田雅之共訳・編『アディ・エンドレ詩集』恒文社、1977年。

アディ・エンドレ、原田清美訳『新詩集』未知谷、2006年。

伊東孝之ほか編『【新訂増補】東欧を知る事典』平凡社、2001年。

エステルハージ・ペーテル、ハンガリー文芸クラブ編・訳『黄金のブダペスト』未知谷、2000年。

エステルハージ・ペーテル、早稲田みか訳『ハーン=ハーン伯爵夫人のまなざし―ドナウを下って―』松籟社、2008年。

クラスナホルカイ・ラースロー、早稲田みか訳『北に山、南に湖、西に道、東に川』松籟社、2006年。

ミラン・クンデラ、里見達郎訳「誘拐された西欧―あるいは中央ヨーロッパの悲劇」『ユリイカ』2月号、62-79頁、青土社、1991年。

小島亮『中欧史エッセンツィア』中部大学ブックシリーズ9、風媒社、2007年。

ヤーノシュ・サーヴァイ、秋山晋吾訳『ハンガリー』白水社、1999年。

沼野充義監修『中欧　ポーランド・チェコ・スロヴァキア・ハンガリー』新潮社、1996年。

羽場久美子編『ハンガリーを知るための47章』明石書店、2002年。

パムレーニ・エルヴィン編、田代文雄、鹿島正裕訳『ハンガリー史』恒文社、1980年。

南塚信吾編『ドナウ・ヨーロッパ史』山川出版社、1999年。

ジョン・ルカーチ、早稲田みか訳『ブダペストの世紀末』白水社、1991年。

早稲田みか（文）、チョマ・ゲルゲイ（写真）『ブダペスト都市物語』河出書房新社、2001年。

8　20世紀末のポーランド・ロマン主義
——アダム・ミツキェヴィチの映画化をめぐって——

久山宏一

> 未来に備えるに際しては，思いを過去に引き戻す必要がある。しかし，立ち戻るにしても，それは溝を飛び越えようとする人が，勢いをつけるために後ろに下がるほどの距離でなくてはならない。
> ミツキェヴィチ『ポーランド巡礼の書』（1832）

1　はじめに

　ポーランドの近現代は，亡国（1772, 1793, 1795 の三次にわたる分割-1918），復興（1918-1939），亡国（1939-1945），社会主義（1945-1989），資本主義（1989-　）という激動の歴史だった。そのなかで，ポーランド語が民族の生命線となった。ノーベル文学賞詩人チェスワフ・ミウォシュ（1911-2004）は，1968年に亡命先アメリカで書いた詩のなかで，「私の忠実な母語よ／おまえは私の祖国だった――なぜなら，もう一つの祖国は消滅してしまったから」と詠いあげている。

　彼は，翌1969年に，アメリカ人向けに英語で行った講義をまとめた『ポーランド文学史』の「初版の序」で，ポーランド文学は「英語国民にはほとんど知られない状態」と述べ，その原因として，「つねに小説よりも詩と演劇を志向してきた」ことと「文芸思潮であると同時に政治的態度でもあるロマンティシズムがポーランド文学の中核そのものとされており，次に，カトリッ

クが分かちがたい要素とされている」ことを挙げている（以下，引用文の傍点はすべて筆者が付したもの）。

　小論の主題は，「四つの難しさ」をすべて背負った，しかも1830年代前半という遠い昔の文学作品とその作者である。しかし，ミウォシュの表現を借りるならば，ひとたび「歴史主義」の立場に立って「ある民族の生における一連の動的要因として」の文学を「熟考」するとき，「時間というジャングルの中で」「たとえぎこちなく，くぐもりがちであっても，尊重に値する」「人間の声」が聞こえてくることだろう。しかも，その声には意外なほどの現代性が秘められている――それを，対照的な方法で証し立てたのが，20世紀末にロマン主義文学を映像化した2つの作品である。

2　ポーランド・ロマン主義／十一月蜂起／ミツキェヴィチ

　ポーランド・ロマン主義の最盛期は，アダム・ミツキェヴィチ（1798-1855）の『バラードとロマンス』（1822）刊行から諸国民の春（1848）まで，それが十一月蜂起（1830-1831）によって，前期と後期に分かれる。前期の特徴は，民衆性，バイロニズム，反抗，中世趣味，オリエンタリズムにあり，後期において，象徴主義，ロマン的アイロニー，ネオ・サルマティズム，メシアニズムと預言性，神秘主義が前面に出てくる。後期の作品は，「途方もなく奇抜な発想，自己憐憫と民族的倨傲（きょごう），追従を許さぬ作詩技術の冴え，そういったさまざまなものがないまぜとなって錯綜」し，「たえず探検のやりなおしをわれわれに求める」（ミウォシュ）。

　ミツキェヴィチは，新古典主義，ロマン主義前期・後期の三時代に跨って創作した詩人である。まず，十一月蜂起に参加しなかった彼が，蜂起後に堰を切ったように発表した大作群を概観したい。

　1830年11月29日，ワルシャワでピョトル・ヴィソツキ（1799-1875）の指揮下，士官の反乱が勃発した。市民が呼応して武器庫を占領，ロシア駐屯軍は撤退を余儀なくされた。12月3日には臨時政府が成立し，翌年4月に

反乱はリトアニア，ベラルーシ，ウクライナに波及した。しかし，ポーランド軍はロシア正規軍との戦いで敗北を重ね，西ヨーロッパ諸国の援助を求めての外交交渉も不調に終わり，9月8日にワルシャワが，10月21日にザモシチが陥落する。蜂起鎮圧後，ポーランドのエリート知識人・芸術家・軍人は西欧への亡命の道を選ぶ。

さてミツキェヴィチは，ヴィルノ（現リトアニアのヴィルニュス）大学在学中から愛国主義的な地下運動に加わり，1823年秋にツァーリ当局に逮捕され，半年の勾留後，1824年11月にロシアに流刑されていた。1829年5月に出国後，帰郷を許可されぬままに西欧を旅行。1830年12月半ば，ローマ滞在中の詩人のもとに蜂起勃発の報が届く。

彼は，取るものも取り敢えず「会議王国」を目指した……と書きたいところだが，出発するまでになぜか数か月が経過している。ジュネーヴを経てパリに到着したころには，もう6月になっていた。ロンドンから，リトアニア蜂起軍のための武器輸送船が出される計画があり，乗船してバルト海から故郷に上陸する可能性を探っていたという説もある。結局実現せず，陸路ドイツを経て，「ポズナン大公国」（現在のポーランド西部ヴィェルコポルスカ地方）に到着したのが，ようやく8月半ば。変名を使って滞在するが，ロシア軍に固く守られた「会議王国」国境を越えるには遅すぎた。蜂起鎮圧後の1832年3月までそこに留まり，亡命者が集まっていたドレスデンに居を移す。蜂起兵から直接耳にした報告をもとに，「大佐の死」（1832）など数編の「蜂起詩」を書く。

『青春頌詩』（1820）や『コンラト・ヴァレンロト』（1828）は，ポーランド人を独立のための戦いへと駆り立てる作品として，蜂起兵に愛誦・愛読された。その作者が蜂起に参加しなかった！　詩の真実を行動で証明しなかった！　蜂起に参加した評論家マウリツィ・モフナツキ（1803-1834）は，「私たちは民族蜂起という最も美しい詩を即興で書いた。私たちの生活はもはや詩である」と高らかに宣言したというのに……。

「言行不一致」を糾弾されたミツキェヴィチは，率直に後悔を表したと伝

えられる——「私は，蜂起した君たちのもとへと急がなかった自分，君たちと行動を共にしなかった自分を，けっして許さない」。重大な歴史的瞬間に責任を果たさなかったという罪の意識と天賦の才でそれを償おうという使命感が，彼の後半生を決定づけることになる——文学作品，評論活動，「諸国民の春」の渦中にはイタリアで軍団を編成し，クリミア戦争時にポーランド人とコサックの軍団が結成されると，ロシア戦線に参加すべくコンスタンティノープルに赴き，そこで不慮の死を遂げる。

3　十一月蜂起後の3作品

　詩人が「ペンで継続すべき戦い」を行った作品が，パリで刊行された『父祖の祭　第三部』(1832年8月)，『ポーランド民族とポーランド巡礼者の書』(1832年12月)，『パン・タデウシュ』(1834年6月)である。
　3作を形式面から比較すると，ただちに気づくことがある——主要テキストがそれぞれ異なるスタイルで書かれていること（詩劇・聖書の文体模倣・長詩），しかし，付随テキストを含めた総合的作品としては，各々複数のジャンルで書かれた作品の連作を成していることである。
　『父祖の祭　第三部』は，最も断片性が高い。散文の「序文」，詩劇は「プロローグ」と「第一幕」から成り，さらにその後に多様な詩形式で書かれた「断章」と「エピローグ」が来るという構成で，その全体が，遺稿として発表された「第一部」と1823年発表「第二・四部」の続編になっている。『ポーランド民族とポーランド巡礼者の書』は，キリスト教徒が日々親しんでいる聖書と教理問答の文体で書かれ，「祈祷書」が付せられている。『パン・タデウシュ』は全12書（計9842行）＋未定稿のエピローグ（129行）から成り，両部は量だけでなく韻律の点でも際立った対照を成す。
　3作品への評価にも大きな違いがあった。記録性と神話性という，相反する要素が混交して難解な『父祖の祭　第三部』は熱狂的に歓迎され，間もなく仏訳が刊行された。1837年にジョルジュ・サンド（1804-1876）が論文「ゲー

テ，バイロン，ミツキェヴィチの幻想劇について」で，ポーランド詩人をヨーロッパ・ロマン主義文学の代表選手と称揚した。『ポーランド民族とポーランド巡礼者の書』初版は，匿名で自費出版され，無料で配布された。すぐにいくつかのヨーロッパ語に翻訳され，フェリシテ・ド・ラムネー（1782-1854）の『信者の言葉』（1834）など最新のキリスト教哲学に影響を与えた。民衆によって口承文学のように親しまれることを望んで書かれた『パン・タデウシュ』は，現在でこそ日本語を含む世界数十か国語に翻訳されている人気作だが，当時は，『父祖の祭』と比べて「卑俗だ」と不評で，「国民文学」と称えられるのは一月蜂起（1863-1864）以降，ロマン主義に次ぐ実証主義の時代になってからである。

4 『父祖の祭　第三部』と『パン・タデウシュ』

　筆者は，これから，20世紀末に製作された『父祖の祭　第三部』と『パン・タデウシュ』の優れた映画化を分析する。2本の映画は対照的だが，それは原作が対照的であるのと比例している。

　〈父祖の祭〉が行われている。革命運動に参加している若い詩人は，官憲に逮捕される。監獄に幽閉され，煩悶の日々をすごす。ワルシャワの元老院議員宅ではパーティが催されている。投獄されたロリソンの母は，修道士に連れられて元老院議員に面会し，生死を問うが答えは得られない。舞踏会の夜，ロリソンは礼拝堂の窓から放り投げられる。詩人はロシア流刑を宣告される。……以上が『父祖の祭』原作の物語だが，タデウシュ・コンヴィツキ（1926-　）は，次のように現代化した。「ミツキェヴィチの霊があの世から今日のヴィルノにさまよい出て，ソヴィエト支配下のヴィルノを目にする。（……）父祖の祭が行われているその夜，遠い先祖のことを思い出し，またヴィルノの若者が愛国運動のかどで逮捕された事件を回想する。そして詩人は親しかった人々や恋人マルィラを懐かしむ。それから百五十年間，ポーランドにどのような運命が待ち受けていたか，ミツキェヴィチはそれさえ記憶して

いるかのようだ……。」

アンジェイ・ワイダ（1926-　）による『パン・タデウシュ』の物語の要約は，以下の通り——「隣人が隣人を襲って勝利し，勝者の論理が支配する。だがそこには別に，占領ロシア軍も駐屯していて，傍観していられずに行動を開始する。その時，仇敵であった者が一致協力して占領軍を攻撃し，打ち負かそうとする。しかし，勝利などあり得るはずもなく，戦闘であれほど見事に戦い，大活躍した者も，生き長らえるにはすぐさま亡命するしかない」。しかし，時は1812年，ポーランド軍団はナポレオン軍に加わり，モスクワに向かって遠征する……。

『父祖の祭　第三部』が，現在の（そして未来も続くだろう）ポーランド民族の苦難を描いている（しかし，苦難の果ての復活の兆しが見えなくもない）

アンジェイ・ワイダ監督　　　映画『パン・タデウシュ物語』より——朗読するミツキェヴィチ（コルベルゲル演）

とすれば,『パン・タデウシュ』は過去におけるポーランド民族の幸福を描く（しかし,それは幸福が瓦解する前夜であったことを読者は知っている）。「歴史は繰り返す」という考え方と「歴史には掛け替えのない瞬間がある」という考え方。前者は「状況は悪い」という絶対的悲観論だが,後者は「かつて状況は良かった」という相対的楽観論である。前者が現実だとすれば,後者は夢である。『父祖の祭　第三部』が可変的なものとしての民族の運命を主題にしているのに対し,『パン・タデウシュ』は恒常的なものとしての民族の精神を主題にしている。前者が主に現代人の倫理を問う革命文学とすれば,後者は過去の遺物と化しつつある士族(シュラフタ)の倫理を理想化した国民文学である。

　また,前者が成長を続ける作品だとすれば,後者は完結している。ミツキェヴィチは,両作品の続編執筆を企画していた。『父祖の祭』続編はシベリアに流刑されたポーランド人を描くはずだったし,『パン・タデウシュ』「第二部」はタデウシュとゾシャの息子が十一月蜂起に参加する物語になるはずだった。果てのない物語が続くか,果てのある物語がもう一度繰り返されるか。前者の続編は苦難と悲観に染め上げられ,後者のそれは蜂起直前または初期の勝利を描く幸福と楽観に満ちたものになったことだろう。

　以上から,次の仮説が導き出される。『父祖の祭　第三部』に現代とのアナロジーを探すことは可能だが,後者はそれを拒んでいる。20世紀末の2人の映画監督は,おそらくそれに気づいたはずだ。

5　1989年——タデウシュ・コンヴィツキ監督『溶岩流——アダム・ミツキェヴィチ「父祖の祭」物語』

　詩劇形式の「本文」を持つ『父祖の祭　第三部』は,単独で,または第一・二・四部とひとまとめにして,スタニスワフ・ヴィスピャンスキ（1869-1907）演出〔1901年〕以来,たびたび舞台上演されてきた（ただし作者は,この連作のジャンルを「劇」ではなく「長詩」と呼んでいる。そのためもあって,「付属テキスト」を含めジャンル混交体の「読むための劇」として受容すべきだとの解釈も根強く存在する）。その後,レオン・シレル（1887-1954）〔1934年〕,

アレクサンデル・バルディニ（1913-1995）〔1955 年〕，イエジ・グロトフスキ（1933-1999）〔1961 年〕，カジミェシュ・デイメク（1924-2002）〔1967 年〕，コンラト・スフィナルスキ（1929-1975）〔1973 年〕など，ポーランド演劇史を代表する演出家が『父祖の祭』に挑んできた。

　初映画化のメガホンをとったのは，小説家兼映画監督タデウシュ・コンヴィツキである。いくつかの小説が邦訳され，映画では処女作『夏の最後の日』（1958）が日本の映画ファンにも知られている。本項で取り上げる『溶岩流――アダム・ミツキェヴィチ「父祖の祭」物語』（1989）は，1990 年の「東欧映画祭」で上映された（ただし，副題は省かれて）。

　映画化の動機の第一は，「作者ミツキェヴィチが生まれ，幼年期と青年期を過ごしたのと同じ地方（ヴィルノ）から出たポーランド人は，ぼくなどが最後の世代になる」ことだった。第二に，「『父祖の祭』はそれまで幾度も読んで，読めば読むほど，恐ろしく『現代的』だと思っていた。書かれた当時の文学的な，ロマン主義的な臭みを抜けば，そのまま現代に通用する，我々の現代生活，芸術家の条件にぴったりくると」。

　スクリーンに最初に登場する人物は「ミツキェヴィチの霊」（以下「詩人」と呼ぶ），彼は，リトアニアにある木造の邸宅から歩み出ながら，第三部「序文」の冒頭を読み上げる。演じるのは，グスタフ・ホロウベク（1923-2008）という老俳優である。

　　ポーランドは，半世紀前から，一方では，専制者たちの絶えざる，弱まることのない，無慈悲な残虐行為の舞台となり，もう一方で，人々は，キリスト教徒迫害時代この方，例を見ない，無際限の献身と頑固なまでの忍耐心を示し続けてきた。隣国の王たちは，地上に新しい光が現れ，王国の崩壊が近いことを感じていたヘロデ王と同じような予感を抱き，人民は祖国の再生と復活を次第に強く信じているかのようだ。【序文】

　原著者は，第一次ポーランド分割（1772）から作品発表（1832）までを数

えて半世紀とした。コンヴィツキが一字一句変えずに引用したのは,「半世紀」と聞いた 1989 年の観客が逆算して「第四次」ポーランド分割（1939）をすぐに連想する,と予想したからだろう。

朗誦にかぶさって,画面にまず映画の副題「アダム・ミツキェヴィチ『父祖の祭』物語」が,しばらく間をおいて,本題「溶岩流」が現れる。これは,第三部（1824 年冬が舞台）に登場する実在の人物ヴィソツキの台詞からとられた（ちょうど 6 年後に,彼は蜂起軍指揮官として勇名を馳せることになる）。

　　　　　　　　　　　　　Ｎ
　　見ろ,とんでもない輩が民族の先頭に立っているな。
　　　　　　　　　　　　ヴィソツキ
　「表面に」と言え。わが民族は溶岩流に似ている,
　表面は冷たく硬い,乾いていて醜い,
　しかし内に燃える火は百年経っても冷めない
　この殻に唾をかけよう,そして深みに下りていこう。【第 7 場】

映画『溶岩流』より——老若二人のコンラト（ホロウベクとジュミィェフスキ演）

「序文」の後,『父祖の祭』第一・二・四部,続いて第三部の順で,物語られていく。興味深いのは,主人公グスタフ(第一・二・四部)＝コンラト(第三部の「プロローグ」で「転生」が行われる)を映像化する手法である。アルトゥル・ジュミィェフスキ(1966-　)という若い俳優が主役を演じているが,その演技に「詩人」が協力していくのだ。

　第一・二・四部のジュミィェフスキ＝グスタフは姿だけの出演,台詞はすべてホロウベクが語る(彼は「亡霊」の台詞も担当する)。第三部のジュミィェフスキ＝コンラトは,自分の声で台詞を語る。しかし,映画全編のクライマックスにあたる「大即興」で,ホロウベクに役柄を譲ってしまう。……夜の室内,窓の左側に若い俳優が映り,ほとんど棒読みで朗読を始める。老俳優の姿が窓の右側に次第に大きく映り,一旦背を向ける。再びカメラの方に顔を向けると,若い俳優から「大即興」を引き取る。「私は師だ！／私は師,手を差し伸べる！」と。以後,最後まで,激烈な感情を込めて朗誦していく。ホロウベクが,「三月事件」(1968)(国民劇場での『父祖の祭り』上演が民衆の反ソ感情を煽っているとの理由で,ゴムウカ政権が演目から外し,それをきっかけに,学生・知識人が抗議行動を起こした事件)の引き金になった,伝説的なデイメク演出でグスタフ＝コンラトを演じていたことを思い出さずにこの場を観ることは難しい。「大即興」が終わると,再びジュミィェフスキが映像と音声の両方で主役の座を取り戻す。映画のラストでは,コンラトに続いて「詩人」もロシア流刑の旅に出るが,これは『父祖の祭　第三部』がミツキェヴィチの半自伝的な作品であることの絵解きである。(表1・2)

　作者とその主人公が馬車で雪原の彼方に消えた後,画面には再び冒頭の邸宅が映し出され,そこから「詩人」が姿を現して,第三部「序文」の末尾を朗読する(映画のトップとラストを合わせて,「序文」の4分の1強に相当する)。

　　当時の出来事を知っている人ならば,私が歴史上の場面や登場する人物の性格を,何一つ加えずどこも誇張せずに,誠実に描き出したのを,認めてくれることだろう。そもそも,何を加えたり誇張したりする必要があろ

8　20世紀末のポーランド・ロマン主義　159

表1　ミツキェヴィチ作『父祖の祭』の構造

	第一・二・四部 詩劇	第三部序文 散文	第三部 詩劇	第三部「断片」 詩（抒情詩・叙事詩）
現実	1820年ごろの リトアニア／グスタフ （第一・二・四部）	1832年のパリ／作者	1824年のリトアニア／ワルシャワ／グスタフ（第三部）→コンラト（第三部）／登場人物→大即興	1824―29年のロシア／コンラト＝作者（第三部断片／エピローグ）
神話	天使／亡霊		天使／亡霊	

（注）第一・二・四部は図式を簡略化した。
　　　点線は「現実」と「神話」の境界が曖昧であることを示す。

表2　コンヴィツキ監督『溶岩流』の構造

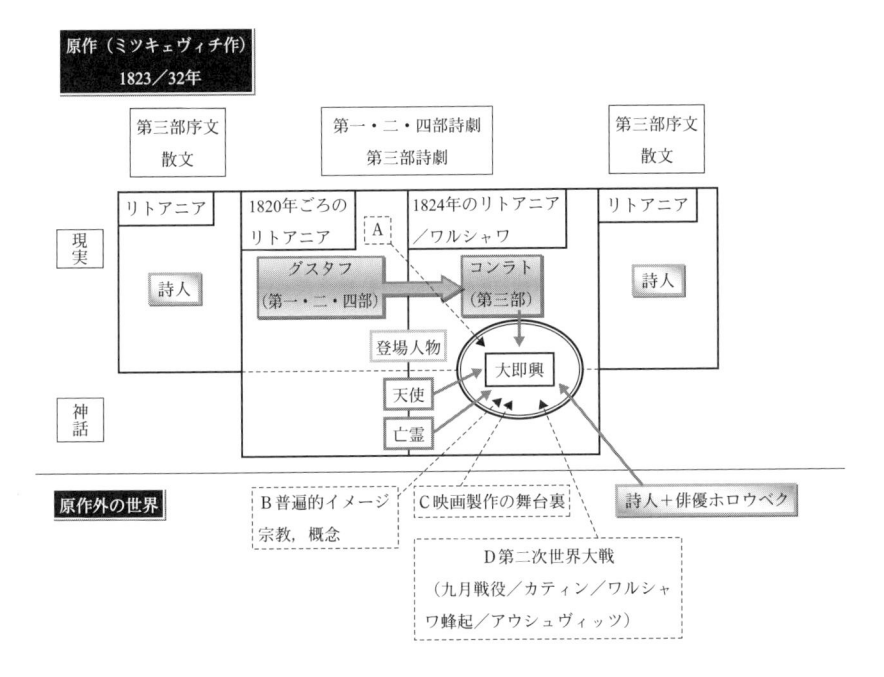

原作（ミツキェヴィチ作）1823／32年

	第三部序文 散文	第一・二・四部詩劇 第三部詩劇	第三部序文 散文
現実	リトアニア／詩人	1820年ごろのリトアニア／グスタフ（第一・二・四部）　A　1824年のリトアニア／ワルシャワ／コンラト（第三部）／登場人物→大即興	リトアニア／詩人
神話		天使／亡霊	

原作外の世界
B 普遍的イメージ 宗教，概念
C 映画製作の舞台裏
詩人＋俳優ホロウベク
D 第二次世界大戦（九月戦役／カティン／ワルシャワ蜂起／アウシュヴィッツ）

うか。同胞の心に敵への憎悪をかきたてるためか？ ヨーロッパに同情心を目覚めさせるためか？ ポーランド民族が現在耐えていること，そしてヨーロッパが現在無関心な目しか向けてくれないことと比べたら，当時の残酷など物の数ではない。作者は，ポーランド民族のために，10数年前のリトアニア史の忠実な記録を残したかっただけである。同胞の前で，何世紀も前から重々承知している敵の姿を，あえて醜く描く必要などなかった。ポーランドを思って，ヨーロッパの憐れみ深い諸民族が泣いた。ちょうどエルサレムの娘たちがイエスを思って泣いたように。私たち民族は，それら民族に向けて，救世主と同じ言葉をかけよう——「エルサレムの娘たちよ，私のために泣くな。むしろ，自分と自分の子どもたちのために泣け」【序文】

原著者ミツキェヴィチは，ここで，第三部の素材となったヴィルノでの愛国運動弾圧事件（「当時」）の後，十一月蜂起という新たな悲劇（「現在」）が起こってしまったことを言っている。『溶岩流』の監督が映画のラストで再び「序文」を引用したのは，「何世紀も前から重々承知している敵」ロシアがソ連に姿を変えて1989年のポーランドを支配していたからである。救世主の言葉とワルシャワ文化科学宮殿前で教皇ヨハネ・パウロ2世が執り行うミサの映像がモンタージュされる効果は激烈だ。これは，ソ連から押し付けられた政治体制と宗教という二つの権威に引き裂かれていた戦後ポーランドの状況を示しているからである（もっとも，映画のポーランド国内封切りは1989年11月6日，すなわちベルリンの壁破壊が始まる3日前，体制転換の時代は，目前に迫っていた）。

映画『溶岩流』のクライマックスを成すのは，全編129分のうち71分目から約15分間続く「大即興」（これでも，原作の約3分の2に縮小されている）である。言葉の奔流の間にさまざまな映像的イメージがモンタージュされていく，華麗な「映像エッセイ」の趣がある。

モンタージュされるのは，順に，（A）『溶岩流』のすでに登場した場面の

断片，（B）普遍的イメージ（さまざまな宗教施設，家族・愛・老いなどの概念），（C）映画撮影の舞台裏（『溶岩流』が製作された撮影所の正門），そして（D）第二次世界大戦の記録映像である。

以下，Dについて，テキストのどの箇所にどういう映像が挿入されているか，確認してみたい。

コンラト

今私は，魂によって祖国の一部になった
　　この身体で私は祖国の魂を呑みこんだ
　　私と祖国とは一つだ
私の名は百万——なぜなら百万のために
　　私は縛めを愛し，これに耐える
　　私は哀れな祖国を見る ｝ アンジェイ・ワイダ監督『ロトナ』（1959）から，九月戦役（1939）の戦闘場面（コンヴィツキ曰く「半記録映像」——エイゼンシテイン監督『十月』（1927）の冬宮襲撃の場面がそうであるように）
　　息子が拷問台に結び付けられた父
　　を見るように
　　民族のあらゆる苦しみを感じる
母が胎内に産みの痛みを感じるように
私は苦しみ，狂う——それなのに**あなた**
は，賢しらに陽気に
　　支配するばかり ｝ アウシュヴィッツ絶滅収容所の正門に記されたナチスの標語「働けば自由になる」（1940-1945）
　　裁くばかり
　　そして人は言う——**あなたは誤らない**と ｝ ワルシャワ蜂起（1944）犠牲者
　　（……）
あなたは黙っている——私はあなたに
心の底まで開いて見せた
罵ってやる——私に力をくれ——そのほんの
小さな一部 ｝ アウシュヴィッツ解放後の情景／立ちつくすユダヤ人（1945）
地上に人の虚栄がうちたてた，そのほんの一部

162　Ⅲ　ロシア・中欧世界の芸術と文化

でもいい
　それだけでもあれば，私はどれほどたくさんの幸せを生み出すことができることだろう！
　あなたは黙っている——心には力を与えてくれないのか，それなら理性に力を与えてくれ
　わかるだろう，私は人間と天使のなかの
　最高の存在だ
　あなたを天使長たちよりもっとよく
　知っている
　どうだ，**あなた**の力を私と半々に分けてみないか
　もし私が誤っているなら，答えてくれ——黙っているのか！
　私は嘘をつかない
　（……）【第二場】（太字にした「あなた」は原文では大文字，「神」を指す）

　　　ポーランド将校の後頭部をピストルで射殺。銃声が響き，前のめりに倒れる将校＝「カティンの森」事件（1940）

　こうして，普遍的イメージに始まった「映像エッセイ」は，第二次世界大戦中に「哀れな祖国」ポーランドが舐めた苦難を並べた映像で終わる。コメントは皆無だが，歴史ドキュメントなどにたびたび引用される映像であり，語られる言葉との有機的関連性が明瞭なので，監督の意図は容易に推測される。注目すべきは，「カティンの森」事件（ソ連が，九月戦役で捕虜にしたポーランド将校１万数千人を翌年春に虐殺。それが明るみに出ると，責任をナチスに押しつけようとした事件）が極めて特権的に（他の記録映像の時系列に従った配列を壊して最後に引用されること，しかも，唯一効果音が加えられていること）

タデウシュ・コンヴィツキ監督

取り扱われていることである。

　コンヴィツキはポーランドのジャーナリストとの対談で，「あまりに深く読み親しんだので，ぼく自身が『父祖の祭』を書いたような気がする」と述べている。彼は，映画化にあたって，テキストは改変せず，20世紀ポーランド民族の経験を強く投影させながらそれを自由に解釈する映像を加えた。その結果，コンヴィツキは，19世紀前半のポーランド・ロマン主義文学のなかに，20世紀半ばから後半のポーランド史の闇を摘出する鍵を探し当ててしまった。『溶岩流』は，「カティンの森」事件を，暗示的にではあれ初めて映像にしたポーランド映画である。実はこの作品は，ポーランド公開に先立つ1989年7月15日にモスクワで特別上映されている。それは，「カティンの森」事件の真犯人をソ連と特定する最初の記事がポーランドの雑誌に発表されてからわずか3か月後のことだった。

6　1999年——アンジェイ・ワイダ監督『パン・タデウシュ物語』

　アンジェイ・ワイダ監督が『パン・タデウシュ物語』によって，現代人に何を訴えかけようとしたのかを論じるより先に，指摘しておくべきことがある。

　第一に，『父祖の祭』と『パン・タデウシュ』の映画化の作者，コンヴィツキとワイダの関係である。(1) 二人は同い年であり，共に戦間期ポーランドの東の辺境の出身。(2) コンヴィツキは『溶岩流』の直前，ワイダの作品『愛の記録』(1985)に，原作者・シナリオ共同執筆・出演者（1939年の世界にただ一人紛れ込んだ「記憶の儀式を司る」現代人役）として協力している。どちらの作品も，リトアニアが舞台だった。(3) 『溶岩流』にワイダの作品の一部が引用されていることは，前項で指摘した。(4) アンジェイ・ワピツキ (1924-)，マレク・コンドラト (1950-)，グラジナ・シャポウフスカ (1953-) など，両作品に重要な役で出演した俳優がいる。(5) 『溶岩流』でコンヴィツキが暗示的に描いたポーランド将校虐殺事件は，18年後に，

ワイダ監督の劇映画『カティンの森』(2007) の主題になる。アルトゥル・ジュミィェフスキが両作品の主役を演じているのも、けっして偶然ではないだろう。

第二に、ワイダとミツキェヴィチとの関係である。(1) イェジ・アンジェイェフスキ (1909-1983) とイェジ・スコリモフスキ (1936-) がシナリオを書いた (『夜の終りに』(1960) の原題「無邪気な魔法使いたち」は『父祖の祭』「第一部」からとられている。(2) ワイダは、自作シナリオによる『すべて売り物』(1968) に、ショパン (1810-1849) が歌曲にしたことでも知られるミツキェヴィチの詩「Dに (消えて、目の前から！)」を引用した。(3) かねてより『父祖の祭　第三部』の映画化を構想し、その手がかりに、ワルシャワ演劇大学とウッチ映画演劇大学で学生演劇を演出したことがある。(3) 『愛の記録』の冒頭に、エピグラフとして『パン・タデウシュ』「エピローグ」の一部 (「子どもの歳月の国！　いつになっても／初恋のように神聖かつ清らかな場所 (……)」工藤幸雄訳) を掲げた。(4) アレクサンデル・シチボル＝リルスキ (1928-1983) の原作を映画化した『鷲の指輪』(1992) は、第二次世界大戦末期・終戦直後が舞台の「ヴァレンロディズム」(『コンラト・ヴァレンロト』から命名された。あえて「獅子身中の虫」となることを指す) 研究だった。

『パン・タデウシュあるいはリトファ (リトアニア) における最後の強訴1811年及び1812年のシュラフタの物語　韻文による12の書』(これが、『パン・タデウシュ』の正式の表題である) は、波乱万丈の物語性と鮮やかな風俗性を持つことから、19世紀半ば以来、たびたび絵画や挿絵の素材にされてきた。それをもとに活人画が演じられたり、脚色されて上演されたりもした。映画に移植されたのも早く、ポーランド独立回復10周年を記念して、1928年にモノクロ無声映画版 (リシャルト・オルディンスキ監督) が撮られている。

『パン・タデウシュ』を邦訳した工藤幸雄は、「ポーランドにとって19世紀のミツキェヴィチと、20世紀のワイダとは、文学と映画と分野の違いこそあれ、芸術界の双璧と呼ぶべき巨匠だ」(上巻「はじめに」) と書いている。巨匠が巨匠を映画化するプロジェクトは、1995年にスタートした。3月にワ

イダがシナリオ初稿を完成し，1997年末には第二稿が完成し，マスコミに発表された。当時は，原作の副題「リトファにおける最後の強訴」がタイトルにされる予定だった。その後，協力者を得て脚本が練り直され，タイトルも『パン・タデウシュ』に戻された。撮影は1998年の7～9月，国内封切りは1999年10月だった（1998年はミツキェヴィチ生誕200周年にあたり，ポーランド内外でさまざまな記念行事が催された）。日本では2000年12月に，『パン・タデウシュ物語』の邦題で，公開された。

　ワイダは，映画化の動機を次のように説明している。第一に，「ほとんどミツキェヴィチの同郷である」こと。第二に，「過去に目を向ける」とき，「私たちは誰なのか，どこに向かっているのかという問いに答える」ときがやってきた今，「ヨーロッパの一部になってしまう前に，ポーランド民族を他の民族から区別するため」に，自分には『パン・タデウシュ』を映像化する義務があると感じていること。なぜなら，ミツキェヴィチの長詩は「ポーランドという一大体系」を提示しているからである。それ故に，映画化に当たって「いちばん大事なのは，政治的な暗示でも，古典の現代化でもなく，言葉そのもの」である。

　原作は，ミツキェヴィチ生前の刊本では，(1)第一之書冒頭の「霊感の祈り」，(2)第一～十二之書という構造を持つ。未定稿の「エピローグ」は作者の死後初めて発表され，長く「プロローグ」として巻頭に収録されていた。スタニスワフ・ピゴン（1885-1968）がテキスト研究の末に「エピローグ」であるとの結論を下したのは，1925年である。

　『パン・タデウシュ』で最も感動的なのは「エピローグ」だ，特に外国で読むとき強く心を揺さぶられる，と語るワイダ監督は，「エピローグ」と「霊感の祈り」の位置を入れ替えた。すなわち，「エピローグ」がピゴン以前の刊本同様，「プロローグ」として扱われたことになる。

　冒頭は1834年のパリ，『パン・タデウシュ』の作者（肖像画などで私たちが知るミツキェヴィチによく似ている）（クシシュトフ・コルベルゲル演）の自宅に7名の男女が集まっている。路地裏の情景が映し出される。薪を運んでき

た老人がドアを閉じ，ミツキェヴィチが路地に向いた窓を閉める（「ドアを閉じてヨーロッパからの騒音を断ち」を文字通りに映像化）。詩人は，彼らを聴き手に，「エピローグ」の朗読を始める。

　　さまざまなことをパリの舗石を踏みつつ思った
　耳を雑音に満たして街からの帰り道に。
　呪いと虚偽と，時期を逸した計画と
　遅すぎる悔恨と，地獄ばりの論争と！
　哀れなるかな，われら逃亡者，悪疫蔓延の時節に
　こわごわ国外へと頭を突き出した者たち
　どこへ足を運ぼうと，彼らの前に不安が膨らみ
　隣人ごとに敵の姿を見いだすのだから。
　（……）
　　唯一の幸せ，それは灰色の時間に
　数人の友人と暖炉の傍らに腰掛け
　ドアを閉じてヨーロッパからの騒音を断ち
　逃れ出て，こころのなかで幸福な時代へ戻り
　自分の国について思いを巡らせること……（工藤幸雄訳）

　流麗な音楽とともに画面が切り替わると，そこは1811年のリトアニアである。『アダム・ミツキェヴィチ作「パン・タデウシュ」』というタイトルが現れる。この後，映画の実質的なストーリーが始まる。台詞はすべて原作からとられたものだが，途中語り手（ミツキェヴィチ）が介入する箇所が，トップとラストを加えると，計17回ある（パリのミツキェヴィチ宅の映像が6回映り，11回はナレーションのみ）。20数年を隔てたカットバックが繰り返されるうちに，ミツキェヴィチの朗読を聴いているのが，1811年に死去したロバク司祭を除く主要登場人物（タデウシュ，ゾシャ，伯爵，ゲルヴァズィ，長老，廷吏など）であることがわかる。彼らはいずれも，疲れ果てた表情をしている。

長老は居眠りし，タデウシュとゾシャの夫妻は離れて座っている。

　詩人と聴き手が共有する，このような「場」を設定したことで見えてきたことがいくつかある。ミツキェヴィチは，実際，『パン・タデウシュ』の「書」を書き終えるごとに友人たちに朗読して聞かせたというが，ワイダは，それを映像化してロマン主義詩創造の現場を見せてくれた。これが一つ。第二に，パリに実在する人物の過去を回想したという仮構を加えることによって，虚構（『パン・タデウシュ』の物語）の現実性が強調された。「あり得た話」が「本当にあった話」に変わった。しかし，このシチュエーションに込められた意味はさらに深いようだ。映画史家タデウシュ・ルベルスキ（1949-　）によれば，ミツキェヴィチのサロンに集まった聴き手たちは，映画館の観客席に座るポーランド現代人の比喩である。とすれば，ミツキェヴィチならぬ映画監督は，西洋または欧州という連合体のなかで民族の自己同一性を見失って疲労困憊したポーランドの現代人に民族の「神話」を物語り，激励するという使命を担っていることになる。付言すれば，『パン・タデウシュ物語』が公開されたのは，ポーランドの北大西洋条約機構加盟（1999）と欧州連合加盟（2004）の中間にあたる時期であり，折からの文芸大作ブームと相俟って，2か月で映画館に500万人の観客が押し寄せるという大ヒットになった。

　……ポロネーズに合わせた華麗な踊りで全12書の物語が閉じられ，カメラは再びミツキェヴィチ宅に集まった聴き手たちを順々に映し出していく。額に入った聖母像のガラスに詩人の姿が映り，「霊感の祈り」の朗誦を開始する。

　　　リトファ！　わが祖国！　汝は健康にこそ似る
　　その価値をしみじみと知るのは，ただ
　　健康を失った者のみ。きょう華麗なる汝の美しさを
　　目に浮かべ，わたしは描き出す，わが焦がれる汝ゆえに。

　　　聖母よ，明るいチェンストホヴァの守護者にして

ヴィルノのオストラ・ブラマに輝くお方！
ノヴォグルデクの街と信仰厚き市民とを守り賜う方よ！
そは幼かった私に奇蹟の力で健康をお戻しくださった方
（泣き崩れる母からおんみの御手に
委ねられると，わたしは死に瀕した瞼を見開き
その足でおんみの聖堂の閾にまで歩み
命拾いの恵みを神に感謝申し上げた）
その同じ奇蹟により必ずやわれらを祖国の胸へ返し賜わん
今はせめてわが憧れの魂を連れ去り賜え
空色のニェメン川の岸に跨る
あれら森繁き丘，あれら緑の牧場
あれらとりどりの穀物に彩られた畑へと，
黄金色の小麦畑，しろがね色のライ麦畑（工藤幸雄訳）

　「聖母よ」から，（映画冒頭でパリからリトアニアへと場所がジャンプしたときに流れたのと同じ）明るい旋律が流れ始める。画面から詩人が消え，部屋の内装（ナポレオンの肖像画，鵞ペンなど）が映る。朗読はオフで続き，「その足で」から，カメラが後退を始め室内全体が見渡される。いつの間にか，聴き手も詩人も姿を消している。無人の部屋。「あれら森繁き丘，あれら緑の牧場」で画面が切り替わり，リトアニアの田園が映し出される。「霊感の祈り」の朗誦が終わり，コウノトリが巣に舞い降りて羽を畳もうとする。これが映画『パン・タデウシュ物語』のラスト・ショットである。
　明るい「霊感の祈り」と暗い「エピローグ」の位置が入れ替わることで，「こんなに楽天的な映画を作ったのは初めて」と監督自身が語るほど，希望に満ちた結末になった。
　それによって，両テキストの担う意味が変わってしまったのも確かである。（表3・4）
　詩人が「エピローグ」に記したのは，十一月蜂起鎮圧後パリに逃れたポー

8 20世紀末のポーランド・ロマン主義

表3　ミツキェヴィチ作『パン・タデウシュ』の構造

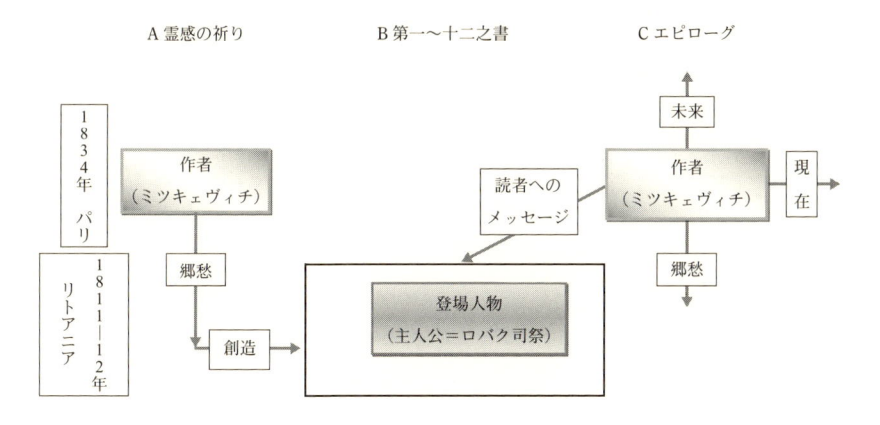

A 霊感の祈り　　　　B 第一〜十二之書　　　　C エピローグ

1834年 パリ
1811—12年 リトアニア

作者（ミツキェヴィチ） → 郷愁 → 創造 → 登場人物（主人公＝ロバク司祭）
読者へのメッセージ
作者（ミツキェヴィチ） → 未来／現在／郷愁

表4　ワイダ監督『パン・タデウシュ物語』の構造

A エピローグ　　　　B 第一〜十二之書　　　　C 霊感の祈り

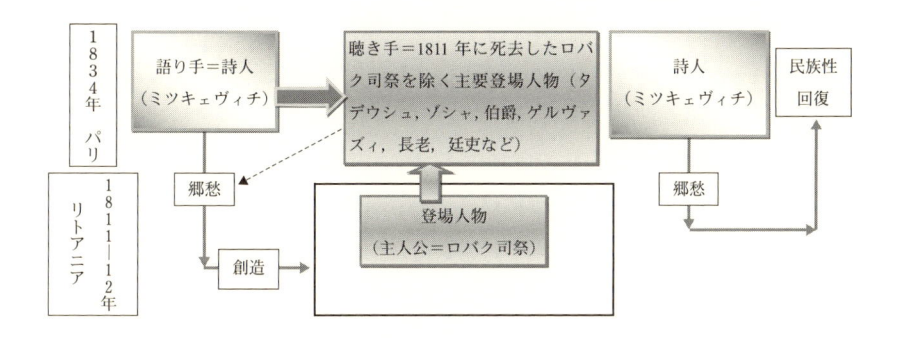

1834年 パリ
1811—12年 リトアニア

語り手＝詩人（ミツキェヴィチ） → 郷愁 → 創造 → 登場人物（主人公＝ロバク司祭）
聴き手＝1811年に死去したロバク司祭を除く主要登場人物（タデウシュ、ゾシャ、伯爵、ゲルヴァズィ、長老、廷吏など）
詩人（ミツキェヴィチ） → 郷愁／民族性回復

ランド人亡命社会の絶望感,「唯一の幸せ」としての懐郷,将来への希望,読者へのメッセージなど多様な内容であったが,映画版では「霊感の祈り」の代役を果たしたために,意味が「望郷」に限定され,十一月蜂起後の「大亡命」という歴史状況が隠れてしまった(量的にみても,読み上げられるのは原文の約10分の1にすぎない)。逆に,原作では『パン・タデウシュ』の生成を願って唱えられた「霊感の祈り」(ギリシャ叙事詩以来の伝統)が,映画版では民族性の回復を願う壮大な祈りに変わったことになる(こちらは,全24行のうち20行が「採用」された)。

7 まとめ

映画版『父祖の祭』(1989)を特徴づける要素として「現代とのアナロジーの導入」を,映画版『パン・タデウシュ』(1999)のそれとして「詩人と聴衆の関係性の導入」「『霊感の祈り』と『エピローグ』の機能の変化」を指摘した。

ふと仮定してみたくなる。『パン・タデウシュ』をコンヴィツキが,『父祖の祭』をワイダが映画化することはあり得ただろうか? コンヴィツキならば『パン・タデウシュ』の物語性をすっかり換骨奪胎して,ミウォシュの原作を映画化した『イッサの谷』(1982)にも似た詩的映画を作ってみせたかもしれない(舞台はどちらもリトアニアである。ただし,時代背景は1910年代から1810年代へと百年遡る)。映画版『悪霊』(1988)の作者であるワイダは,ドストエフスキー的な雰囲気の横溢する『父祖の祭』を素材に,迫力ある政治ドラマを作り出してみせたのではないか。

それでは,1989年に『パン・タデウシュ』が,1999年に『父祖の祭』が映画化される可能性はあっただろうか? これに対しては,否と答えるほかない。『父祖の祭』は,国家としての自由(独立)を持たなかったポーランドの国民にとっての「現代文学」たり得た。一方『パン・タデウシュ』は,民族性の喪失が危惧されるポーランドにおいてこそ,「国民文学」になり得

たのである。

　時代が必要とするミツキェヴィチ作品が然るべく選択され，然るべき方法論で映画化されるのを目の当たりにする——映画を愛好するミツキェヴィチ研究者としてこれほど喜ばしい経験はなかった。

参考文献

ポーランド文学

ミウォシュ，チェスワフ，関口時正・西成彦・沼野充義・長谷見一雄・森安達也訳『ポーランド文学史』未知谷，2006 年。

ポーランド史

ムラルチク，アンジェイ，工藤幸雄・久山宏一訳『カティンの森』集英社文庫，2009 年。

ミツキェヴィチ

Mickiewicz, Adam, *Dzieła. Wydanie rocznicowe 1798-1998 pod wysokim patronatem Prezydenta Rzeczypospolitej Polskiej*, t.III-IV, Warszawa, 1995.

ミツキエヴィチ，アダム，工藤幸雄訳『パン・タデウシュ（上下）』講談社文芸文庫，1999 年。

ポーランド映画

ハルトフ，マレク，西野常夫・渡辺克義訳『ポーランド映画史』凱風社，2006 年。

Lubelski, Tadeusz, *Historia kina polskiego. Twórcy, filmy, konteksty*, Chorzów, 2009.

『溶岩流』

コンヴィツキ，タデウシュ，工藤幸雄・長與容訳『ポーランド・コンプレックス』中央公論社，1985 年（聞き手：長與容・梅田アグネシカ　訳・まとめ：長與進による「作者インタヴュー」を含む）。

工藤幸雄「コンヴィツキ・インタビュー」，工藤幸雄『ぼくとポーランドについて，など』共同通信社，1997 年。

Konwicki, Tadeusz , *Pamiętam, że było gorąco*, Kraków, 2001.

『パン・タデウシュ物語』

ワイダ，アンジェイ，西野常夫監訳　久山宏一・西野常夫・渡辺克義訳『映画と祖国と人生と……』凱風社，2009 年。

Lubelski, Tadeusz, „Pan Tadeusz a kino. O adaptacjach filmowych poematu Mickiewicza", [w:] Dopart, Bogusław, „Pan Tadeusz" i jego dziedzictwo. Recepcja, Kraków, 2006.

（日本語文献から引用する際，一部表記を改めた）

9　現代ロシアのアートシーン
―― グローバル化と「過去」のはざまで ――

神岡理恵子

1　はじめに

　ペレストロイカから20年以上がたち，ソ連崩壊からも18年が経過したいま，ロシアのライフスタイルや芸術文化の動向は，日々めまぐるしく変化している。かつて，社会主義リアリズムという，国家が推進する路線に沿った芸術作品しか公式には認められていなかったソヴィエト時代の文化状況を想像することが困難なほど，現在のロシアの芸術文化における表現方法や作品内容は多様化している。何よりもまず政治的要因によって芸術活動が制限されていたソヴィエト時代は遠い過去となりつつあり，現代における創造的行為は常に経済活動や急速な技術革新に伴なう環境の変化と，より密接に結びついている。人々が新しい作品を鑑賞し味わうサイクルはますます短くなるとともに，インターネットの普及によって作品へのアクセスも手軽になり，大量の情報が消費されている。このような状況は，もはや世界共通の動向でもあるだろう。
　本稿では，こうした現代ロシアの文化のなかでも，とりわけ昨今のグローバルな経済活動や社会情勢と結びつきが強いアートシーンについて取り上げる。ロシアの現代美術の分野では，他の芸術分野と同様，ソ連崩壊後の1990年代に国内における社会的・精神的な大転換を経験したばかりでなく，

続く2000年前後からの約10年間に，グローバル化が加速した世界のアートシーンで起こっている世界規模の大きな変化を同時代的に経験しているからである[1]。ソ連崩壊後に誕生した新興財閥が次々と世界の現代アート市場に参入し，コレクターとなったり投資活動を行いながら，ロシア国内の現代美術界もサポートしている。こうした状況をふまえ，本稿では，現在のロシア，とりわけモスクワのアートシーンに見られる特色や問題点を，筆者の体験も交えながら具体的に考察していきたい。

2　モスクワ・ビエンナーレの開催

　ロシアのアートシーンにおいて，近年もっとも特筆すべき出来事のひとつは，2005年から始まったモスクワ・ビエンナーレ（正式名称はモスクワ現代美術ビエンナーレ）の開催である。この2年に1度の現代美術の祭典は，規模も最大で歴史も最古のヴェネツィア・ビエンナーレ（1895-）が有名であるが，サンパウロ（1951-），シドニー（1971-），イスタンブール（1987-）などに始まり，1990年代以降は世界各都市での開催が相次いだ。これらはもはや「単に二年ごとに開かれる展覧会ではなく，グローバルなアートの現在をとらえることを狙った巨大展覧会」[2]であり，90年代に開幕したシャルジャ（1993-），サンタフェ，リヨン，光州（1995-），ベルリン（1996-），上海（2000-）などに遅れたものの，ロシアもようやくグローバルなアートシーンに参入したことを示すものである。

　モスクワ・ビエンナーレは2009年で3回目を迎えたが，規模も毎回拡大しており，まさに都市をあげての開催となっている。とりわけ2007年の第2回は，好景気に沸いたロシア経済を反映し，高騰するモスクワの地価，ビルの建設ラッシュ，急激な物価高といった要素を肌で感じられるようなビエンナーレとなった。オープニングセレモニー，および主要な企画展の会場となったのは，なんと建設中のビジネスセンター「モスクワ・シティ」にそびえる工事中のビル「フェデレーションタワー」の高層階であった（図1）。

一方，第3回は，2008年秋以降の世界的な金融危機の深刻な影響もあり開催が心配される声もあったが，2009年秋，無事に開幕した。規模が拡大した2回目以降は，まず目玉となるメイン会場での企画展のほか，それに準ずる「特別プログラム」枠で，いくつかの展覧会が別会場（主要な美術館，ギャラリー等）で催される。さらに「並行プログラム」として市内の大小のギャラリー，教育機関や商業施設に設けられた臨時の展示スペースなどで様々な規模の展示が行われる仕組みとなっており

図1　展示会場になった建設中のビル
筆者撮影

[3]，短期間にこれらをすべて見て回ることはほぼ不可能であろう。第3回のメイン会場となったのは，2008年に現代文化センターとしてオープンした展示スペース「ガレージ」である。この8000㎡を超える古い建物の内部には，79組の国内外のアーティストの作品が展示され，日本からも4名のアーティスト（塩田千春，東義孝，松井えり葉，山口聡一）が出展した。この展示のキュレーターを務めたのは，ポンピドゥーセンター国立近代美術館などヨーロッパの主要美術館の館長を歴任し，1970年代以降の現代美術界を牽引してきたジャン＝ユベール・マルタン（Jean-Hubert Martin）であり，「例外をつくらないこと」というタイトルのもと，世界各地から完成度の高い作品が一堂に集められ，非常に見ごたえのある企画展となった。

　全体的に，モスクワ・ビエンナーレは，一般の観客が現代美術に身近に親しめるような工夫が凝らされており，若者はテーマパークにも似たイベント

会場に出かける感覚で，美術展に気軽に足を運んでいる。また，こうしたビエンナーレに始まり，3年に1度のトリエンナーレなど都市をあげての展覧会の開催は，地域振興や観光客招致といった意味合いを担っていることも多いが，モスクワの場合，この点はまだ大きな課題を抱えており，海外からの一般客や美術愛好家たちが気軽にビエンナーレを訪れる環境はまだ整っていないと言える。グローバル化した世界のアートシーンに向けてロシアという一地域からアートを発信していく役割を担ってはいるものの，現時点では，国内外の優れた作品や最新のアートの動向を，国内の鑑賞者に紹介するという役割の方が圧倒的に強い。今後は国外からの来客も視野に入れた，開かれたビエンナーレになっていくことが望まれる。

　このほか，1996年に設立されたモスクワ写真美術館（МДФ）は，同年より「フォト・ビエンナーレ」を開催している。また国際的なマーケットを視野に入れたアートフェアは，1996年から「アート・マネージ」と「アート・モスクワ」が毎年開催されており，国内の主要なギャラリーを中心に最新の作品が出展され，関係者だけでなく一般客も多く訪れている。

3　多様化する展示スペース

　20世紀ロシア美術の大まかな全体像が明らかになってきたのは，まだ比較的最近のことである。現在，ロシアの現代美術を鑑賞できる最大の美術館は，1998年末にオープンしたトレチャコフ美術館の新館である。文化公園(パルク・クリトゥールィ)の向かいに位置するこの巨大な四角いコンクリートの建物には入口が二つあり，正面の入口は芸術家中央会館（ЦДХ）[4]，右側奥の入口がトレチャコフ新館である。ここにはロシア・アヴァンギャルドから始まり，社会主義リアリズム，非公式芸術を経て現代に至るまでの20世紀ロシア美術が一堂に集められており，長い準備期間の末，トレチャコフ死後100年目を記念して公開が開始された。常設展のほか，企画展も常に開催されている。展示替えも行われているが，所蔵作品が膨大な数に上るため，現在ではさらなる「別館」

の設置を望む声が大きい。また建物の周囲は彫刻公園となっている。

　1999 年には，都心にモスクワ現代美術館（ММСИ／英語での略称は MMOMA）が創設された。モスクワ市長ルシコフらと創設に携わり，現在館長を務めるのは，戦勝記念公園のモニュメントやモスクワ河畔の船上に立つピョートル大帝など個性的な彫刻で知られるグルジア出身の芸術家，ズラブ・ツェレテリであり，ロシア芸術アカデミー総裁も務めている。この美術館は，敷地内にツェレテリの作品をはじめとする彫刻作品が所狭しと並ぶペトロフカ通りの本館のほか，市内中心部に複数の別館を構えている。なかでも四階分の展示スペースを有するエルモラエフスキー横町の別館では，新進の若手や中堅アーティストの個展がインスタレーション（立体作品）を中心に多数企画されており，注目度の高い展示が行なわれている。

　このほか国立現代美術センター（ГЦСИ／英語での略称は NCCA）も，独自の活動を行なっている。1992 年にロシア文化省によって設立され，モスクワの動物園近くに拠点を構えている。常設展はないが，企画展のほか，レクチャーや討論会，パフォーマンス，映像作品の上映などが日々積極的に行われており，教育的な役割も担っている。またサンクト・ペテルブルグ，ニージニイ・ノヴゴロド，エカテリンブルグ，カリーニングラードにも分館があり，地方都市でも大きな役割を果たしている。

　これらの三大拠点以外には，2002 年に非営利慈善組織として出発し，コレクションを行いながら国内外の美術館で企画展を行なってきたエカテリーナ文化財団にも注目したい。この財団は 1960 年代以降の国内アートの収集と展示活動に力を入れており，2007 年に初めて展示用スペースをオープンした際には，財団のコレクションからなる「運動，進化，芸術」展がビエンナーレ枠で開催された。個人の資金で運営されており，所蔵作品だけでも見ごたえのある企画展ができるほど，ポイントを押さえたコレクションを持つ。

　一方，従来の美術館とはまったく異なる空間で作品の展示を行なったり，芸術文化を発信する新たな拠点を作る動きも盛んになった。その一例が，2007 年にオープンした現代美術センター「ワイン工場」（Винзавод）である（図

図2　現代アートの拠点となったワイン工場　筆者撮影

2)。クルスク駅の脇に位置し，かつては実際にワインが製造されていた古い赤レンガの建物群には，モスクワ市内に点在していた複数の有名ギャラリーが集合した（XL，アイダン，M&Jゲリマン，リジナなど）。なかでも地下深くにある「大貯蔵庫」は非常に独特な展示スペースで，アーチ型の天井，剥がれた煉瓦壁や床の段差などがそのまま残されている。ここではその雰囲気を生かしたユニークな展示が行われ，第2回ビエンナーレではアーティストのオレグ・クリークが企画した「I BELIEVE」展が話題を集めたほか，第3回では，ワイン工場の展示空間全体のプロデュースに携わった建築家アレクサンドル・ブロツキーによるインスタレーション「夜になる前に」が，訪れた人々を圧倒した。このほかワイン工場では，若手アーティスト育成の「スタート」というプロジェクトも実施され，施設の一部が展示スペースとして貸し出されている。現在では，スタイリストの専門学校やカフェ，クラブ，書店なども備えた複合施設として多目的化している。

　2節で言及した展示スペース「ガレージ」も，もともとあった古いバスの車庫を再利用したものだ。これは1927年に建築家メリニコフらが建設に携

わった歴史的にも価値のある建造物で，当時，映画撮影用のバスを出し入れする車庫として実際に使用されていた。また工場の再利用では，チョコレートで有名な製菓会社「赤い十月」の例もある。経営難による郊外への移転に伴い，使用されなくなった工場の一部を個人が借り上げ，現代アートの展示スペースとして安く貸し出されており，第3回ビエンナーレの会場としても利用された。こうした古い物件の再利用は，不動産の価格高や供給不足，高価なテナント料など様々な問題を抱えるモスクワの環境面の解決策としてだけでなく，古い建築物の文化的価値の見直しや，新しいカルチャー・スポットとしての話題の提供という役割も果たしている。加えて，これらはみなロシアの個人企業家による現代美術界への投資で実現しており，経済危機に直面するいま，今後もこうした試みが続けられるかどうか注目されている。

4 キュレーターの活躍

ビエンナーレ，もしくはトリエンナーレといった国際的な展覧会が流行するなかで，近年「スターキュレーターという新しい存在」[5]が脚光を浴びるようになった。展覧会を企画し監督するキュレーターが注目される状況はロシアも同様で，展示の規模やテーマによっては，アーティスト以上に関心が集まる。ここでは，現在もっとも活躍し注目されている3人のキュレーター，ヨシフ・バクシュテイン（Иосиф Бакштейн, 1945–），エカテリーナ・ジョーゴチ（Екатерина Дёготь, 1958–），アンドレイ・エロフェーエフ（Андрей Ерофеев, 1956–）を取り上げる。

バクシュテインの近年のもっとも重要な仕事は，モスクワ・ビエンナーレの開催である。彼は1970年代当時から非公認芸術家たち，とりわけモスクワ・コンセプチュアリズム派と活動をともにしており，ロシアの現代美術の流れを肌に知っている。また90年代に欧米で数々のロシア現代美術展の企画を行っているほか，国内でも，「現代芸術の諸問題研究所」所長，国立ギャラリー「ロシゾ」の館長などを務める。モスクワ・ビエンナーレには立ち上げから

携わり，第1回はチーフ・キュレーター，第2回は総監督，第3回はコミッショナーという立場から，常にビエンナーレ全体をまとめる先頭に立ってきた。2006年には，日露文化交流の一環で富山と広島で開催された「種の起源」展を率いて来日している。理論派としても知られる彼は，「私たちは生き残ることができるのか」という同展の副題に見られるように，グローバル化する市場経済のもとで生存競争が激化する現代アートの現状を，37もの項目からなる「社会的ダーウィニズム時代における芸術的テーゼ」を掲げ論じている[6]。この問題提起は，その後の第2回モスクワ・ビエンナーレでも継承されていたが，世界的な経済危機にある現在も，アクチュアルな問題であり続けている。

次に取り上げるジョーゴチは美術史研究者でもあり，2000年に出版された著書『20世紀のロシア芸術』[7]は，同様の内容を扱った書籍のなかではもっとも早い時期に出たもので，豊富な図版を用いながら現代までの流れを扱った好著である。キュレーターとしては，2004年の「モスクワ－ベルリン1950-2000」展での活躍が両都市間で高く評価された。最近では社会主義リアリズム芸術の再考を様々な角度から試みており，「Thinking Realism」展（第2回ビエンナーレ）ではトレチャコフ美術館旧館の常設展の一角に，19世紀以前の絵画と現代の作品を並置して，特異な空間を生み出した。また2009年には「旗を賭けた闘い：トロツキーとスターリンの間のソヴィエト芸術1926-1936」展が話題を呼んだ。これまでロシア美術史における社会主義リアリズムの位置づけは様々な研究者によって試みられてきたが，ジョーゴチもその一人であり，埋もれた（忘れ去られた）作品を実際に掘り起こし展示しながら，解釈の可能性を提示している。

3人目のエロフェーエフは，様々な意味で現在もっとも話題の人物である。彼は1980年代からツァリツィノ博物館でソヴィエト時代後期の非公式芸術作品の蒐集と保護に努め，『非公式芸術：1960年代ソヴィエトのアーティストたち』[8]という英語の著書もある。1991年には，このコレクションを用いて企画した「ソビエト現代美術：雪どけからペレストロイカまで」展を世田

谷美術館で開催した。これは日本で初めてロシアの現代美術（当時の非公式芸術）が本格的に紹介された画期的な展覧会であった。ツァリツィノ博物館のコレクションはその後トレチャコフ美術館新館に移され，それに伴なってエロフェーエフは2002年から2008年まで同館の現代美術部門を統括した。こうしてソヴィエト・アンダーグラウンドの作品が無事保存されると，今度はキュレーターとしてそれらの紹介に努め，これまで彼が企画した「共犯者：1960年代-2000年代のロシア芸術における集団的・双方向的作品」展，「ロシアのポップアート」展，「ソッツアート：ロシアの政治芸術」展などは次々と大ヒットした。

ところが2007年3月，アンドレイ・サハロフ博物館で企画した「禁じられた芸術—2006」展が，国家と宗教に対する憎悪と敵意を鼓舞し名誉棄損に値するとして，エロフェーエフは博物館館長とともに刑事告発されたのである[9]。そこにはアヴジェイ・テル＝オガニャンやアレクサンドル・コソラポフ（後述）といった有名アーティストの作品が出展されていた。これに対し，エロフェーエフらを擁護する運動が始まり，かつて雪どけ以降，人権擁護運動の第一線で活動したリュドミーラ・アレクセーエヴァなどが先頭に立った。こうしてロシアでは今再び，表現の自由や政治と芸術の関係をめぐる問題が先鋭化したのである。エロフェーエフは「ARTCHRONIKA」誌が実施する「2007年度　ロシア芸術でもっとも影響力のある50人」の第1位に選ばれたが，一連の事件からトレチャコフ美術館を翌年解雇され，現在はフリーで活動している[10]。今後表現をめぐる問題はどうなっていくのか，次節ではアーティストたちの作品や活動から考えてみたい。

5　過去の帝国「ソ連」，そして前景化する「強いロシア」

現在，ロシアのアート界には，大きく分けて3つの世代が共存している。すなわち，1) 1960～70年代に非公式芸術活動を行なってきた当事者たち，2) スターリン死後の雪どけ～1960年代に生まれ，現在のアートシーンを牽

引するアーティストたち，3）ソ連崩壊後に専門教育を受けた若い世代，である。彼らはみなそれぞれに激動の20世紀ロシアを体験し，世代ごとに異なった歴史感覚や価値観を備えてはいるはずである。しかし興味深いことに，2000年以降，いずれの世代にも共通し，創作の対象として前景化しているのがロシア・アヴァンギャルド，社会主義リアリズム，ソッツアート（ポップアートのソ連版として生まれた）といった，ソヴィエト時代の遺産である。これらを参照し引用した創作は色彩が鮮やかであり，一見，ポップでキッチュな作品が多いが，時に強烈な毒を含んでいる。

　まずロシア・アヴァンギャルドを参照する例をいくつか挙げよう。イーゴリ・マカレーヴィチ（1943-）＆エレナ・エラーギナ（1949-）夫妻の作品に，≪マレーヴィチのマッシュルーム≫というシリーズ（2008）がある（図3）。ソ連時代，「アヴァンギャルドの話題はタブーであり，共産主義体制下の抑圧に起因するトラウマ的心象であった」[11]とマカレーヴィチは述べる。様々な色のパターンで描かれるこのキノコは，さながら幻覚をもたらす毒キノコのようであり，「トラウマ」を一時的に忘却させてくれるとともに，過去との対話を可能にしてくれる作用をもたらすのかもしれない。

　また2節で述べた「例外をつくらないこと」展に出展されたパーヴェル・ペッペルシュテイン（1966-）のいくつかのシリーズにも，アヴァンギャルド芸術が引用されている。マレーヴィ

図3　Mushroom of Malevich (2008)
Acrylic on Canvas, 90×70cm
Courtesy Artist

チの≪黒い正方形≫に小さな飛行機の先端が突っ込んでいく作品≪Are You Afraid Off...?≫（2008）と，リシツキーの≪赤き楔で白を撃て≫をもじり，アメリカに突き刺さるロシア，あるいはアメリカに食べられるロシアとも解釈できそうな≪アメリカの鯨と≪黒い正方形≫≫（2008）は，この両国の関係を問うような作品であった。

　このほか若手の2人組アーティスト「グループ3アート」は，≪新居建築，あるいは鳥のアヴァンギャルド≫というシリーズで，2008年度カンディンスキー賞の「今年の若手アーティスト」部門にノミネートされた。彼らは現代の都市空間において，快適でスタイリッシュな新居を構えたいという欲望は人間だけのものか？というコンセプトで，構成主義の幾何学的な構図を取り入れた鳥の巣を提示した。また近年活躍するグループ「ブルー・ノーズ」にも，≪台所のスプレマチズム≫（2005-2006）というシリーズがある。これは，白くて円い皿の上に，丸や三角に切ったサラミやチーズ，黒パンの切れ端を幾何学的に組み合わせたものを写真撮影した作品である。ロシアの食卓ではお馴染みの食べ物が意外な形で提示され，ユーモアのある作品である。

　一方，社会主義リアリズムとソッツアートに注目すると，これらの手法を組み合わせ，ポップ調の絵画シリーズを制作した若手のディアナ・マチューリナ（1981-）に，≪展覧会のオープニング≫（2006）という作品がある。開会式のテープカットの場面が社会主義リアリズム風に描かれているのだが，正装した男女が手にしているテープはなんと，ハエの付いたハエ取り紙である。同じシリーズで，髪に黄色いリボンを結び微笑む可愛らしい少女を描いた絵画があり，こちらもリボンをよく見ると，ハエ取り紙なのである。同じような傾向では，アレクサンドル・サフコ（1957-）のシリーズに，≪私の夢の悪魔たち≫（2007）がある。ロシアではよく知られた古典的絵画の図像に，現代のテレビでお馴染みのキャラクター（シンプソンズ，テレタビーズ，フューチュラマなど欧米のもの）を配置している。このシリーズに，有名な社会主義リアリズム絵画≪忘れがたい面会≫（エファノフ作，1936）のパロディがある。元の絵にはスターリンに花束を贈呈する若い女性と，2人を拍手で祝

図4　ドミトリー・ツヴェトコフ《バービーのための棺》展示風景　筆者撮影

福する人々が描かれているが，サフコは彼らの顔をみな猫や犬，狼といった動物に変えてしまった。これらは異なる世代による過去の参照と，現代社会への言及の例として興味深い。

　そのほか，現代のポップアイコンを用いたポップアート風の諷刺作品もロシアでは数多く見られる。第3回ビエンナーレ枠でトレチャコフ新館で開催された「おもちゃじゃないの？」展は，美術史で再三取り上げられてきた既製品と美術作品の境界，玩具かそうでないか，笑えるのか笑えないのか，といった問いをロシアのアーティストたちが取り扱ったものである。なかでもドミトリー・ツヴェトコフ（1961-）の《バービーのための棺》（2009，図4）は，「おシャレなバービーは，自分の棺さえも毎週取り替える」というコンセプトで制作され[12]，世界中の少女たちに親しまれるバービー人形＝おもちゃは，ツヴェトコフの手にかかるとブラック・ジョークに変貌する。そこには「君のためのだよ」と書かれた紙が入った空の棺もひとつあった。さらに隣には《マトリョーシカのための産院》というツヴェトコフ作品が展示されており，新生児を抱いた母親たちを父親たちが出迎えるというシーンがマ

トリョーシカで表現されている。これら2つの作品は，隣り合って展示されている関係性を捉えることではじめて，生と死，ロシアとアメリカ，というシュールな構図が見えてくる仕掛けとなっている。

　最後に，ソッツアートの第一人者であり，≪レーニン，コカコーラ≫（1986）で有名なアレクサンドル・コソラポフ（1943-）のラジカルな問題提起を取り上げよう。1975年にアメリカに亡命し，現在も精力的に活動を続けるこの作家は，2000年以降もソッツアートとポップアートの手法で表現の自由を模索している。近年の彼の中心にあるテーマは，ディズニーキャラクターやマクドナルドなどのアメリカや消費社会のシンボル，およびキリスト教である。かつて「モスフィルム」制作映画の冒頭に流れたロゴマークでも有名な，ムーヒナの社会主義リアリズム彫刻≪労働者とコルホーズ女性≫（1937）を，そのままミッキーマウスとミニーマウスに変えて回転装置を付けた彫刻≪ミッキー＆ミニー≫（2002），ミッキーマウスがキリストとレーニンと手をつなぎ並んで歩く≪ヒーロー，リーダー，神≫（2002）などが制作されている。また≪私の肉体≫（2005）という作品は，赤を背景にして左側にキリストの顔，右上にマクドナルドのロゴ，その下に「This is my body」と書かれた作品で，「アート・モスクワ2005」に出展された際，武装して乱入した信者に破壊され，裁判も起きている。これにはコカコーラ版，≪私の血≫（2005）も存在し対を成している。これらは表現の自由の探求，そして権力，宗教，ユーモア，モラルなどの境界を問うものとなっている。

　ソ連崩壊によりアンダーグラウンド，「非公式」芸術，ソッツアートといった概念自体が成立しなくなったと考えられていた。しかし，この節で見てきたように，それらを生み出した精神は継承されているとともに，近年急速にグローバル化した世界のアート市場への参入を視野に入れる際，それらの手法や「ローカル性」に再び注目が集まっているとも言えるだろう。

6 おわりに

　痛烈な諷刺は，古くからロシアの芸術文化の歴史に強く根付いているものであるが，この傾向は現在の若手アーティストたちにも確実に受け継がれている。また前述のマカレーヴィチはインタビューで，「私たちは人生の80％を共産主義体制下で過ごしました。意識は全体主義システムのもとで発達したのです。それが私たちの芸術形態の核心を形成し，恐ろしいトラウマ的影響を残しました。このトラウマは克服できないだろうと思います。従ってトラウマ的出来事への関心は＜…＞，常に私たちの作品にあります」[13]と述べている。これは第1世代のアーティストの声であるが，現代ロシアのアートシーンを概観すると，世代間の交流がとてもさかんであるし，どの世代でも，この「トラウマ」の問題は少なからず共有されている。現代ロシアのアーティストたちは，急速なグローバル化のなかで常に熾烈な「生存競争」にさらされている一方で，過去の帝国「ソ連」という記憶とその遺産と向き合いながらも，「トラウマ」を克服できないまま，近年の「強いロシア」のもとで再び表現の自由を考える必要に迫られている。今後ロシアのアートシーンがどのように発展していくのか，いささか不安でもあるが，楽しみでもある。とりわけ現在の若い世代が「過去」を参照していくなかで，ロシア・アヴァンギャルドやモスクワ・コンセプチュアリズムという20世紀ロシア美術の「遺産」を超えていくような新しい動きが出てくるかどうか，期待したい。

注

(1) 過熱するオークション，投資目的で作品を購入する新しいタイプのコレクターの出現，スター化するキュレーターやギャラリスト，新人発掘の加速など，現代アートを取り巻く近年の状況は以下の文献などを参照。サラ・ソーントン，鈴木泰雄訳『現代アートの舞台裏　5ヵ国6都市をめぐる7日間』ランダムハウス講談社，2009年，吉井仁実『現代アートバブル　いま，何が起きているのか』光文社新書，2008年。
(2) サラ・ソーントン，前掲書，305頁。

（3） 第 3 回には，「特別招待」枠でも国内外から選ばれたアーティストが個展を行っており，なかにはビエンナーレ会期前に実施されたものも含まれている。
（4） 前述のアートフェア「アート・モスクワ」が毎年ここで開催されるほか，展覧会や見本市などに使用される。
（5） 吉井仁実，前掲書，140 頁。
（6） この展覧会については，カタログ『種の起源：私たちは生き残ることができるのか』富山県立近代美術館，広島市現代美術館編集，2006 年を参照されたい。
（7） Дёготь Е, *Русское искусство XX века. Книга третья*, Трилистник, 2000.
（8） Erofeev Andrei, *Non-Official Art: Soviet Artists of the 1960s*, Craftsman House, 1995.
（9） 当時，第 2 回モスクワ・ビエンナーレ調査で筆者がエロフェーエフ氏を訪ねた際，同展について「問題が生じたため，すぐにも閉鎖されるだろう」と早急（同日中）の鑑賞を勧められたが，その通りになり，鑑賞できなかったことが非常に残念である。
（10） 裁判の詳細はエロフェーエフの HP も参照されたい（2009 年 10 月末日現在）。http://www.aerofeev.ru/
（11） Makarevich & Elagina, *Mushrooms of the Russian Avan-garde. Exbision Catalogue,* ARTiculate Contemporary Art Fund, 2008, p.37.
（12） ツヴェトコフはまた，作品のために大量のバービーを買い集め，不審者として店員に疑われたという制作秘話も筆者に語ってくれた。そして同展のタイトルは言葉遊びであり，「シリアスだ」という意味にもなると教えてくれた。
（13） Makarevich & Elagina, p.37.

参考文献

サラ・ソーントン，鈴木泰雄訳『現代アートの舞台裏　5ヵ国6都市をめぐる7日間』ランダムハウス講談社，2009 年。
吉井仁実『現代アートバブル　いま，何が起きているのか』光文社新書，2008 年。
「AVANTGARDE」Vol.4. 現代ロシアンアートの五〇年，2008 年。
展覧会カタログ『ソビエト現代美術：雪どけからペレストロイカまで』世田谷美術館，朝日新聞社編，1991 年。
展覧会カタログ『種の起源　私たちは生き残ることができるのか』富山県立近代美術館，広島市現代美術館編集，2006 年。
Makarevich & Elagina, *Mushrooms of the Russian Avan-garde. Exbision Catalogue,* ARTiculate Contemporary Art Fund, 2008.

本稿で紹介した主な事項の関連 URL（2009年10月末日現在）

第 3 回モスクワ・ビエンナーレ　　http://3rd.moscowbiennale.ru/ru/

9　現代ロシアのアートシーン

トレチャコフ美術館　http://www.tretyakovgallery.ru/
モスクワ現代美術館　http://www.mmoma.ru/
モスクワ写真美術館　http://www.mdf.ru/
国立現代美術センター　http://www.ncca.ru/
エカテリーナ文化財団　http://www.ekaterina-fondation.ru/rus/
ワイン工場　http://www.winzavod.ru/
ガレージ　http://www.garageccc.com/

Ⅳ　国家の展開と言語の変容

10 ウラジーミル・ダーリ生誕200年と『ダーリの辞書』

源　貴志

1 ロシアのグリム（ウラジーミル・ダーリ）

2001年――21世紀最初のこの年――19世紀ロシアの偉大なる民俗学者・作家・辞書編纂者，ウラジーミル・ダーリの生誕200年がユネスコの記念事業計画に組み入れられ，関係機関で祝賀行事が行なわれた。

この記念すべき年に前後して，ダーリの遺した最も重要な仕事である『現用大ロシア語詳解辞典』〔«Толковый словарь живого великорусского языка»〕（全4巻）が次々と，さまざまに姿を変えながら，複数の出版社から再版されるようになって，それが今日（2010年）に続いている。

ダーリ本人の歿後，すでに130年以上が過ぎており，ましてや，――たとえ〈現代ロシア語〉が19世紀はじめ以来のロシア語と定義されるのがならいとしても――，19世紀に刊行された，今日の目から見て決して標準的と言えるわけではない4巻の浩瀚な辞書が，この時期に幾種類も違ったかたちで再版されることは，注目に値する現象ということができるだろう。

ダーリの『現用大ロシア語詳解辞典』は，19世紀における，ロシア語（当時，言語・種族のうえからは3兄弟であるロシア，ウクライナ，ベラルーシを，それぞれ「大ロシア」「小ロシア」「白ロシア」と呼称していた）を――それを話す人びとの住むあらゆる地域の，その地方差，階級・職業差を含み込んだ総

体を——その豊かなあり方そのままに記録しようとした，ロシアでも——あるいは世界でも屈指の，一言語の記述であり，貴重な文化遺産である。

したがって，ダーリはイギリスのウェブスターや，ドイツのグリム兄弟，あるいはフランスのラルースとも併称されることになるわけであるが，三者と比較しても，とくにダーリの顕著な点は，ダーリ自らが生涯をかけロシアの全国各地をめぐり歩いて，民衆のことばを直接耳で聴き，それを書き留めるという仕事を続けたことである。

1819年——数え歳で19歳——首都ペテルブルクの海軍幼年学校を卒業したウラジーミル・ダーリが，黒海艦隊での任務に就くべく，北の果ての首都から，ロシアとウクライナ（当時の呼称での「小ロシア」）を南へ越えて，黒海へと旅しつつあったときのことである。橇でノヴゴロド県を通過中，海軍少尉の制服を着た新米士官ダーリの恰好がいかにも寒そうなのを見やった御者の口から出た，「これから曇ってくる」「天気が悪くなる」（だからこれから寒気も弱まるさ！という気持ち）を意味する動詞2つ〔замолаживать, пасмурнеть〕は，ダーリが初めて耳にすることばだった。ダーリは，その2つの動詞とその意味，それを耳にしたノヴゴロド県という地名をノートに書き留めた——これが生涯にわたってダーリが続けることになる，民衆のことばの記録の最初のものとなった[1]。

いま，『現用大ロシア語詳解辞典』のページを開くと，ひとつの見出し語の項目に，少しずつ語形の異なったいくつものヴァリエーションが挙げられ，語義解説の合間あいまに，その語の情報を採録した地域を示す県名・郡名の略号が，随所にちりばめられている。ダーリの足跡はロシア全土に及んでいる。そして，ダーリが収集したのはロシア語の単語ばかりではない。1861～1862年に刊行された『ロシア民衆ことわざ集成』は，ロシアでもその後長い間ことわざ集の最大のものだったし，日本でもよく知られているアファナーシエフ〔А.Н. Афанасьев〕の『ロシア民話集』（1855-1864年）に材料を提供したのもダーリであった。

ウラジーミル・イワーノヴィチ・ダーリ〔Владимир Иванович Даль〕は，

1801年10月10日（露暦），現在はウクライナに属する，エカテリノスラフ県のルガーニ〔Лугань〕に生まれた（そのためか，2001年にはウクライナでダーリの記念切手が発行されている）。のちに小説家として用いた筆名カザーク・ルガンスキイ〔Казак Луганский〕はこの生誕の地に由来している。

　ウクライナの地に生を享けたのは，父親のイオアン・ダーリがこのルガーニの官営鋳物工場に医師として勤務していたためで，イオアンはデンマークの生まれ，ドイツの大学の神学部で学んだ。若くして博言学者として名を馳せ，ギリシア・ラテンの古典語はもちろん，近代ヨーロッパ各国語に通じていた。ロシアに来たは，その名声を耳にしたエカテリーナ2世が，彼を司書として雇うべく，ペテルブルグに呼び寄せたためだという[(2)]。イオアンから見ればエカテリーナ2世は同郷人であり，自らロシア語を習得して，ロシア語で著述を行ない，アカデミー・フランセーズを模してロシア・アカデミーを創設，盟友ダーシコワ夫人を総裁の椅子に据えてアカデミー・ロシア語辞典編纂の事業を興したエカテリーナ2世のもとで，ピョートル大帝によって礎を築かれ，この当時ようやく近代的図書館へ脱皮しようとしていた科学アカデミー図書館の司書としてイオアンが働いていたならば，彼はその仕事で自らの名前をロシアの文化史に記すことになったであろう。

　しかし，イオアン・ダーリは，プロテスタントの神学と，古典語・近代語の知識ではロシアでは評価されないと考え，一旦ドイツに帰国，イエナ大学の医学部を卒業，医学博士としてロシアに取って返し，まず首都に近いガッチナで軍医として重騎兵連隊に勤務，ついで鉱山省所属となり，はじめはペトロザヴォーツクに，そしてルガーニに転任したのである。

　イオアン・ダーリは，2度目のペテルブルグ滞在の際に結婚しており，新妻の母親（ウラジーミル・ダーリにとっては母方の祖母）は，フランスのユグノー教徒の家の出身であるが，ロシアで文筆に親しみ，18世紀ドイツの詩人や劇作家の作品をロシア語に翻訳していることが，19世紀前半のロシアを代表するスミルジン書店のカタログによって確認されるという。ウラジーミル・ダーリにしてみれば，父方・母方双方からことばに関する才能・感受性を受

け継いでいたことになる。

2 ダーリの『詳解辞典』

　さて，ダーリの生涯をかけた仕事の成果である『現用大ロシア語詳解辞典』は最初，1863年に刊行がはじまり，1867年に完結している。ダーリが60歳代のことである。以後の版と同様，全4巻構成であるが，実際には21分冊のかたちで刊行された。ちなみにこの時代，刊行開始前年の1862年にはツルゲーネフの「父と子」，1866年にはドストエフスキイの「罪と罰」が発表され，トルストイは1865年から1869年にかけて「戦争と平和」を発表している。トルストイがダーリの辞書を愛読して，新しい分冊が発売されるのを待ちわびていたことはよく知られている。

　先に述べたように，ダーリの辞書は，ロシア語の〈標準的な〉辞書ではない。ロシア語の〈標準的な〉辞書は，前述のロシア・アカデミー（およびその後身の機関）によって編纂されている。エカテリーナ2世在世中の1789～1794年に最初の辞書（全6巻）を出したあと，幾度か編集方針を大きく変えながらも事業は継続され，20世紀には全17巻の大辞典を1回，全4巻の小辞典を2回刊行，そのほかスピン・オフのかたちで，アカデミーの個人スタッフの名をそれぞれ冠して呼ばれる4巻本辞典（ウシャコーフ〔Д.Н. Ушаков〕），1巻本辞典（オージェゴフ〔С.И. Ожегов〕）を出しており，21世紀に入った今日は，全20巻の予定で，社会主義体制崩壊後最初のロシア語大辞典が刊行中である（2009年秋現在，第11巻まで刊行）。これらのアカデミー辞書は，規範辞書としての使命を第一に持つものであって，実際に出た辞書を見ればそれぞれその方針に揺れはあるものの，基本的には〈標準的な〉ロシア語（日本語のように〈方言〉に対する〈標準語〉という概念とは異なる）とはどんなものかを示そうとするものである。

　すなわち，アカデミー辞書は──版ごとに精選主義と拡大主義とのあいだで揺れを示しつつも──総じてその収録対象としている語彙を限定する傾向

を持つ。一番の特徴は，百科辞彙を入れないことであるが（この伝統は，ソヴィエト体制崩壊とともに脱却の試みが現われている），そのほかに，古語，方言，俗語を極力排し，新語や外国語からの借入についても，収録することにきわめて慎重である。そして別途，古語辞典，方言辞典，新語辞典，外来語辞典が，アカデミーやその関連機関で編纂される。近年は，俗語辞典さえこの枠組のなかで編纂されるようになった。収録語彙の範囲をこのように限定する一方で，アカデミーの〈標準的なロシア語〉の辞典は，用例として，文学作品からの例文を提示する。単文で引くか，ある場面の最低限のシチュエーションが理解できるように長い引用とするか，やはり辞典によって異なってはいるものの，アカデミーの辞典は，いずれも文学の言葉──すなわち，書かれた言葉，文字によって表現された言葉──を収録する。

　それに対してダーリの辞書は，ダーリ自身がロシアの民衆から直接に聴きとったことばを，活きたかたちのままに収録する。したがって，ダーリの辞典の引く用例は，その多くは，ことわざや，民衆が日常生活のなかで自然に口にした，気の利いた言いまわし──ダーリ自身がはっとさせられたような，ヴァリエーションに富んだ表現──であふれている。

　かくして，ロシアでは国家事業としての（ヨーロッパ列強の名に恥じない国語の存在を誇示するための）アカデミー辞典の系列と，民衆のことばの豊富さをありのままに示そうとする民間辞典としてのダーリの辞書とがならび立ったことになる。

　しかし，だからと言って，ダーリとアカデミーの事業とがあながち無縁だったわけではない。アカデミー辞典の編纂責任者となって1885年から新しい大辞典──その後後継者に引き継がれ，ソヴィエト時代まで悪戦苦闘が続けられたものの，結局完結せずに中断──の刊行を開始したヤーコフ・グロート〔Я.К. Грот〕が実際にはダーリの辞書の刊行に助言を与えていたことが知られている。また，本来，ダーリの辞典も，アカデミーで出版する企画があったものが，話がまとまらなかったのだという。

3 歿後の改訂（第2版と第3版）

　ウラジーミル・ダーリは，1872年に亡くなったが，ダーリの辞典にとっては，ここから第二の生涯がはじまる。最初の辞典が1867年に完結（これを第1版と呼称）してのちも，ダーリは生涯のモットー――「生きることは仕事をすること」を実践した。したがって，歿後には第1版の完結後もひき続き民衆のことばを書き留めていた膨大な数のカードが遺されていた。このカードを用いて，ダーリの辞典の第2版が編纂・刊行された（1880-1882年）。作業に当たったのは，ダーリの遺児たちである。

　この第2版は，ウラジーミル・ダーリ本人が編纂したものではないとは言え，ダーリ自身の採集したデータによって大幅に増訂された結果として，まずはダーリの辞典の定本とされることになった。

　ところがさらにもう一度，運命の変転が訪れる――20世紀に入って早々（1903-1909年），生誕100年を祝うかのごとく，ダーリの辞書の改訂版が登場した。編纂者は，ボードゥアン＝ド＝クルトネ〔И.А. Бодуэн де Куртенэ〕――新進気鋭の言語学者である。

　ボードゥアン＝ド＝クルトネ（以下，クルトネと略記）は，ときにソシュールと並び称されることもある，近代言語学の先駆者の一人である。このクルトネの手によって，ダーリの辞書は全面的な改訂を受けたのである。

　ダーリは自然学者でもあり，医者でもあったが，なによりもまず民俗学者であった。その辞典編纂の一貫した方針は――民衆のことばをありのままに――ということであった。今日の目で見れば，それは近代言語学の方法ではなく，やはり民俗学者のものである。対して，クルトネは近代言語学の視点から，辞典記述にもそれにふさわしい整合性を求める。

　だが，ちょっと待ってほしい――ダーリの辞書は，そもそも，ロシア語が話されているあらゆる地域で，実際にどのように話されているのかを，互いに相違・矛盾のあるまま，余計な整理を加えずに記述しているところに価値

があるのではなかろうか。近代言語学の立場から——すなわち，異なる価値観から，むやみに修整を加えることは，余計な手出しとなりはしないだろうか。せっかくの「ことば」の宝庫を台無しにすることになりはしないか。

そこで，一つの注目すべきできごとが起こる——クルトネは，ダーリの辞書の改訂に当たって，もとのダーリの辞書（第2版）の記述は一切削ったり書き換えたりすることなくそのままに保存し，なおかつ，自らの見解によって記述を増補あるいは修整するに際して，たとえそれが1文字の略号であっても，それらをすべて，ブラケット［　］のなかに入れて示し，ダーリのもとの記述と区別できるようにしたのである。クルトネはこの方針を貫くに当たって，一字一句をもゆるがせにすることなく，驚嘆すべき集中力と持続力を維持し，2段組7000ページ余におよぶ浩瀚なこの辞書の改訂を成し遂げたのである。

たとえば，ダーリの第2版では，項目によって語形変化の記述に精粗の差が残っているところを，一貫した方針で語形変化が示されるように，変化形の記述不足をていねいに補ったり，西欧語・古典語で対応する語の情報を書き加えたりしている。また，ダーリの辞書は，いわゆる語群方式で編纂されており，一つの見出し語の項目のなかに，その語の派生語の記述が〈追い込み〉にしてある。もし，〈辞書は読むもの〉とする立場に立てば，語尾変化や接頭辞によって容易に一つの語彙の世界が拡張していく特徴を持つロシア語の辞書として，語群方式はふさわしいものであるが，〈辞書は引くもの〉とする立場からすれば，やはりすべての単語がアルファベット順に排列されていなければならない。そこでクルトネは，第2版では追い込みで記述されて見出しに立っていない単語をすべて，参照見出し（どの見出し項目を見ればその単語が〈追い込み〉で記述されているかを示す見出し）に立て，それらすべてをアルファベット順の該当部分に挿入した——もちろん，それらすべてにブラケットを付して。

——これがダーリの第3版である。すぐに版を重ねて，1911〜1912年には第4版（これは内容的には第3版と変わらないようである）が刊行され，や

がて1917年のロシア革命を迎えることになる。

4　ソヴィエト時代（第2版の重版）

　ソヴィエト時代に入ってからは，ダーリの辞典のような，民間辞典は出現しない。

　浩瀚な民間辞典が完成するのには，〈巨人〉とも呼ぶべき個性の存在が不可欠と言える。ロシア革命以後，10年余のあいだに，出版事業や，人文科学の仕事のようなものについても，〈集団化〉が進行し，〈巨人〉による大きな仕事が徐々に国家による事業に吸い込まれていく。

　革命前に，一代でロシアを代表する出版社を築き上げたスイチン〔И.Д. Сытин〕も，革命後にはその事業を政府に引き渡さなければならなかった。一方，ロシア史上，現在に至るまでも最大の百科事典であるブロックハウス＝エフロン社の百科事典（1890-1907年）のあとを追って，それを凌駕すべき勢いであったグラナート兄弟社の百科事典（1910年刊行開始）も，革命後は国家事業として編纂・刊行が継続された。最終的には第二次世界大戦後の1948年に至ってようやく百科事典としてほぼその全容を整えたが，最後までそのタイトルから「グラナート」の名がはずされなかった——これは，革命前の民間の文化事業がソヴィエト国家に引き継がれたのち，最後まで個人名の残された稀有のケースと言ってよい。

　1930年代以後は，社会主義体制のもと，多くの文化事業は，継承はされるものの，無機質な名称の団体による，個人著者名の付されることのないかたちで世に問われることになる。たとえば，ロシア語の古語辞書編纂の分野で見ると，やはり革命前の1890〜1912年に刊行されたスレズネフスキイ〔И.И. Срезневский〕の『ロシア語古語辞典資料』のあと，個人著者による大きな古語辞典は編まれることがなく，スレズネフスキイの『辞典資料』がそのままのかたちで1958年に再版されたのちは，科学アカデミーのロシア語研究所により，『11〜17世紀ロシア語辞典』（モスクワ，1975年-），『18世

紀ロシア語辞典』(レニングラード, 1984 年-),『11〜14 世紀ロシア語辞典』(モスクワ, 1988 年-) のように, 個人著者を持たない, 没個性なタイトルの大辞書の編纂事業が続けられている。このようなアカデミーの刊行物は, 科学アカデミー出版所 (1960 年代半ば以降「科学」〔«Наука»〕出版所) か, あるいは国立国語・外国語出版所 (これものちには「ロシア語」〔«Русский язык»〕出版所) から出されるというように, 出版所名を見ただけで, 本の性質まで見当がつくしくみであった。

　こういった国家による一元化は, 多大の労力や資力を集積しなければならない大辞書編纂のような事業には有利であろうし, 現実にソヴィエト時代には多くの注目すべき成果が現われている。しかし, それは一方では思想と知識の統制にほかならず, 管理であるという現実的側面を持つことはもちろんであった。そして, ソヴィエト時代の多くの辞書・事典類が社会主義イデオロギーの制約に色濃く染められていることは動かしようのない事実であり, その点でそれらの記述が現在多分に古色を帯びてしまって見えることは否めない。だが, またそこには, 集団のかげに名前の隠されてしまった数多くの才能ある個性の, 抑圧に堪えた多年の地道な仕事の蓄積が籠められていることも見逃してはならない。

　さて, ダーリの辞書について見ると, それを総体として継承するような事業は, ソヴィエト期に入ってから, いかなる個人によっても, また国家機関によっても, 新たに起こされることはなかった。ダーリの辞書が同時代のロシア語の方言情報を膨大に含むことはたしかだが, ダーリは方言辞典の編纂を意図したのではない。〈標準語〉に対する〈方言〉を収集したのではなく, 〈あらゆる地方のロシア語〉を収集しようとしたのである。一方, ソヴィエトにおいては, 各地方別の方言辞典の試みが多数行なわれる傍ら, やはり科学アカデミーによって,『ロシア語方言辞典』(1965 年-) の事業が継続中である。

　けれどもそのこととは別に, ソヴィエト期においてもダーリの辞書の価値は大いに認められていた。学校の教科書には, 語彙の収集と辞典の編纂に死

ぬまで努力を怠らなかったダーリの生涯と，その辞書とがかならず紹介されていた[3]。

したがって，ソヴィエト期に入ってからも，その需要を満たすため，ダーリの辞書は何度か再版されている。1935年の再版は第5版と銘打たれ，ついで1955年には第6版が出ており（翌年増刷），1978〜1980年には縮刷版が出ている（これも直後に増刷）。

ここで一見奇妙なことは，これらソヴィエト期の再版がすべて1880〜1882年の第2版によっている（写真製版によるリプリントである）ことである。前述のとおり，第2版はダーリ歿後の定本ではあるものの，のちにクルトネによって増補・改訂された第3版は，第2版のデータをそのままに保存し，なおかつ，辞書として引きやすく，記述も補充・整備されて（しかもクルトネによる補充・修正部分はすべて［　］で区別されて）いるのであるから，再版には第3版のクルトネ改訂版が用いられるべきだとは当然誰もが考えることであろう。

ソヴィエト時代のロシアの言語学がいわゆるマール主義によって混乱に陥り，多くの学者が政治的に迫害を受けたことに象徴されるように，特定の学者が長期にわたりソヴィエトの公式の学問の世界で禁忌とされる事実があったにせよ，とくにクルトネがそのような扱いを受けた形跡がはっきりあるわけではない。

その活動が多岐にわたり（その点，彼も〈巨人〉の一人である），全体像がつかみにくいほどであるところから後世の評価が遅れたのだという指摘はあるものの，少なくとも1960年代以降は，研究・評価が急速に進んでおり，わずか2巻本ながら著作集も刊行され（1963年），それに続いて研究文献も多数現われている。1979年の『ロシア語百科』でクルトネの項を引くと，その音素論がシチェルバ〔Л.В. Щерба〕ら後継者たちによって修整された，というような微妙な記述は見られるものの，ダーリの辞典の増補・改訂の仕事についても肯定的に記述してある。

ところが，最近になって（2008年），モスクワの「野雁」〔«Дрофа»〕「ロ

シア語メディア」〔«Русский язык — Медиа»〕両社の共同で刊行されたダーリの辞書の再版本に付された巻頭言を見ると，前述のような［　］を用いたクルトネの仕事の内容と徹底ぶりを称揚したうえで，クルトネ版がソヴィエト時代に再版されなかった理由についてあらためて，クルトネ版には「規範的でない」乱暴な言葉，罵詈・雑言等のソヴィエト時代には印刷できなかった語彙が多く含まれているためであると明記している。しかし，そもそもそのような〈潔癖さ〉はダーリの精神とは無縁のものであろうし，ソヴィエト時代に繰り返し再版された第 2 版にしたところで，〈規範的でない〉ことばに満ちていることに変わりはないはずではなかろうか。

　時間が前後するが，1989 年にもう一度，ソヴィエト時代の再版としては最後になるものが出ていて，そこに付された巻頭論文には，クルトネの増補・改訂の仕事がいかに画期的なものであるかを，実例を挙げてくわしく論じてあるようである（上記 2008 年版の巻頭言による。1989 年版は残念ながら未見）。しかし，その 1989 年版自体は第 2 版の再版であり，クルトネ版は結局ソヴィエト期には日の目を見なかった。

5　自由経済下のダーリの辞書

　社会主義体制が崩壊し，自由主義経済の時代が来ると，国家事業として継続されていた辞書編纂の事業は，今度は経済的な自立を求められた。多くは一時的に頓挫することになり，一部が事業そのものの中止を余儀なくされるなかで，それぞれが新しいスポンサーを見つけて新たなスタートを切った。また，新しい時代の〈ビジネスマン〉たちも，安定した需要の見込める基本的な辞書や，とくにソヴィエト時代に禁書であった出版物に対する読者層の飢渇を当て込んで，それらの出版事業に積極的に乗り出した。先述のように，ソヴィエト時代の，さまざまなかたちで抑圧されたなかで地道に続けられてきたこの種の仕事の蓄積は膨大なものであった。1990 年代を通じて，そして 21 世紀に入ってからも，辞書・事典類の出版ラッシュが続いている。そ

こには多くの瞠目すべき仕事が見られる一方で，玉石混淆の観もあり，利益を優先するゆえであろうか，首を傾げざるを得ないような現象も散見されるようになった。

象徴的なのは，ソヴィエト時代唯一の1巻本ロシア語辞典として再版・改訂を重ねてきたオージェゴフの辞典の事業継承権・著作権を巡る裁判沙汰であろう——オージェゴフの辞典は，シヴェードワ〔Н.Ю. Шведова〕編集版とスクヴォルツォーフ〔Л.И. Скворцов〕編集版の2系統に分裂してしまった。

ダーリの辞書について見れば，1994年に，さっそくクルトネ版が再版された（「プログレス」〔Прогресс〕「ユニヴァース」〔Универс〕出版グループ共同）。1903〜1909年版の写真製版によるリプリントである。

ここでリプリントと言えば想起されるのは，革命前の図書のリプリント事業を大々的に展開した出版社「テラ」〔«Терра»〕である。「テラ」は，先にも触れたロシア最大のブロックハウス＝エフロン百科事典全86冊のリプリントを完遂（1990-1994年）して見せて人びとを驚かせ，その後順調に事業を拡張したが，その成功の鍵は，新しい資料を付けるなどの余計なことをせず，原本からのリプリントだけを行ない，それなりに見栄えのする表紙を付けて派手に宣伝する点にあった。

1994年版のダーリ辞書再版も，クルトネ版の再版ということでは画期的であり，印刷・製本にも別に遺漏はないが，再版に当たっての巻頭言などもなく，実用一点張りのものである。以後，ダーリの辞書のリプリントは絶え間なく繰り返されるようになった（クルトネ版と第2版の双方がある）。

対して，生誕200年に当たる2001年にオルマ・プレス〔«ОЛМА-Пресс»〕社から出された再版本は，クルトネ版を新正書法で組みなおしたものである。このことは一面で，ダーリの辞書——それもクルトネ版——の電子データ化を意味しており，序文では，これに今後20世紀の語彙情報を加えることによって〈現代版ダーリ〉を完成させるという壮大な事業の，これは第一歩なのだとしている（1934〜1940年に刊行され定評のあるウシャコーフ編集の4巻本辞典も，刊行後60年余を経た21世紀に入って，似たような趣旨の〈現代版〉が，

これはすでに登場している)。だが，一定の規範に基づいて語彙を記述することを目的とするのとは根本的に態度の異なるダーリの辞典では，正書法を変更してしまうことで失われてしまうものがありはしないのだろうか。

　日本で第二次世界大戦後に仮名遣いが改められたように，ロシアではロシア革命後に文字の使用法（正書法）が改められた。旧正書法と新正書法との相違は，その相違の程度と，新正書法から旧正書法への復元可能性とから言って，日本の新旧仮名遣いの相違に大変似通ったものである。ロシア革命以後，ロシアの出版物はことごとく新正書法によっていたが，ダーリの辞書の再版は，ずっと写真製版によるリプリントであったために，当然，旧正書法のままであった。

　じつは 2000 年にダーリの辞書の抄出本（1 巻ものである）が出ているのだが（「エキスモー・プレス」〔«ЭКСМО-Пресс»〕社版），全 4 巻の内容を 1 冊に抄出しているため，リプリントではなく，新たに本文を組みなおしており，その点でこれがオルマ・プレス社版 4 巻本に先行している（なお，この「エキスモー・プレス」社版抄出本は，クルトネ版によって本文を作成していると謳いながら，ブラケットは省略してしまっている）。

　さらに，同様にダーリの辞書項目を抄出して，多数のカラー挿絵を付した豪華本が少なくとも 3 種類刊行されている。これらは，むしろ〈19 世紀ロシアの，見る事典〉ともいうべき性質のものである。これら〈見るダーリ〉に共通する点は，いずれも新正書法による新組みであることである。なお，オルマ・プレス社の 4 巻本も，その後表紙の色だけを変えた版が発行されているようであり，いよいよ盛んなダーリ辞書再版の書誌情報を確実に押えることは困難になってきている。

　このように〈自由〉のもとで，ロシア文化の重要な遺産の一つであるダーリの辞書（あるいは上記のオージェゴフやウシャコーフの辞書）は，自由のゆえにその継承のあり方にさまざまな試みを生んでいる一方，どれが正統と見極めることは困難であり，なかには混迷と見られる現象も避けられないようである。

象徴的なのがさきほど触れた,最新の2008年「野雁(ドロフア)」「ロシア語メディア」社版で,巻頭言でクルトネの仕事の特徴をくわしく説明して称揚し,1989年版の巻頭論文をも紹介したうえで,クルトネ版がソヴィエト時代に再編されなかった理由まで挙げているというのに——そしてもはやその理由が存在しない時代であるにもかかわらず——なぜか,クルトネ版ではなく,第2版のリプリントなのである。

注

(1) ダーリの生涯と辞書についてものがたり風に語ったものに、次のような複数の文献がある。Майя Бессараб, *Владимир Даль: Книга о доблестном гражданине России и великом борце за русский язык*, Б-ка «Любителям российской словесности» (М.: Современник, 1972); Владимир Ильич Порудоминский, *Про Владимира Ивановича Даля и его словарь: Рассказы* (М.: Дет. лит., 1979); Владимир Ильич Порудоминский, *Повесть о Толковом словаре*, Судьбы книг (М.: Книга, 1981).

(2) Павел Иванович Мельников-Печерский, "Воспоминания о Владимире Ивановиче Дале," in Владимир Иванович Даль, *Картины из русского быта: Картины из русского быта. Автобиографич. записки. В. И. Даль в воспоминаниях современников* (М.: Новый Ключ, 2002), 267-333.

(3) В. В. Львов, "В. И. Даль и его «Словарь» в современных учебниках для общеобразовательной школы," in *В. И. Даль и Общество любителей российской словесности* (СПб.: Златоуст, 2002), 287-91.

参考文献

栗原成郎「ウラジーミル・ダーリ点描」『窓』(ナウカ)第2号,1974年5月。
千野栄一「ボドゥアン・ド・クルトネの足跡」『窓』(ナウカ)第11号,1974年12月。
『ロシア語の辞書』(『窓』別冊)ナウカ,1980年3月。
中村喜和訳『アファナーシェフロシア民話集(上)(下)』岩波文庫,1987年7月・11月。
源 貴志「原稿は燃えない…—抑圧のなかに生まれた重厚な書籍文化」『ユリイカ』(青土社)第23巻第8号(通巻310号),1991年8月。
イワン・スイチン,松下 裕訳『本のための生涯』(ビブリオフィル叢書)図書出版社,1991年11月。
小野理子『女帝のロシア』岩波新書,1994年2月。

中神美砂『ロシア初の女性アカデミー総裁―ダーシコワ公爵夫人―』(ユーラシア・ブックレット) 東洋書店, 2006 年 10 月。
源　貴志「新時代ロシアのアカデミー詳解辞典―伝統の継承・発展と迷走―」『早稲田大学大学院文学研究科紀要』第 55 輯, 2010 年 2 月。

11 ユートピアとリアル・ポリティクス
―マール，スターリン，普遍言語の問題―

ヴァレリー・グレチュコ

1 はじめに

　人類全体を将来一つにまとめるべき普遍言語をめぐる話題は，現代ではユートピア的なものと受けとめられがちである[1]。しかし，ロシア革命後の数十年間，ソ連では，この普遍言語の問題が極めて切実なテーマであった。この問題に対して著名な言語学者たちや国家の指導者たちが見解を述べていたし，またその影響は当時の言語政策・民族政策にも反映していた。
　この普遍言語に関する議論は，より大きな運動の一部として見ることもできる。こうした運動は20世紀初めの数十年間にさまざまなかたちであらわれており，言語によるコミュニケーション手段を批判的に捉え修正しようとしていた。この運動は大きく三つに分けられる。
　まず，アヴァンギャルドによる言語実験である。この潮流の者たちは，自然言語だけでは十分でないというテーゼにもとづき，言語規範の枠組みから抜け出ることを最重要課題として立て，言語表現のもつ可能性を最大限に引き出そうとした。音と意味との結びつきが偶然的・因習的であることに満足しない彼らは，全世界規模の詩的言語を創出しようとした。そこでは，音と意味とが自然な類像(イコン)的連関で結びついており，それゆえにその詩的言語は全民族が同じように理解できるものとなるはずであった。そうした言語実験の

代表例として，フレーブニコフの「理知を越えた言語」やトゥファーノフの「音声音楽」を挙げることができる。

　二つ目としては，言語を合理化し，より単純で節約的なものにして，より広く国際的な基盤を与えようとする試みがあげられる。実証主義を基盤とするこの潮流の支持者たちも，やはり言語の不完全さに不満をもっていた。しかし，アヴァンギャルドの場合とは反対に，不完全である原因は言語の因習性や論理的秩序が徹底されていないことにこそあるとしていた。彼らは，言語構造を複雑にしたり曖昧にしているにすぎないように思われる「余計な」要素から言語を解放しようとしていた（フロレンスキイの比喩的な表現を借りれば，彼らは言語を「生い茂る森ではなく……ヴェルサイユの庭園に」似せようとした：Флоренский, C. 99）。この潮流には多種多様な現象が含まれており，たんに用語体系を統一しようとする運動から，人工言語を創り出そうという数多のプロジェクトにまで及んでいる。

　最後に挙げられるのは，言語の変化に影響を与えようとする圧力が全体主義イデオロギーの側からも集中的に生じたことである。全体主義イデオロギーは，1920年代から30年代にはヨーロッパの多くの国の政治を規定していた。そういったイデオロギーにとって言語は自らの影響力を行使する手段であり，こうした影響力を強めたいがために言語の現状を積極的に変えようとしていた。オーウェルがその有名なアンチ・ユートピア小説『1984年』にわざわざ付録を添えて，全体主義社会の新しい言語を記したのは偶然ではない。多民族国家であるソ連では，共産党指導者たちは，自分たちのイデオロギーを宣伝し諸民族の形成過程に影響を与える点で，言語政策が貢献しうることをよく認識していたし，また広くその可能性を利用したのである。

　普遍言語の理論はこうした一連の現象の中で興味深い位置を占めている。この理論の中には，上記の三つの要素が集約されている。ここには，アヴァンギャルド的な要素も，合理化を推進する要素も，強く政治性をもつ要素も認めることができる。1920年代から30年代初頭にかけてソ連で展開された普遍言語に関する議論は，もうひとつの点でも興味深い。それは，この議論

の主要な参加者が当時のソビエトの代表的政治家と代表的言語学者，ヨシフ・スターリンとニコライ・マールであったということだ。以下では，この普遍言語の問題に対する両者の立場を詳細に検討するともに，当時の政治状況の中でこの問題が孕んでいた意味も考究していくことにしたい。

2 マールの言語学構想における普遍言語

1 普遍言語の基本的特徴

マールの思い描く未来の普遍言語とはどのようなものだったのだろうか。

まず気づくのは，普遍言語にしばしば言及されているにもかかわらず，マールの著作には，何らかの積極的な特徴づけを見出すのが難しいということだ。マールは普遍言語がどのようなものになるかについては語らず，普遍言語がどのようなものにならないかについて語っている。

マールはまず第一に，この普遍言語という役割を担うにはいずれの民族のいずれの言語もふさわしくないと考えていた。「未来の統一的な普遍言語は新しい体系の言語となることは明らかだ。……当然のことながら，現在世界で広く使われているどの言語も，そうした言語にはなりえない」(Марр：1936［1927］, С.25)。このテーゼをマールは一貫して堅持していた。

しかし，こうした立場は，言語学的な理由というよりは，むしろマールのイデオロギー的な考えにもとづくものであった。マールは，少数言語や少数民族が世界史上にもつ重要な役割をつねづね強調していた。マールが望んでいたのは，単一の世界言語によって，「偶然にも支配的となったなにがしかの民族の言語が君臨する事態に終止符を打ち」(Марр：1933［1921］, С.176)，人類全体の言語経験を考慮に入れることであった。「将来の共通言語を鍛え作り出すという作業においては，どの民族の言語もどの種族の言語も，たとえ出生が知れぬとしても，避けて通ることはできない」(Марр：1936［1927］, С.27)。

このような立場は，未来の世界言語となるべきはもっとも普及している国

語のうちのひとつであるという，当時の支配的な見解と対立していた。後者の見方を支持していた例としては，英語を重視していたカウツキーやボグダーノフなどがあげられる。レーニンの発言のいくつかもこうした方向と基本的に変わらない。

　マールの考えでは，エスペラントやイド語といった人工言語も，普遍言語には不向きであった。彼からすれば，これらの言語はその基盤に広がりを欠いており，ヨーロッパのいくつかの言語にのみ依拠している（まさにそれゆえに「ヨーロッパ帝国主義」を支持していた）。その上，これらの人工言語は不徹底であり，思考形態の変化といった心理的側面に注意を払っていなかった。だがマールによれば，思考形態の変化は，新しい普遍言語へ移行する際にともなうはずの工程であった。こういった点で，マールの考えるマルクス主義的な規準に一致しなかったがために，彼は慇懃無礼にエスペラントを「原始的で手作業的な試み」（Mapp：1936［1927］, C. 24），あるいは「代用品」（Mapp：1933［1924］, C. 216）と位置づけた。

　エスペラントやその他の人工言語に対して純言語学的観点から批判に取り組むことはマールにはなかった。このテーマに対するマール主義者からの数少ない批判の一つとして，マールの弟子であるホロドヴィチの典型的見解を引き合いに出すことはできる。彼はエスペラントを「時代遅れとなった言語技術（膠着）」を使用していると批判していた（Холодович, C. 200）。

　1920年代から30年代初めにかけては，マールはエスペラントやエスペラント運動に対して，時期によって「温かい」態度と「冷たい」態度をとった。例えば1920年代後半には，マールとエスペラント運動の間に戦略的同盟関係といえるようなものが見受けられた。1926年の著作でもマールは，エスペラントのことを「代用品」と呼び続けてはいたものの，その注釈において，「ここにはいかなる悪意もない」や「この点には何も無礼なことはない」といった留保をしている。1928年に出版されたエスペラント協会の指導者ドレーゼン著『普遍言語のために』に対しては，マールはエスペラントの肯定すべき点に触れるような序文さえも寄せている。そうした点としてマールは

エスペラントのもつ人工的な性質もあげている。こうした性質が「音声言語の起源は人工的であるというヤフェト理論のテーゼの正当性」を証明し，さらにはまた，このような人工言語が「人類の共通言語を産み出すための正しい問題提起に向かうデータの蓄積を促す」ことを証明しているというのである（Mapp：1936［1928］, C. 398）。返礼としてエスペラント協会の中央委員会は，マール理論が紹介されているアンドレエフ著『言語学の革命』（1929）を出版している。

　しかしこうした協働は長くは続かなかった。マールの言語・思考研究所が1932年に出版した論集『言語学におけるブルジョワ的密輸入に抗して』には，エスペラントを激しく非難する論文が一挙に数本収められていた。この決裂の原因はいくつか考えられる。エスペラント支持者のうちの大物の何人か（ドレーゼンを含む）がマール理論を公然と批判した言語戦線グループへ加わったことは，むろん，その一因であった。だが，この決裂は学問と政治が絡んだ当時の闘争の成り行きからしても必然的なものであった。1920年代のマール主義はアカデミーの学問に対抗するために同盟相手をまだ必要としていたのに対し，1930年代初頭以降，すでにマール主義は普遍言語の問題を含めて全ての言語学的な問題を独占しうる立場にあったのだ。

　さらに，マールは未来の普遍言語は音声言語でないという考えももっていた。このテーゼを彼はすぐに導き出したわけではない。1920年代初めの論文では，マールは普遍言語のことを語りながらも，まだその非音声言語的な特徴には触れていない。言うまでもないことだが，このテーゼは，マールによって提起された「言語に関する新しい学説」や言語進化における段階的な断絶という公準と関連づけて検討すべきである。

　マールは言語を社会的・経済的基盤の上にある上部構造と見ていたので，未来の無階級社会への移行は言語発展における革命的飛躍を伴うはずであった。「新しい学説」が発展するにつれてマールは，未来の普遍言語のもつ非音声言語特徴に関するテーゼをますます入念に語っている。例えば1924年には，まだ彼は「それが音声的になるか，あるいは別の形態になるか」（Mapp：

1933［1924］, C. 216）という点で迷いがあるが，すでに1931年の著作『言語と思考』においては，非音声言語への移行が必然であると想定するのみならず，そのプロセスがすでに始まっていると主張している。「すでに（音声）言語は，必ずや空間を征服するような最新の発明へとその機能を引渡し始めている」（Mapp : 1977［1931］, C. 34）。

　この非音声言語の特徴については，マールの著作からは明確なことはほとんど得られない。はっきりしているのは，当初マールはそういった非音声言語の登場を何らかのかたちで未来の技術の発展と結びつけており，より正確に人間の思惟を伝えるための仮説的なテクノロジーを問題にしていたということである（Mapp : 1933［1925］, C. 34）。

　のちになってマールは，非音声言語の登場を，新しいタイプの思考への移行と結びつけた。ジェスチャーが原始的思考を表現し，また現代の音声言語が論理的思考を表現しているのと同様に，非音声言語は，未来の共産主義社会で新たな弁証法的・唯物論的思考へと移行した結果としてあらわれるはずであった。このとき，言語と思考の比率そのものが変わるはずである。「思考は言語に勝っているし，また，さらに勝っていくはずである。その間に音声言語のシステムは，新しい無階級社会において取り替えられるだけでなく，ジェスチャーと音声言語との違いと同程度かそれ以上に，音声言語とは異なる共通言語が創造されるであろう」（Mapp : 1977［1931］, C. 31）。

　未来には，おそらく，テクノロジーを用いることで，言語による制約を受けずに，思考を直截的に表現することが可能になるはずである。従って，未来の言語は，もう言語といわれているようなものではなく，言語の束縛から解放された思考なのである。

　……思考は，使用されていない過去の蓄えや新しい蓄積から自らの立場を上げていき，言語をその地位から放逐し，完全に取って替わるだろう。未来の言語とは，自然の質料から解放された技術の中で育まれる思考なのである。思考を前にしてはいかなる言語も持ちこたえられないだろう，たと

え，自然の規範と結びついている音声言語であろうとも。(Марр：1977 [1931]，С. 34)

2 移行の方法

普遍言語への移行がどのようになされるかという点に関しても，マールは言葉少なである。マールの同僚で，彼の伝記作者でもあるミハンコワが慎重に書き記しているように，「未来の共通言語が形成されるプロセスは，ニコライ・ヤコヴレヴィチの頭にはっきりと描き出されていたわけではない」(Миханкова, С. 360)。しかし，マールが重視していた契機を少なくとも二つは挙げることができる。

当初，彼は普遍言語が形成されるときの基盤となるのは言語混淆であると考えていた。すでに1921年に彼は，設立されたばかりのヤフェト諸語調査研究所の最も重要な作業方針として言語混淆を取り上げており，言語混淆を研究することが，「未来の単一の共通言語を形成するための可能性と条件とを確立するのに役立つ」と指摘し，その実践的な重要性を強調している(Башинджагян, С. 252)。少数言語や少数民族に向けたマールの注意を考慮すれば，言うまでもなく，ここで問題になっているのはいくつかの大言語のみの混合ではない。未来の言語は，「人類全体の言語経験の表現」にならねばならないし(Марр：1933 [1921]，С. 176)，全ての言語を混淆して産み出されたものでなければならないのである。

未来の言語が形成される際の混淆が，マールの言語学構想のなかで主要な役割を担っているのはよくわかる。すでに1920年代の初めには，彼は混淆を言語進化の主要な要因として検討していた。しかしながら，ヤフェト諸語の範囲が広がるにつれて，混淆というコンセプトは十分な説明力をもっていないことが明らかになっていった。例えば，空間的に離れていて，接触できる状態になかった言語同士の類縁性を説明できない。マールは段階性というコンセプトで混淆を補った。このことは，未来の共通言語に対するマールの見方にも反映しており，混淆の役割がいくらか相対化されている。1925年

の論文「諸言語の起源によせて」の中で彼は,「未来の人類の理想的な言葉は,全ての言語の混淆である」と書いているのだが,そこには,「そのときまでに,音声言語とは違う,より正確に人間の思考を伝えるためのテクノロジーが,音声言語に取って替わっていないとするならば」という留保がおかれている (Mapp : 1933 ［1925］, C. 218)。

その後,マールはこの問題に関してもっとはっきりと意見を述べている。彼が意義を見出すのはもはや混淆ではなく,原理的に新しい非音声的な言語段階への道を拓く新しい思考の発展においてなのだ。未来に起こるのは,全ての言語の混淆ではなく,その消滅である。「闘争の中で無階級社会を鍛え上げるプロレタリアートの思考を前にして,大言語も少数言語も同じように消滅する」(Mapp : 1977 ［1931］, C. 34)。

普遍言語が形成される道筋についてマールの見方がいかに変わろうとも,彼は一つのことだけは信じていた。それは,この過程が自然に経過していってはならず,適切な介入によって速められねばならないということである。このテーゼを裏づけるため,マールは二つの論拠を挙げている。

まず第一に,全ての言語が産み出されるのは「一定の社会状況における労働の過程において」であり,だから全ての言語は,「物質文化の遺物や物質的な芸術作品と同じ程度に,社会による人工的な創造物なのである」(Mapp : 1936 ［1928］, C. 398)。従って,未来の共通言語も人工的に産み出される生産物となるのは当然だ。

第二に,マールが強調するのは,言語進化が進展するに従って,言語創作における意識的な契機のもつ役割が次第に高まり,その反面,「自然の本能」のもつ意義は弱まるということである。言語が発展する中で,「言語が民族とともに自然に成長していく状態は,その言語を話す者たちの生きた力によって人工的に産み出される工程へと移っていくのだが,そのときに創造原理となるのは,すでに社会意識なのである」(Mapp : 1933 ［1921］, C. 176)。従って,未来の言語の生成へと意識的に介入することが,現に存在している言語に介入することに比べて,より大きな意義をもつことになる。

この「新たな言語建設」(Mapp：1936［1927］，C. 26）の過程での主導的な役割を，マールは言語学，もちろん，特にヤフェト理論と彼の設立した研究所とに与えた。まさしくそれらは，「人類の交流のための統一的で最も完成された武器を産み出す工程を，自覚的で目的に適した技術をもってして軽減する」使命を帯びていた（Mapp：1933［1927］，C. 13）。

だが，この分野における実際的な歩みはごくわずかなものでしかない。アカデミックな研究の枠を出ていない数詞の統一に関する著作を除けば[2]，アブハズ語の分析的アルファベットの立案のみが挙げられるくらいだ。いわゆるヤフェト語アルファベットはマールによって作られたが，それは革命以前のことであり，テクストをヤフェト語に転写するためのものであった。1921年に彼は，カフカスの全ての民族のための統一的なアルファベットとして自分の体系を使うことを提案している。最終的に，1920年代半ばに彼は，自分のアルファベットをアブハズ語の新しい書記体系として導入することに成功する。しかし，実際に使用するのが難しいせいで（純粋に学問的な目的で作られたそのアルファベットは80文字近くにおよび，たくさんの判別記号を持っている），アルファベットは多方面から批判をうけることになり，1928年にはアブハズ語はすでに別の書記体系へと移された。にもかかわらずマールは，自分の分析的アルファベットを，未来の人類全体のアルファベットの見本として，また普遍言語へ向かう重要な実際的な一歩として，その後も宣伝し続けた。

3　マール理論全体のコンテクストにおける普遍言語のテーゼの位置

言語の発展は未来の共通言語として完成されるはずであるというテーゼは，マール理論の中で極めて重要な位置を占めている。恐らくこれは，全く具体性に欠けるテーゼの一つであるにも関わらず，彼の「単一の言語創造過程」の構想全体を支える重要な要素である。スヴァドストはその著作の中で，未来の共通言語の理念は「マール理論の中で根幹をなすものである」と主張しているが，その評価は行きすぎであると思われるものの，「マールの著作

に取り組むいろいろな研究者がマールの理論のなかで基本的なものと認めているそれぞれのテーゼの背後には，統一された人類のもつ未来の共通言語という理念がある」という意見には賛成できる（Свадост, С. 182）。

マール自身は，「人類の言葉の統一へと向かう絶え間ない諸言語の運動」を，（音声言語が人々の労働集団によって産み出されるということと並んで）ヤフェト理論の二つの基本テーゼのうちの一つとしている（Марр：1936［1927］, С. 26）。実際，マールによって提唱された共通言語の創造過程という構想は，言語進化が多様性から統一へと発展するというように見えるのだが，そこで求められているのは，人類全体の共通言語というかたちで論理的に完成されることなのである。マール自身，このテーゼをピラミッドの比喩で語っており，その頂点は，「先行する言語発展の全ての段階を仕上げる」全人類の共通言葉である（Марр：1936［1926］, С. 195）。

しかし，未来の言語に関するテーゼがマールにとって重要だったのは，彼の仮定した理論の統一性という点のみならず，別の，よりプラグマティックな機能も果たしていたからだと考えられる。当時の社会的・政治的状況では，国内で起こっているさまざまな変化に対して即効的な重要性を示せない，純粋にアカデミックな理論に与えられるような場所はますます少なくなっていた。ソシュールに関する論文に記されたヤクビンスキーの言葉を思い出そう。「言語発達の法則は，しかるべき実際的な状況において遂行できるのでなければ，記述しても無駄なことだ。どの学問のディシプリンに対しても我ら若者が投げかける問いとは，『それは何の為に必要なのか』であり，その哲学的な本質において最も正当で最も必要な問いかけである」（Якубинский, С. 72）。

マールへの反対者たちは一度ならず，マールの研究が現実的でないこと，「ずっと古生物学にとどまっていること」で彼を非難していた[3]。こういった状況の中，マールは，未来の言語に関するテーゼと，ヤフェト理論がその登場のプロセスを解明するという主張によって，新しい社会の建設という差し迫った課題のために自分の理論が必要であることを宣言することができ

た。注目すべきことに,「最終的には一つになる最も完全な言語を」作成することが,すでに1921年には,ヤフェト諸語調査研究所(のちのヤフェト研究所)設立の際に,社会的・実践的意義をもつテーマとして宣言されていた(Башинджагян, C. 52)。

普遍言語に関するマールの見解を年代順に検証するならば,国家イデオロギーの圧力が増してくるにつれて,このテーゼが彼の中でより重要な地位を占めていくことに気付くだろう。例えば,マールは1921年には「普遍的な言語の作成」の問題について語りながらも,その登場を絶対的な法則と捉えていなかったのに対し (Mapp: 1933 [1921], C. 176), 1924年にはもう,未来の共通言語が「確定された理論的テーゼ」とされている (Mapp: 1933 [1924], C. 216)。1927年には「人類の言葉の統一へと向かう絶え間ない諸言語の運動」が,すでに「ヤフェト理論の二つの基本テーゼ」の一つに挙げられており (Mapp: 1936 [1927], C. 26), ヤフェト研究所の仕事の目的は,「未来の人類の……言語面での統一」を達成することとされている (Mapp: 1933 [1927], C. 13)。

だが普遍言語のテーゼが最も重要な意義を得るのは,1930年夏に行われた全ソ連邦共産党第十六回党大会のあとであり,その党大会では,スターリンが二度にわたって(自分の活動報告と,この報告に関する結びの言葉において),マール主義者たちと非常に似通った公式を用いてこの問題に対する見解を述べた。そこで次の節では,普遍言語の問題がすでに現実の政治(リアル・ポリティクス)の平面へと移っていく段階にアプローチしていこう。

3　スターリンの位置:普遍言語と民族問題

普遍言語の問題に関するスターリンの意見表明は,第十六回党大会での演説が初めてではない。ちなみに,マルクス主義理論家たちの中でスターリンはこの問題のパイオニアである。マルクスやエンゲルス,あるいはレーニンといった「始祖たち」の著作においては,ありうべき未来の言語に関するい

かなる直接的な言及も事実上存在していない。しかし，社会主義理論においては，すでに『共産党宣言』から，歴史の発展に従って民族的な区別が消滅するというテーゼが常に存在している。このテーゼの論理的な帰結として，当然，言語の区別の消滅もあるのだが，この問題に関してはマルクス主義の泰斗たちは語りたがらなかった。スターリンはこの間隙を埋めたのだ[4]。

　このテーマに触れた最初の大きな報告と考えられるのは，1925年5月に東洋諸民族共産主義大学の学生たちを前にしてなされたスターリンの演説である。この発言の中でスターリンは，明瞭だが全く予期しない立場をとった。彼は，民族性のなくなった全人類的文化に関するテーゼから共通言語の理念を実際的に切り離し，共通言語の理論を信じていないことを表明したのだ。

> 社会主義の時期には全人類の共通言語が産み出され，残り全ての諸言語が消滅するという話がある（例えばカウツキー）。私はこの統一的で全てを包括する言語という理論を信じていない。経験はこの理論に対して，やはり，是ではなく非をもって答えるであろう。こんにちまでに起こっている事態は，社会主義革命は言語の数を減らしたのではなく逆に増やしたということだが，それは，社会主義革命が最も下層部の人類を揺り動かし，彼らを政治舞台へと引っ張り出し，いくつもの新しい民族や以前には知られていなかった民族，あるいは今でもほとんど知られていない民族を新しい生活へと駆り立てているからである……。さまざまな諸民族がプロレタリア文化へ参加することについて言うならば，この交流が，これら諸民族のもつ言語や生活に一致したかたちで行われることは疑うべくもない。
> （Сталин：1947［1925］，C. 138–139）

こうした立場は，未来には諸民族の区別が必然的に消滅するというマルクス主義のテーゼとは明らかに食い違っている。しかし，のちに続く出来事が示しているように，民族と言語の発展に対するこういった多元論的な見方は，イデオロギー的な立場の変化によるのではなく，むしろ戦略的な計算による

ものであった。革命後に権力の側にたったボリシェヴィキは，現実の政治状況を鑑み，国を管理する戦いの中で，自分たちの言葉がいかなる意義をもちうるかをしっかりと計算しなければならなかった。彼らにとって緊要に重要だった課題とは，かつてのロシア帝国に住まう無数の諸民族や共同体からの好意を確保することであった。こういった状況では論理的なことであろうが，党指導者たちは，共産主義へと突き進むにつれて諸民族が消滅するとか融合するとかいった見通しを立てることで，解放を望んでいる少数民族をむやみに刺激したくはなかったのである。

　従って，ソヴィエトという多民族国家が生成していく中で，普遍言語の問題がたんなる抽象的で理論的な思考の構築物ではなく，ただならぬアクチュアリティを獲得していたのは，それが諸民族の未来の発展に関する見解と強く結びついていたからである。普遍言語のテーゼを拒絶して，スターリンはマルクス主義にすえられている諸民族の差異の消滅という理念をいくらかやわらげ，強制的な同化政策を推し進める前に少数民族の懸念を取り除こうとした。同じ演説の中で，「当面の民族問題と農村における党の政策」との関連について話しながら，彼が「後退する要素」や「新しい譲歩」について語っているのは偶然ではない。

　スターリンは，1929年に普遍言語の問題に立ち戻ったときには，すでに本質的に異なった別の見方を語っている。その過ぎ去った数年の間に国の状態は全く変わっており，スターリンは全戦線に渡って攻撃を開始した。論考「民族問題とレーニン主義」においては彼は普遍言語のテーゼを支持している（ただし，その到来の時期に関してはあいまいにしているが）。これは，普遍言語へと移行する可能性を否定した1925年の自分の見解と明らかに矛盾している。この矛盾を逃れるために，スターリンが述べたのは，当時は「一国社会主義の勝利の時期」のみを念頭においていたということだった（実際には，1925年の演説にはそのことを考慮したような，少しのほのめかしも含んでいない）。スターリンによれば，この時期には，「民族や民族の言語を融合するのに必要な状況が整っていない」。そうした状況は未来においてこそ到来す

るはずであり，「世界規模で社会主義が勝利をおさめた後」なのだ（Сталин：1949 [1929]，C. 345）。

また，「地域言語」というテーゼの登場も，1929年の論考における興味深い細部となっている。それは，一定の民族グループによって地域経済の中心地で用いられる民族間言語である。そういった言語はさまざまな民族の言語と並行して存在し，「経済的，文化的，政治的な協同作業の便を図る」ために用いられることになる（Сталин：1949 [1929]，C. 348–349）。次の段階には，こういった地域言語の中から，未来の普遍言語が作られなければならない。「その実践の中で，諸民族が民族言語に比べて共通言語のメリットを確信したときに，諸民族の区別や諸民族言語は消え去りはじめ，万人に共通する全世界言語にその場所を譲るのだ」（Сталин：1949 [1929]，C. 349）。

共通言語へ移行するというそのシナリオの中でスターリンは，その地域言語（のちには普遍言語となる）とは何か新しいものなのか，あるいはすでに存在している個々の民族言語がその役割を担いうるのかという問いについては，解決しないままにしておいた。いずれにせよ，広く普及している選ばれたいくつかの民族言語が優越するという可能性を明確には排除しなかった。問題が混淆ではなく，競争に耐えられない諸言語の「消滅」であるということにも，そうした考えがうかがわれる。

この構想の中にいかに危険な力が宿っていたかは説明するまでもないだろう。ロシア語が文化的・政治的に支配的な役割を果たしているソヴィエトという多民族国家においては，そうした地域言語としてロシア語が自然と浮かび上がってきたし，他の言語はといえば，「開花の時期」をすぎると「消滅し」なければならなかった。だから，このスターリンの論考が長い間，広く一般には知られていなかったことも驚くに値しない。この論考は1949年にやっと印刷されたのであり[5]，間もなくこの論考の基本テーゼは1950年の言語学の議論において繰り返されることになった。恐らく，1929年の時点ではスターリンはこの論考の公表を時期尚早と考えた。というのは，ただでさえ集団化政策が実施されている非常に切迫した時期であり，この論考が，諸民

族共和国に不満を引き起こしうるものだったからである。この時期は，集団化政策に対する抵抗運動が（特にウクライナの農民の間で）今にもあふれださんばかりであった。

そして最終的に，1930年夏の全ソ連邦共産党第十六回党大会においてスターリンは再度，今回は公衆の面前で，普遍言語の問題に関する自分の立場を定式化したのである。広く聴衆に向けられたその大会の報告の中で彼は，公表されていない1929年の論考に比べればいくらか軟化した立場をとっている。主要なテーゼ，すなわち，一国社会主義建設の時期には諸民族の言語と文化が開花するというテーゼ，しかし，世界規模で社会主義が勝利をおさめた後には不可避的にそれらが融合するというテーゼを，スターリンは論考と違わずに残している。しかし，地域言語についての言及は完全になくなっている。しかも，スターリンは，将来の普遍言語が言語的混合の産物であり，（ロシア語を含む）諸民族言語のうちのどの言語も優先されないということを特別に強調する必要があると考えていた。それによってスターリンは，普遍言語のプロパガンダの陰に実際にはロシアへの同化政策が潜んでいるという非難から身を守ろうとした。

　　諸民族の文化と言語に関するもっと先の見通しについていえば，私は常にレーニンの見解を支持している。その見解とは，世界規模で社会主義が勝利をおさめ，社会主義が強固なものとなり，日常生活に入っていく時期には，諸民族言語は必然的にひとつの共通言語へと融合するはずであり，その言語となるのは，もちろん，大ロシア語でもドイツ語でもなく，何か新しい言語であるという見方である。(Сталин : 1951 [1930]，C. 4-5)

スターリンが普遍言語の到来を無期限の未来へと順延したものの，それにもかかわらず，発展の最終段階で諸民族言語は融合（あるいは消滅）すると明確に宣言したことは，「諸民族文化の開花」を相対化し，制限することになった。なぜなら，歴史的な見通しにおいては，いずれにせよそれらは消滅する

はずであるのだから。この点で，未来の普遍言語に関するテーゼが公式のドクトリンに採用されたことは，(特に，公表されなかった 1929 年の「強烈な」バージョンを考慮するならば) まもなく開始される強制的なロシア同化政策の前兆と見なすこともできるのである。

4 結　論

　全ソ連邦共産党第十六回党大会でのスターリンの定式は，いくつかのマールの所説との著しい類似を示している。思い出して欲しいのは，未来の共通言語に関してマールも同じように「新しい体系の言語」として語っていたことや，「当然のことながら，現在世界で広く使われているどの言語も，そういった言語にはなりえない」(Mapp : 1936［1927］，C. 25) と強調していたことである。マールはそれ以前にも普遍言語の問題を論拠としながら自分の理論が社会主義建設にとってアクチュアルであることを示していたが，スターリン発言の後では，その定式が似ていることをもってして，ヤフェト理論の理論的テーゼと公式の言語政策とが完全に一致しているものとみなしている。マールはヤフェト理論を「政治的学説」として，また「階級闘争の武器」として宣言したのだ (Mapp : 1933［1930］，C. 274, 277)。

　マールの所説とスターリン演説によって定められた党の公式の立場との間にある類似，また，マール自身がマルクス主義イデオロギーにやたらと忠誠を誓っていたという事実が，将来の言語発展に対するマールの見方は共産主義の無階級社会という考え方と結びつく中でできあがったという印象を与えるかもしれない。しかし，実際には，言語進化に関するマールの見解は，全く違った要因によって形作られていたのであって，普遍言語に関する彼の議論の中でマルクス主義的なレトリックが見受けられるようになったのは，決してはじめからではない。マールの「模範的な」マルクス主義は，彼の理論と本質的に結びついていたわけではなく，何よりも新しい権力に取り入ろうとした結果であるということで，研究者たちは，事実上，一致をみている。

未来の言語は,世界にある主要な言語のうちのどれでもなく何か新しい言語であるというテーゼは,大国主義的なもののあらわれを決して許さないマールの態度に由来していた。トーマスが正しく指摘しているように,「ロシアのケースも含めてあらゆる帝国主義に対してとったマールの態度は,想像しうる限りでのもっとも暴力的な抵抗の一つであった。それは,彼の書いたものほとんど全てにあらわれている」(Thomas, P. 163)。

スターリンにとっては明らかに,その同一のテーゼが,迫りつつあるロシア同化政策に対する諸民族共和国の懸念を鎮めようとするためだけの,ただの戦略的な一手でしかなかった。そのことについては,まずは,大会で発表された彼の演説と,その少し前には書き上げられていながら一部の党関係者のみに向けて書かれていた(「地域言語」を伴う発展のシナリオが示されている)1929年の著作とを比較するとわかる。さらにはまた,ロシア語をこうした地域言語の役割に抜擢することを事実上意味していた,まもなく実際に始まったロシア同化政策もあげられよう。

第十六回党大会での普遍言語の問題に関するスターリンの言説と,それ以前の彼の言説との間にある本質的な相違を,マールのコンセプトがスターリンに影響しているというふうに説明するのは,根拠がないように思われる。未来の普遍言語に関する問題は,それが抽象的でユートピア的にみえようとも,1920年代から30年代には現実の政治(リアル・ポリティクス)の対象であった。この問題に対する立場が,ソビエト国家の民族政策がどういう方向に発展するのかを示す指標になっていた。実際的な政治家であるスターリンが,そういった緊迫した政治問題において,何らかの言語学理論の判断に従うことなどありえなかった。彼の立場を規定していたのは一つの基準,それは,そのときそのときの政治的利害に基づいた判断である。

だがそうであるとはいえ,スターリンの定式と近いことで,普遍言語に関するマールの学説は党の公式イデオロギーによって用いられることになった。マール自身もまた日和見的な同盟を結ぶ用意をしていたので,ヤフェト理論は「確固たる理論的探究でもって」,スターリンがその報告で述べたこ

とと同じ結論に至ったということをしきりに強調した（Mapp：1933［1930］,C. 274）。1930年代にはマール理論は，言語政策と民族政策の分野におけるイデオロギー論や実施されていた政策路線に，科学的裏付けのようなものを添えていた。この意味で，マールの普遍言語の理論がスターリンのロシア同化政策を理論的に正当化し，実際的に支えていたという非難はもっともである。

　このように，未来の普遍言語に対する見解の二つの流れは，異なる源泉を持ち，初めは別々に発展していたのだが，一つになって実際的なかたちで結合した。言語による境界線から自由になって未来の全人類が交流する，そんな夢想として始まったことが，現実の政治の一部となり，こんにちまで行われていた規制や弾圧のためのイデオロギー的な根拠として機能することとなった。もっとも，普遍言語の学説のみが二十世紀にこのような運命をたどった唯一の理論というわけではないのだが。

（訳：八木君人）

注

(1)　「普遍言語」という表現で念頭においているのは，その支持者たちの考えでは，多かれ少なかれ将来的に全ての諸民族言語にとってかわり，全人類の交流のための共通言語になるべき仮説的な未来の言語のことである。人工的な補助言語（エスペラントのようなタイプ），民族間の交流のときにその役割を果たす言語や民族言語と並んで用いられている言語は，この普遍言語という概念には含まれない。

(2)　マールは数詞を，未来の統一へ向けてもっとも進んでいる言語の層と考えていた。彼によれば，「この品詞が，言語の国際主義の道を組織的に切り拓いた」（Mapp: 1927, C. 4）。「文明世界全体のために一つの共通した数詞の用語」を設定することを，彼は，メートル法や共通カレンダーの導入に匹敵する，近い将来の課題と考えていた。1925年には，ヤフェト研究所の中に数詞に関する特別な作業グループが創設されたが，それを指導したのはマール自身だった（Башинджагян, C. 257）。

(3)　例えば，言語戦線のメンバーであるアラヴェルドフは書いている。「当然のことながら，言語学が，言語の起源と発展の問題の検討を拒否することはできないし，してはならない。だが，我々の社会主義建設の現実的な課題を忘却し，ほとんど完全に先史時代へと逃避するというそういった性質が現時点でのヤフェト学を特徴づけてお

り，実際，ヤフェト学を古生物学へと変えてしまっているのだ」(Алавердов, C. 55)。当時のこういった非難がどういった危険をはらんでいたかは，説明するまでもないだろう。

(4) 民族問題においてスターリンが言語構成に重要な役割を当てていたことは，「民族」という概念に関する有名な定義の中で彼が，民族の特徴を示すリストの最初に言語の共通性をおいていることからわかる。「民族とは，歴史的に形成された強固な人々の共通性であり，言語，領土，経済活動，文化的な共通性においてあらわれる精神構造，そういった共通性を土台として発生しているのである」(Сталин : 1946 [1913], C. 296)。この点に関して，民族問題と農村に対する党の政策に一定の類似を指摘することができる。

(5) この論文は当時，公には印刷されていなかったものの，通常，このような公表されてない著作は組織のメンバーたちの間で回覧される。従って，1930年代，民族政策の分野での方針が公然と厳しくなりはじめる前にすでに，党関係者たちはその風がどこへ向かって吹いているかを感じることができたのである。

参考文献

Алавердов, К. А., 'Практика яфетидологов и современность', *Революция и язык*, 1931, № 1, С. 50–55.

Башинджагян, Л. Г., 'Институт языка и мышления им. Н. Я. Марра', *Вестник АН СССР*, 1937, № 10–11, С. 251–265.

Марр, Н. Я., 'О числительных (К постановке генетического вопроса)', в *Языковедные проблемы по числительным*, Ленинград: Изд-во ИЛЯЗВ, 1927, С. 1–96.

Марр, Н. Я., 'Чем живет яфетическое языкознание', в Николай Я. Марр, *Избранные работы*, Т. 1, Ленинград: ГАИМК, 1933 [1921], С. 158–184.

Марр, Н. Я., 'Основные достижения яфетической теории', в Николай Я. Марр, *Избранные работы*, Т. 1, Ленинград: ГАИМК, 1933 [1924], С. 197–216.

Марр, Н. Я., 'К происхождению языков', в Николай Я. Марр, *Избранные работы*, Т. 1, Ленинград: ГАИМК, 1933 [1925], С. 217–220.

Марр, Н. Я., 'Автобиография', в Николай Я. Марр, *Избранные работы*, Т. 1, Ленинград: ГАИМК, 1933 [1927], С. 6–13.

Марр, Н. Я., 'Языковая политика яфетической теории и удмуртский язык', в Николай Я. Марр, *Избранные работы*, Т. 1, Ленинград: ГАИМК, 1933 [1930], С. 273–289.

Марр, Н. Я., 'О происхождении языка', в Николай Я. Марр, *Избранные работы*, Т. 2, Ленинград: Соцэкгиз, 1936 [1926], С. 179–209.

Марр, Н. Я., 'Яфетическая теория. Общий курс учения об языке', в Николай Я. Марр,

Избранные работы, Т. 2, Ленинград: Соцэкгиз, 1936 [1927], С. 3–126.

Марр, Н. Я., 'К вопросу об едином языке', в Николай Я. Марр, *Избранные работы*, Т. 2, Ленинград: Соцэкгиз, 1936 [1928], С. 393–398.

Марр, Н. Я., *Язык и мышление*. Russian Titles for the Specialist, No. 107. Letchworth: Prideaux Press, 1977 [1931].

Миханкова, В. А., *Николай Яковлевич Марр: очерк его жизни и научной деятельности*, 3-е изд. Москва: Изд-во Академии наук СССР, 1949.

Свадост, Э. П., *Как возникает всеобщий язык?* Москва: Наука, 1968.

Сталин, И. В., 'Марксизм и национальный вопрос', в Иосиф В. Сталин, *Сочинения*, Т. 2, Москва: ОГИЗ, 1946 [1913], С. 290–367.

Сталин, И. В., 'О политических задачах университета народов Востока', в Иосиф В. Сталин, *Сочинения*, Т. 7, Москва: ОГИЗ, 1947 [1925], С. 133–152.

Сталин, И. В., 'Национальный вопрос и ленинизм: ответ товарищам Мешкову, Ковальчуку и другим', в Иосиф В. Сталин, *Сочинения*, Т. 11, Москва: ОГИЗ, 1949 [1929], С. 333–355.

Сталин, И. В., 'Заключительное слово по политическому отчету ЦК XVI съезду ВКП(б)' в Иосиф В. Сталин, *Сочинения*, Т. 13, Москва: Госполитиздат, 1951 [1930], С. 1–16.

Флоренский, П. А., 'Антиномия языка', *Вопросы языкознания*, 1988 [1918], № 6, С. 88–125.

Холодович, А. А., 'Марксистская лингвистика и ее "левые" критики', *Звезда*, 1930, № 12, С. 181–210.

Якубинский, Л. П., 'Ф. де Соссюр о невозможности языковой политики', в Лев П. Якубинский, *Избранные работы: язык и его функционирование*, Москва: Наука, 1986 [1929], С. 71–82.

Thomas, L. L., *The Linguistic Theories of N. Ja. Marr*, Berkeley: University of California Press, 1957.

12 ナショナリズムとユーゴスラヴィア理念の相克
―「セルビア・クロアチア語」を中心に

山 崎 信 一

1 はじめに

　1918年に建国され，1990年代初頭，紛争のさなかにその生命を終えたユーゴスラヴィアは，多民族国家であるとともに多言語国家でもあった。ユーゴスラヴィアを表すためによく引用される表現に，次のようなものがある。「7つの国境，6つの共和国，5つの民族，4つの言語，3つの宗教，2つの文字，1つのユーゴスラヴィア[1]。」これは，社会主義時代のユーゴスラヴィアの多様性と，その多様性の中で国家統一を守る意志を示したものであった。こうした多様性を有する国家であったユーゴスラヴィアは，1990年以降の体制転換の動きの中で解体に至り，同時にその領域では数年にわたって内戦が展開された。ユーゴスラヴィア国家の建国から解体までの期間，さらに幅広く考えるのであれば，建国の前史となる19世紀以来の南スラヴ統一運動の展開からユーゴスラヴィア解体後の現在に至るまでの状況は，各民族の個別のナショナリズムと南スラヴ諸民族の統一を志向するユーゴスラヴィア主義の2つのイデオロギーのせめぎ合いの中で理解することができる。

　そして，このせめぎ合いの中で，言語は非常に重要な位置を占めてきた。バルカン地域の他の諸民族と同様，旧ユーゴスラヴィアを構成した諸民族においても，言語はナショナリズムを定式化し適用していく上で，欠くことの

12 ナショナリズムとユーゴスラヴィア理念の相克　227

図1　旧ユーゴスラヴィア諸国

できない構成要素として機能してきた。その一方で，ユーゴスラヴィア主義の理念の中でも，言語の持つ重要性は広く認識されていた。この理念においては，「言語の同一性」が大きな意味を持っていた。さらに，旧ユーゴスラヴィア国家の領域における言語の問題は，ユーゴスラヴィア解体後の言語の位置づけやその名称をめぐる，現在進行形の問題でもある。言語をめぐる様々な問題は，とりわけ「セルビア・クロアチア語[2]」の位置づけや名称に関して顕著に表れている。ここでは，各民族のナショナリズムとユーゴスラヴィア主義の間でこの言語がどう位置づけられてきたのか，そして国家や社会とどう関わってきたのかを，歴史的経緯に着目しつつ振り返ってみたい。

2　「セルビア・クロアチア語」に関して

　旧ユーゴスラヴィア地域の言語をめぐる様々な問題の中で，最も大きな比

重を占め，現在においても頻繁に論じられるのは，「セルビア・クロアチア語」をめぐるものであろう。クロアチア人，ボスニア・ムスリム[3]，セルビア人，モンテネグロ人は，19世紀の歴史的経緯の中で，ほぼ同一の文章語（標準語）を持つに至った。文章語の基礎となった方言は，この地域で話されていた諸方言のうち，新シュト方言の2つの下位方言であるイェ方言とエ方言である。この言語を母語とする4つの民族のうち，クロアチア人，ボスニア・ムスリム，モンテネグロ人と，セルビアの領域外のクロアチア，ボスニア・ヘルツェゴヴィナに暮らすセルビア人は，イェ方言に依拠する文章語を使い，セルビアの領域に住むセルビア人はエ方言に基づく文章語を用いている。そしてこの文章語は，ザグレブ（イェ方言に依拠）とベオグラード（およびノヴィ・サド）（エ方言に依拠）という2つの中心を持って発展を遂げてきた。その後，社会主義体制下で，ボスニア・ヘルツェゴヴィナとモンテネグロが共和国としての地位を獲得すると，それぞれの首都であるサラエヴォとポドゴリツァ（社会主義時代の名称はチトーグラード）もまた，規模は小さいながら文章語発展の中心としての性質を帯びるようになる。

　イェ方言とエ方言の相違は，言語の変化の過程で，共通スラヴ語の母音ヤットが異なって発音されるようになった点にある。イェ方言においては，ヤットは母音の長短に応じて，主としてijeないしjeとして現れ，エ方言においてはeとして現れる。したがって,例えば,「牛乳」を意味することばは，イェ方言ではmlijeko，エ方言ではmlekoとなる。こうしたイェ方言とエ方言の間の規則的な差異に加えて，ザグレブを中心に主としてクロアチア人の間で発展した文章語と，ベオグラードを中心にセルビア人の間で発展した文章語には，他にも相違点が存在している。最も大きな違いは語彙の相違であり，同一の概念に対して，語源や接辞の異なる単語が用いられるケースが一定数存在する。顕著な違いとしては，例えば，ザグレブを中心とする文章語がスラヴ起源の語彙を用いるか翻訳借用するのに対して，ベオグラードを中心とする文章語は外来語をそのまま借用する傾向が強いという点である[4]。また，統語面や正書法においても相違点が存在している。ただしこうした相違の中

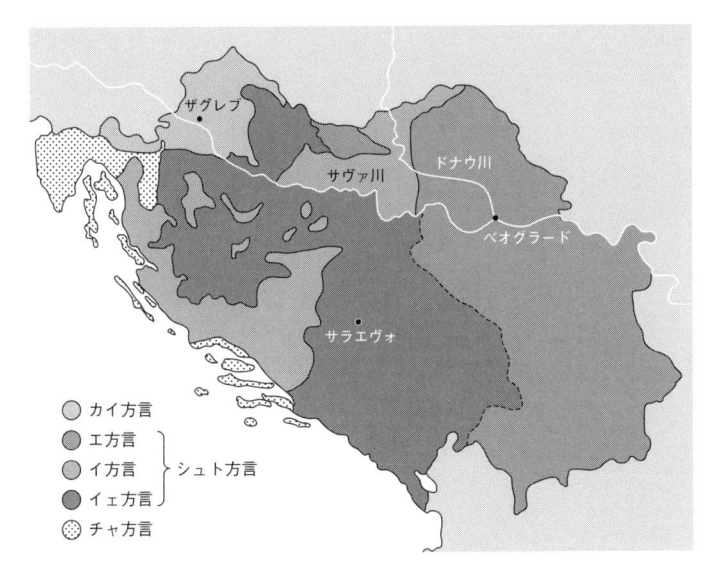

図2 「セルビア・クロアチア語」の方言分布 (Greenberg 2004, 33)

には，語彙ないし表現を選択する際に，どちらがより頻繁に用いられるかの問題に過ぎないものもあり，全ての相違点が両者ではっきりと分かれるわけではない。一方，社会主義時代以降，サラエヴォも文章語の中心としての地位を高めてきた。この文章語は，イェ方言に依拠する点はザグレブのものと同様であるが，その他の特徴に関してはザグレブとベオグラードの両文章語の中間的な存在であった。ポドゴリツァを中心とする文章語は，歴史的には，最近に至るまであまり大きな影響力は持ち得なかった。この文章語はイェ方言に基づくが，語彙などの面ではベオグラードを中心とする文章語との共通点が大きい。

　文字に関しては，クロアチア人の間ではラテン文字のみが用いられてきた。セルビア人とモンテネグロ人は，伝統的にキリル文字を使用してきたが，現在ではラテン文字も高い頻度で用いられている。ボスニア・ヘルツェゴヴィナにおいてもラテン文字とキリル文字が併用されてきたが，現在では，ボスニア・ムスリムとクロアチア人はラテン文字を，セルビア人はキリル文字を

用いる比率が高い。

　「セルビア・クロアチア語」は社会主義時代には単一の言語として捉えられていたが，ユーゴスラヴィア解体とその後の過程の中で，それぞれの民族名称を冠して公式に呼ばれるようになり，現在では旧ユーゴスラヴィアのそれぞれの継承国家において，クロアチア語，ボスニア語，セルビア語，モンテネグロ語と名付けられている。こうした状況を受け，旧ユーゴスラヴィアの内外において，この言語が単一の言語であるのか複数の言語であるのかが議論されるようになった。しかし，この問題にひとつの明確な回答を与えることは不可能であろう。ある言語を別の言語から区別することに明確な指針が存在するわけではなく，また，実態としての言語の相違をめぐる議論と言語をどう名付けるかという名称をめぐる議論が，しばしば混同されてもいる。ただ，相違を内包しながらも，現在に至るまで相互にほぼ完全に理解可能な言語として発展してきたという点は，この言語の将来を考える上で重要な点であると考えられる。

３　「セルビア・クロアチア語」文章語の成立と展開

　「セルビア・クロアチア語」の成立過程も，バルカン地域の他の諸言語の多くと同様，19世紀のナショナリズム台頭という文脈の中で理解できる。国民国家を志向するナショナリズムが高揚する中，民族（ネーション）を統合する手段としての言語の重要性が強く認識されるようになり，民族語の標準化が推進された。その一方で「セルビア・クロアチア語」を母語とする人々の間では，個々の民族のナショナリズムと並行してユーゴスラヴィア主義の考えが広く見られるようになる。言い換えれば，ナショナリズムの単位としてのネーションを，クロアチア人，セルビア人といった個別の民族に置くのか，あるいは南スラヴ諸民族が，全体として１つのネーションを構成するべきであるのか，２つの考えが並存していたのである。

　言語の標準化の動きは，まずクロアチア人とセルビア人の間でそれぞれに

始まった。ハプスブルク帝国の支配下にあったクロアチアでは，19世紀に入ってから民族意識の高まりがみられたが，19世紀前半において大きな規定力を持ったのは，イリリア運動と呼ばれる文化運動であった。これは，この地に暮らす南スラヴ人を「イリリア人」としてまとめてゆくことを志向した運動であり，この後のユーゴスラヴィア主義運動の基盤となったものである。この運動の中心人物であったのは，リュデヴィト・ガイであり，クロアチア人の間で話されていた3つの方言（カイ方言，チャ方言，シュト方言）のうち，話者数の多いシュト方言を文章語の基礎とすることを主張した。またガイは，文章語を表記するための新たな文字を導入した。イリリア運動の理念は，出版活動などを通して広まってゆくこととなる。他方，オスマン帝国の支配下に置かれていたセルビアでは，1804年のセルビア蜂起を端緒としてナショナリズムが高まり，政治的にも自治を獲得するに至った。こうした動きの中で，新たに民族語の確立の必要性が認識されるようになるが，セルビアでそれを主導したのが，ヴク・カラジッチであった。カラジッチは，民衆の言語と乖離していたそれまでの文章語に代えて，民衆言語に依拠した文章語の確立を主張し，文章語の基礎となる方言としてヘルツェゴヴィナ地方で話されていたシュト方言を採用した。彼はまた，「話すように書き，書かれているように読め」ということばに象徴されるように，音声式正書法を採り入れることを主張し，そのためにいくつかの新しい文字を導入した。カラジッチは，民謡収集や辞書編纂を通しても文章語の確立に貢献した。

　クロアチア人とセルビア人の間でなされた民族語確立の努力は，文章語の基礎として双方とも新シュト方言を採用し，一音一字を原則として，新たな文字を導入するなど，多くの点で共通するものであった。こうした共通点の上に立って，1850年にウィーンで双方の言語学者や文学者が参加して「ウィーン文章語合意」がなされた。この合意では，文字の相違は認めつつ，クロアチア人とセルビア人が全体として単一の文章語を持つべきことが取り決められた。クロアチア人とセルビア人の用いる言語の名称に関しては，19世紀には，いまだそれぞれの民族名称を冠して呼ばれるか，ハプスブルク帝

国支配下の領域を中心に「クロアチア語ないしセルビア語 hrvatski ili srpski」と呼ばれていた。文章語統一の背景には，単なる理念にとどまらず政治運動としての力も強めつつあったユーゴスラヴィア主義が存在していた。19世紀のユーゴスラヴィア主義は，クロアチア人，セルビア人，スロヴェニア人といった南スラヴ諸民族が混住していたハプスブルク帝国支配下の領域において，より大きな意味を持っていた。ユーゴスラヴィア主義は，ハプスブルク領域内の南スラヴ人が，相互の対立を超えて政治的に共闘することを可能にし，後のユーゴスラヴィア国家の思想的基盤となったからである。ユーゴスラヴィア主義は，温度差はありながらもハプスブルク領域内の南スラヴ人の間に広く共有され，また1878年に独立が承認されたセルビア王国においても広まっていった。

　1914年，サラエヴォにおけるハプスブルク帝国皇位継承者暗殺を契機に始まった第一次世界大戦の結果，ユーゴスラヴィア国家[5]が成立した。この国は，ハプスブルク帝国支配下にあった南スラヴ人領域と，独立国であったセルビア王国およびモンテネグロ王国の領域から構成されていた。新国家の成立は，19世紀以来のユーゴスラヴィア主義が，実体を伴う存在となったことを意味した。新国家においては，南スラヴに属するセルビア人，クロアチア人，スロヴェニア人は，単一の「ユーゴスラヴィア民族」の「部族」であるとされ，ユーゴスラヴィアは，「ユーゴスラヴィア民族」を単位とする擬制の国民国家と位置づけられた。だが，統一がセルビア王国主導で進み新国家の集権的色彩が強まる中，クロアチア人の反発が広がり，政治的な対立が常態化した。しかしその一方で，知識人の間にはユーゴスラヴィア主義の影響力が強く，「ユーゴスラヴィア民族」のもとに各「部族」の差異や対立が解消されてゆくとの楽観的な見解も広くみられた。戦間期においては，公用語は「セルビア・クロアチア・スロヴェニア語 srpsko-hrvatsko-slovenački」とされていた。文法の異なるスロヴェニア語も含めて単一言語として扱うことには無理があったが，反面，クロアチア人とセルビア人の言語が単一のものであるという考えがより広く行き渡ることとなった。戦間期に刊行された

雑誌には，ラテン文字で記されるザグレブの文章語と，キリル文字で記されるベオグラードの文章語の記事が混在しているものがみられる。戦間期のユーゴスラヴィアは，1941年に枢軸軍の侵攻を受けて分割占領されて解体した。枢軸国の傀儡国家として成立したウスタシャ政権（「クロアチア独立国」）は，クロアチア・ナショナリズムに依拠した体制であり，言語の面でも，公用語として制定したクロアチア語からセルビア的表現を排除するなどの純化政策を行った。また，それまでの音声式に基盤を置いた正書法に代えて，語根式の正書法を導入した。

　第二次世界大戦中のユーゴスラヴィアにおいては，ウスタシャ政権，セルビア人の民族主義者を中心とするチェトニク，そして共産党を中心とする解放運動であるパルチザンの間で，三つ巴の内戦が繰り広げられた。最終的に勝利を収めたのはチトーを指導者とするパルチザンであり，この結果，大戦後のユーゴスラヴィアは連邦制をとる社会主義国家として成立した。社会主義政権は，従来のセルビア人，クロアチア人，スロヴェニア人に加え，マケドニア人，モンテネグロ人にも主権民族としての地位を与え，それぞれが連邦構成共和国を持つこととなった。ボスニア・ヘルツェゴヴィナに関しては，ボスニア・ムスリム，セルビア人，クロアチア人の3民族が平等な権利を有する共和国とされた。社会主義ユーゴスラヴィアは，建前の上では独自の地位を持つ各民族が自発的に連合したものとされており，王国時代のような「ユーゴスラヴィア民族」を単位とする国民国家を志向するものとしてのユーゴスラヴィア主義は放棄された。代わって，諸民族の平等の上に国家の統一を維持してゆくことの重要性が強調され，この方針は「友愛と統一」というスローガンに象徴された。言語に関しては，スロヴェニア語に加え，それまで方言として扱われてきたマケドニア語にも公用語の地位が与えられ，標準化が行われた。同じく公用語である，クロアチア人，ボスニア・ムスリム，セルビア人，モンテネグロ人の言語は単一であることが強調され，このことは1954年のノヴィ・サド合意によって定式化された。ノヴィ・サド合意は，この言語が，2つの文字（ラテン文字とキリル文字）と2つの発音（イェとエ）

を持ちながら，統一的な文法に依拠する単一言語であること，言語の名称には「セルビア・クロアチア語 srpskohrvatski」あるいは「クロアチア・セルビア語 hrvatskosrpski」が採用されるべきであることを定めている。ザグレブを中心とする文章語とベオグラードを中心とする文章語は，単一の言語の2つのヴァリエーションであるとされ，それぞれのヴァリエーションに基づく正書法が刊行されると共に，共同の辞書編纂が開始された。

　ユーゴスラヴィアは，1948年のコミンフォルムからの追放を契機としてソ連型ではない社会主義体制の確立を目指し，様々な模索を経て，国内体制としての自主管理社会主義，外交政策としての非同盟からなる独自の社会主義路線を体制の中心に据えた。チトーの側近であったカルデリによって定式化された自主管理社会主義路線は，徐々に分権化の方向を取るようになった。こうした動きと並行して，1960年代にクロアチア人の間にノヴィ・サド合意への不満が高まった。1967年に発表された『クロアチア文章語の名称と地位に関する宣言』は，クロアチア人とセルビア人の言語が単一言語として扱われる中，政治の中心であるベオグラードの文章語の影響力により，クロアチア人の言語がセルビア化されることへの危機感を訴え，クロアチア語が個別言語としての地位を持つべきことを主張した。民族主義的知識人は改革派のクロアチア指導部と結びつき，1971年には政治的自由化を求める動きが「クロアチアの春」として知られる大衆的な運動となった。クロアチア人の民族的不満が言語の問題として表出したのは，象徴的なできごとであった。

　「クロアチアの春」にみられた政治的自由化の主張は共産主義者同盟体制を揺るがしかねず，また民族主義的主張は，クロアチア人とセルビア人の関係を悪化させユーゴスラヴィア国家の統一をも揺るがしかねないものであったため，指導部は「クロアチアの春」を強権的に抑圧した。その一方で，分権化を徹底することが民族問題の解決につながるという点も強く認識され，分権的色彩の濃い1974年憲法が制定された。1974年憲法のもと，各共和国は経済活動における自己決定権を持つようになり，連邦の権限は縮小された。また，セルビアに属するヴォイヴォディナ，コソヴォの2つの自治州もその

権限が強化され，ほぼ共和国と同様の位置づけがなされた。1974年に定められたクロアチアの共和国憲法をみると，共和国の公用語は，それまでの「クロアチア・セルビア語」との規定に代わり，「クロアチア文章語 hrvatski književni jezik —クロアチアにおけるクロアチア人とセルビア人の民衆言語の標準形。これは，クロアチア語ないしセルビア語 hrvatski ili srpski と呼ばれる。」と定められた。また，セルビアとモンテネグロでは「セルビア・クロアチア語 srpskohrvatski」，ボスニア・ヘルツェゴヴィナでは「セルビア・クロアチア語すなわちクロアチア・セルビア語 srpskohrvatski odnosno hrvatskosrpski」が共和国の公用語の名称として用いられた。連邦憲法は，人民軍の指揮言語が「セルビア・クロアチア語」である旨を規定しているが，連邦の公用語に関しては「(連邦構成)諸民族の言語」とするのみで具体的な言語の名称は挙げていない。

　1974年憲法のもとでは，分権化の徹底と並行して，言語の位置づけに関しても統一から分化にベクトルが向くようになった。クロアチア人，ボスニア・ムスリム，セルビア人，モンテネグロ人の言語が単一言語であるとの名目はユーゴスラヴィア解体まで維持されたが，実質的には分化の傾向をますます強めていった。こうした分化傾向は，3民族が共存するボスニア・ヘルツェゴヴィナにおいては，ある種の危機感をもって捉えられた。ボスニアの指導部は，3民族の平等とボスニアとしての一体性の維持を最優先に考えており，クロアチア人とセルビア人の言語が分化の方向に進むことによって，ボスニアにおける民族間の対立が生まれることを恐れた。ボスニアでは，単一言語としての「セルビア・クロアチア語すなわちクロアチア・セルビア語」と2つの文字の平等[6]が主張され，ボスニアにおける言語の単一性を強調する「ボスニア・ヘルツェゴヴィナ標準言語表現」といった用語も多用された。

　社会主義ユーゴスラヴィアにおいては，住民の約7割が母語とする「セルビア・クロアチア語」が国家レベルでの実質的な公用語として機能していた。その一方で，多民族国家として自己規定に基づき，国内の少数民族の言語文化の発展にも配慮がなされていた。1974年体制下では，少数民族言語のう

ちアルバニア語とハンガリー語は，当該の言語でも官報が発行されるなど公用語に準ずる地位を持ち，その他の少数民族言語に対しても，教育，出版活動，テレビ放送などを通して，その言語の保護と民族文化の発展が図られた。こうした点は，社会主義ユーゴスラヴィアの言語実践の肯定的な側面の1つとして考えられよう。

4 ユーゴスラヴィア解体と「セルビア・クロアチア語」の解体

1990年代初頭，スロヴェニア，クロアチア，ボスニア・ヘルツェゴヴィナ，マケドニアが独立を宣言し，残ったセルビアとモンテネグロが新国家（ユーゴスラヴィア連邦共和国）樹立を宣言するに至ってユーゴスラヴィアは解体した。1989年の東欧諸国の体制転換は，ユーゴスラヴィアの社会主義体制も揺るがした。国家統一の支柱と位置づけられていた共産主義者同盟が解体し，1990年の自由選挙の結果，各共和国で民族主義的傾向の強い政権が樹立されると，国家解体への流れを押しとどめることはできなくなった。国家解体以上に悲劇的であったのは，それに引き続いて発生した内戦であり，特にボスニアにおいては20万人近い死者を出し，250万人にのぼる人々が住居を追われた。

ユーゴスラヴィアの解体と共に，1970年代から分化の方向性がみられた「セルビア・クロアチア語」もまた解体した。新たに独立した国々では，単独の民族名称を冠した公用語が定められた。クロアチアにおいては「クロアチア語」が公用語として規定され，ユーゴスラヴィア連邦共和国では「セルビア語」が公用語となった。ボスニア・ヘルツェゴヴィナでは，1990年の自由選挙の結果政権の座についた3民族それぞれの民族主義政党からなる連立政権のもとで，3民族それぞれが，民族名でその言語を名付けた。ボスニア・ムスリムは，自らの民族言語を「ボスニア語 bosanskijezik」とした[7]。この結果，ボスニアにおける言語の一体性が強調された社会主義時代とは反対に，ボスニア語（ラテン文字を使用），セルビア語（キリル文字），クロアチア語（ラ

テン文字)がそれぞれ別個のものとして主張されると同時に，相互の差異が強調され，言語の実態も別個のものとしようとする方向性が強まることとなった。ナショナリズムの高まりを背景とした言語の差異の強調，言語純化の主張，非標準的あるいは別民族に属するとされた表現に対する不寛容，新語の創造といった点は，特にクロアチアで顕著であったが，程度の差こそあれこの時期の旧ユーゴスラヴィア地域には広くみられた現象である。セルビア人の間では，民族の象徴の1つと位置づけられ，公用文字とされたキリル文字を使用する頻度が高まった。また，ボスニアのセルビア人指導者は，

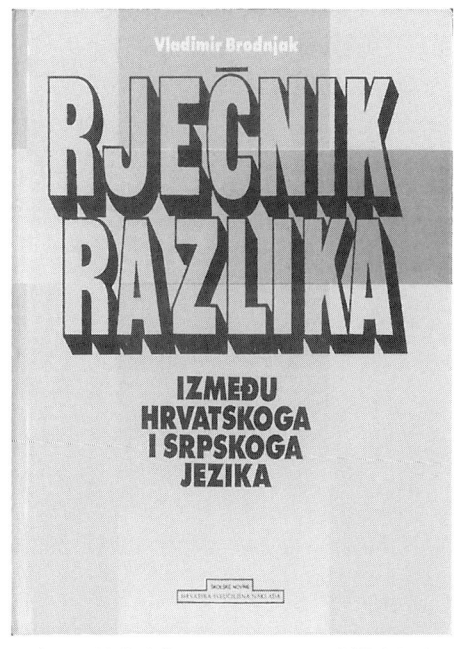

写真1　独立直後のクロアチアで出版された『クロアチア語・セルビア語差異辞典』
(Vladimir Brodnjak, *Rječnik razlika između hrvatskoga i srpskoga jezika*, Zagreb:Školske novine, Hrvatska sveučilišna naklada, 1992.)

一時期，この地域で普段話されるイェ方言に代えてセルビア本国で一般的なエ方言に基づく文章語を導入しようとも試みた。

　クロアチアとボスニアの紛争は1995年に終結し，ボスニア・ヘルツェゴヴィナは，デイトン和平協定に基づいて，ボスニア・ムスリム，セルビア人，クロアチア人を主権民族とし，ボスニア・ヘルツェゴヴィナ連邦(ボスニア・ムスリムとクロアチア人の連邦)とセルビア人共和国の2つの政体からなる国家となり，内戦を経験した3民族間の和解が図られることとなった。この結果，ボスニアでは，ボスニア語，セルビア語，クロアチア語の3つが公用語とされた。実際には相互理解が可能であるにもかかわらず，3つの言語が別個の言語として定式化されたことは，民族間の和解が大きな課題となる中で

写真2　キリル文字の使用を呼びかけるシール。「キリル文字。最もセルビア的なものを放棄するな。」（2009年，ベオグラードにて撮影）

問題も生み出している。例えば，各民族がそれぞれの「母語」である民族言語で教育を受ける権利は，人権上の問題として尊重されることになるが，このことによって教育システムが民族毎に別個のものとなってしまい，生徒相互の交流を阻害して，むしろ民族間の距離を広げる作用をもたらすことになった。同様の現象は，クロアチアにおけるクロアチア人とセルビア人の間にもみられる。

　このように，ユーゴスラヴィア解体後には，言語がナショナリズムの道具として政治的意図を持って利用されるケースが多数見られた。2006年のモンテネグロの独立過程とその後のモンテネグロ語をめぐる問題にもこのことは当てはまる。モンテネグロ人は社会主義政権下において固有の民族としての地位を与えられていたが，必ずしも，モンテネグロ人として固有の民族意識が確立していたわけではなく，宗教や文化を共有するセルビア人の一部であるとの考えも根強かった。モンテネグロは，1990年代初頭のユーゴスラヴィア解体時にセルビアとの連邦国家を樹立し，セルビア語が公用語とされ

ていた。モンテネグロが自立への傾向を強めるのは，ミロシェヴィチ政権との関係が悪化した1990年代後半以降のことであり，2000年にミロシェヴィチ政権が崩壊した後にも引き続き自立傾向がみられた。2003年に，セルビアとモンテネグロの連邦国家である「ユーゴスラヴィア連邦共和国」は国家連合の特徴を持つ「セルビア・モンテネグロ」に再編されたが，モンテネグロの独立への歩みをとどめることはできなかった。モンテネグロは，2006年に住民投票を経て独立を達成した。しかし，独立に至るプロセスの中で独立派とセルビアとの共同国家維持派の間の政治対立は激化し，社会に深刻な亀裂を生み出した。

　社会主義時代の1981年の国勢調査では，モンテネグロにおける民族割合はモンテネグロ人70パーセント弱，セルビア人約3パーセントであったのが，2003年の調査では，モンテネグロ人40パーセント強，セルビア人30パーセント強となっている。このことは，モンテネグロにおいて大規模な住民構成の変動があったことを意味するのではなく，今まで曖昧にされてきた「モンテネグロ人」の位置づけに関して，独立派を中心とした民族意識を強く持った人々が申告する「モンテネグロ人」と，共同国家維持派で自身がセルビア人の一部であると認識する人々が申告する「セルビア人」との相違が，独立をめぐる対立の中で顕在化したことを意味している。モンテネグロでは，これまでイェ方言を基礎とするセルビア語とほぼ同一の文章語が用いられてきたが，独立後に制定された2007年の憲法は，モンテネグロの公用語を「モンテネグロ語」であると規定している[8]。これに伴って，モンテネグロ語の標準化の作業が開始され，2009年には，反対意見もある中で新正書法が発表された。この正書法は，モンテネグロで話される方言に依拠した2つの新たな文字（ś, ź）を導入し，この結果，表記体系の点でセルビア語とは異なったものとなった。モンテネグロ語の新たな文字の導入は，民族言語としてのモンテネグロ語が独自の存在であると強調する意図を持っている。

　アルバニア人とセルビア人の混住地であったコソヴォは，社会主義時代にはセルビア社会主義共和国に属する自治州として位置づけられていた。アル

バニア人は，コソヴォでは多数派であるにもかかわらず連邦レベルでは少数民族として規定されており，経済的不満ともあいまって，権利拡大とコソヴォの共和国昇格を求めて数度に渡って暴動が発生した。コソヴォのアルバニア人は，歴史的にアルバニア語の2つの主要な方言のうちゲグ方言を用いていたが，1968年以降，アルバニア本国と共通のトスク方言を基礎とする文章語が用いられ，アルバニア語の文章語が統一された。このことも，コソヴォにおけるアルバニア人の民族意識の高揚に寄与した。その後，ユーゴスラヴィア解体時には，ミロシェヴィチ政権により実質的な自治権の剥奪が図られ，これに対する不満が，1998年以降のアルバニア人武装組織とセルビア治安部隊の武力衝突につながった。この衝突に端を発するコソヴォ紛争は，NATOの軍事介入を経て，1999年にコソヴォが国連の暫定統治下に置かれたことで一応の決着をみる。2008年には，セルビアが反対する中コソヴォは独立を宣言した。西側主要国の国家承認は取り付けたものの，セルビアやロシアの反対で国際機関への加盟はままならず，コソヴォの前途は依然不透明である。さらに，これ以上に大きな問題であるのは，コソヴォのアルバニア人とセルビア人の双方の民族共同体間の相互交流が絶たれてしまっていることである。社会主義期には，コソヴォにおいても「セルビア・クロアチア語」が実質的な共通語として機能していたが，現在ではアルバニア人，セルビア人の双方とも相手の言語を学ぶ機会は存在せず，共通の言語が存在しない状況にある。コソヴォにおいても民族間の和解が大きな課題であるが，その状況は現在のところボスニア以上に悪い。

5 おわりに

これまで見てきたように，旧ユーゴスラヴィア地域においては，言語はナショナリズムを構成する重要な要素として位置づけられてきた。また，ユーゴスラヴィアの統一と個々の民族の自立性の追求の間で政治状況が変化する中，「セルビア・クロアチア語」の位置づけも，単一言語と個別の民族言語

の間で揺れ動いてきた。そして，ユーゴスラヴィア国家の解体によって，単一言語と位置づける試みは終焉を迎え，それぞれの民族において，名称のみならず実体としても民族語の独自性を強調することに努力が払われた。

　しかし，この努力が必ずしもその意図のとおりに人々に受け入れられたわけではない。例えば，紛争終結後にセルビアのある映画がクロアチア語の字幕を付けてクロアチアで公開され，興行的な成功を収めたことがあった。映画の内容が受け入れられたのではない。理解可能な内容に対して字幕を付けるという行為の滑稽さが観客を呼んだのであった。

　「セルビア・クロアチア語」を母語とする人々は，民族を超えて文学作品や言語文化を共有してきた。1990年代の紛争は確かに民族間の断絶を深めたが，紛争後には，徐々に人々の交流が活発になってきている。さらにインターネット技術の発達により，民族を超えた新たなコミュニティの可能性も開けている。そうした点から考えれば，それぞれが民族語として位置づけられたことは，相互に切り離された別個の言語として発展してゆくことは意味せず，むしろ今後も言語文化は共有され続けてゆくであろう。現在，旧ユーゴスラヴィア地域の国々は，EU加盟を大きな課題とし，そのために様々な努力がなされている。そうした中，各国政府間で膨大なEU文書の翻訳を共同で行おうとする試みも始まった。将来のEU加盟によって，この地域に暮らす人々が国家の枠組みを超えたヨーロッパの一員となるのであれば，多言語社会としてのユーゴスラヴィアの経験が再び意味を持つことになるかもしれない。

注

(1)　「7つの国境」とは，イタリア，オーストリア，ハンガリー，ルーマニア，ブルガリア，ギリシア，アルバニアの隣接7カ国を示し，「6つの共和国」は，スロヴェニア，クロアチア，ボスニア・ヘルツェゴヴィナ，セルビア，モンテネグロ，マケドニアの構成共和国を指す。「5つの民族」は，主権民族としての，スロヴェニア人，クロアチア人，セルビア人，モンテネグロ人，マケドニア人を指すものとされたが，実際には，1968年にボスニア・ムスリムが「ムスリム人」として主権民族の地位を認めら

れたことから，その数は6となった。「4つの言語」は，スロヴェニア語，クロアチア語，セルビア語，マケドニア語を指すが，このうちクロアチア語とセルビア語は原則として単一の言語として扱われていた。「3つの宗教」は，主要な宗派であるキリスト教のカトリック，東方正教，およびイスラームを指し，「2つの文字」とは，ラテン文字とキリル文字を示す。また，「1つのユーゴスラヴィア」は，戦後社会主義体制の中でカリスマ性を発揮した指導者の名を取って「1人のチトー」と表現されることもあった。

(2) クロアチア人，ボスニア・ムスリム，セルビア人，モンテネグロ人の母語は，ほぼ同一の文法を持ち，ほぼ完全に相互理解の可能な言語であるが，その位置づけや名称は，それぞれの立場を反映して様々である。「セルビア・クロアチア語」という名称は，現在では用いられることは少なくなっているが，ここではこの言語を総称する際に便宜的に用いることとする。

(3) ボスニア・ヘルツェゴヴィナに暮らすイスラーム系住民は，オスマン帝国の支配下にあった時代以来，イスラームに基盤を置く独自の文化，生活様式を発展させてきた。第2次世界大戦後に社会主義政権が成立すると，イスラーム系住民は，セルビア人，クロアチア人とは異なる固有の集団として位置づけられるようになり，さらに1968年には，連邦レベルで，セルビア人，クロアチア人などと平等な，正式な「民族」としての地位を獲得した。この時，民族名称としての「ムスリム人 Muslimani（大文字のMで表記されることで民族としてのあり方を明確にした）」という概念が導入された。「ムスリム人」の民族名称は，ボスニア・ヘルツェゴヴィナの独立前後の経緯の中で「ボスニア人 Bošnjaci」と変更された（ボスニアの地域住民を示す Bosanci とは，別の名称が採用されている）。ここでは，便宜的に，ボスニア・ムスリムと記述する。

(4) 例えば，「大学」に対して，ザグレブでは sveučilište というのが一般的なのに対して，ベオグラードでは普通 univerzitet と呼ぶ。また，月の名称に関しても，例えば「一月」が，ザグレブでは siječanj（ただし，「一番目の月」の意で prvi mjesec と呼ばれることも口語では多い。）であるのに対して，ベオグラードでは januar となる。

(5) 建国当初の名称は「セルビア人・クロアチア人・スロヴェニア人王国」。国名が「ユーゴスラヴィア王国」と改められるのは1929年である。

(6) 社会主義時代にサラエヴォで発行されていた新聞『オスロボジェーニェ（解放）』は，見開き毎に記事に用いる文字を変えていた。また，新聞の表紙も，2つの文字が一日ごとに交互に用いられた。

(7) ここでは，「ボスニア語」は，新たな民族名称としての「ボスニア人 Bošnjaci」に対応する形容詞を用いた bošnjački ではなく，地域としてのボスニアに由来する bosanski という形容詞を用いて表されている。このことは，セルビアやクロアチアの言語学者の一部の反発を呼んだ。

(8) その他,「さらにセルビア語,ボスニア語,アルバニア語,クロアチア語も公用される」と定めている。

参考文献

Alexander, Ronelle, *Bosnian, Croatian, Serbian: A Grammar with Sociolinguistic Commentary*, Madison: University of Wisconsin Press, 2006.

Bugarski, Ranko and Celia Hawkesworth (eds.), *Language Planning in Yugoslavia*, Columbus: Slavica, 1992.

Bugarski, Ranko and Celia Hawkesworth (eds.), *Language in the Former Yugoslav Lands*, Bloomington: Slavica, 2004.

Greenberg, Robert D., *Language and Identity in the Balkans*, Oxford: Oxford University Press, 2004.

Nejlor, Kenet E., *Sociolingvistički problemi među Južnim Slovenima*, Beograd: Prosveta, 1996.

Okuka, Miloš, *Eine Sprache - viele Erben: Sprachpolitik als Nationalisierugsinstrument in Ex-Jugoslawien*, Klagenfurt: Wieser, 1998.

Rampe, John R. *Yugoslavia As History: Twice There Was a Country*, Cambridge: Cambridge University Press, 1996.

Vince, Zlatko, *Putovima hrvatskoga književnog jezika*, Zagreb: Liber, 1978.

柴宜弘(編)『もっと知りたいユーゴスラヴィア』弘文堂,1991年。

柴宜弘『ユーゴスラヴィア現代史』岩波新書,1996年。

Ⅴ 「辺境」における言語文化の形成

13 ロドピ地方の牧羊と移動労働
―多言語・多宗教・多民族共住の地域社会から―

寺島憲治

1 はじめに

　世界は東西両陣営に分かれて睨み合っており，相互の交流が制限されていたと教えられていたためだろうか，陣営の異なるブルガリアとギリシアが国境を接していることを頭では理解していても，この地理上の事実がなかなか実感としてとらえられなかった。習慣や風俗に類似したところが見られ歴史的にも共通するものが多いのに，近時のわずか数十年の対立が肥大し過去にまで覆いかぶさって，2つの国は全く別の世界として刷り込まれていたのである。社会主義時代のブルガリアに数年滞在していたときのこと，ブルガリアの最南端からエーゲ海まで30キロほどしかないことを知って軽い驚きを覚えたものだ。
　1989年の社会主義体制崩壊後しばらくして，新体制も安定しブルガリアとギリシアの行き来も柔軟になったと知って，両国を分けるロドピ山脈の中の一番国境寄りの村ケステンに何度か調査に行ったことがある。トルコ寄りの東ロドピ地方にはトルコ系住民が多く，ケステン村の位置する中部ロドピ地方はポマクと呼ばれるブルガリア人ムスリムの集住する地域である。人口比からするとどちらもムスリム系住民が多く，社会主義時代末期に同化政策の吹き荒れた現場である。当時，外国人研究者は入ることができず，ブルガ

リア人研究者でも入域申請をし許可を受けなければならなかった。そのため，ポマクにかんする情報や研究は少なく，その少ない情報も政治的な理由からフィルターがかけられていることがしばしばだったので，ぜひとも自分の目でその村を確かめ，彼らの話に耳を傾けてみたいと常々思っていたのである。

ケステン村から国境までは直線距離にして2, 3キロ，その頃まだあった緩衝地帯の鉄条網まで近づくと若い監視の兵士がいたが，特にとがめられることもなく，彼らと雑談をして戻ってきた。あの厳しかった時代のイメージが染みついていたせいか，時代ががらりと変わった大転換後の国境の状況に，面くらい肩透かしをくった思いがした。

2 国境のなかった頃

この地域は，標高2000メートルに迫る山岳地帯で，ケステン村も1300メートルほどの高さにある。

高く聳える山に国境線とくると，人びとの足もぱたっと止まってしまうと考えがちだ。とはいえ，今から100年ほど前，ここはオスマン帝国の領土で，国境線はなかった。ほぼ今のように固まるのは，1912〜13年のバルカン戦争から第1次世界大戦の頃のことである。それに，山があるから交通が不便で人びとの行き来が妨げられると思うのは，鉄道や自動車をもってこれを交

通手段と考えるからで，歩くぶんには山だからといって障害になるとは限らない。この地方で愛用される騾馬は，急峻な坂道でもかなりの量の荷物を運ぶことができる。

　雪の残る頂きから流れ出る渓谷沿いに古くからいくつもの道が整備され，急峻な谷には水面から身の丈の十倍以上もありそうな高さに優雅なアーチを描く石橋がかけられている。雨が降ると水は急な濁流となって流れるために，流れをさえぎる橋桁は作ることができない。それでこのような独特なシルエットが生まれたのである。オスマン帝国時代のものだが，地元の人たちはこの橋を「ローマ橋」と呼び習わしている。すでにローマ時代にこの地方は，クサンティやドラマ，あるいはパウロ書簡で知られるテッサロニキやピリピなどエーゲ海沿岸の都市と結ばれ，モノや人が行き交っていた。季節になると，幾人もの羊飼いに率いられた大きな羊群が，いくつもこの道を通っていったこともあった。

③　ロドピ地方の牧羊業

　地中海性気候のおよぶこの地方では，夏の乾期に入るとエーゲ海沿岸部の牧草地の草が枯れてしまい，高温で搾乳量も下がる。それで，羊飼いたちは，牧草が豊富で涼しい高地に羊を移動させた。しかし，雨季の冬には山は雪で放牧がままならなくなる。それで，また沿岸に羊を下ろした。このようにして，1年を2つの季節に分け，山間部の夏営地と沿岸部の冬営地を定期的に移動する移牧が古代から行われていた[1]。

　通常，聖ゲオルギの日の5月6日と聖ディミータルの日の11月8日が移動の区切りとされた。この2つの聖人の日は，ほぼ立夏と立冬にあたり古く農事暦にさかのぼるものだが，ムスリムたちも同じ日をフドレレスとカスムと名づけ祭日として祝っている。ちなみに，この地方の羊飼いたちは，聖ディミータルの日（カスム）をもって1年の始まりとし，以降，ここを起点としてユズ・エリ，つまり150日までを日数で数えて，これを冬営地での祭日の

名前や作業の目処とする独特の暦法を使用していた。アルクムシ・ビルデ（< altmış bir）は61番目の日で旧暦のクリスマスを，ドクサン（< doksan）は90番目の日で羊の出産状況を調べて新しい羊群の編成準備に入る日を，そしてユズ・エリ（< yüz elli）が冬の終わりとされた。これらの名称はトルコ語の数詞に由来するもので，キリスト教徒やブルガリア・ムスリムのスラヴ系住民が，オスマン時代にこの地方の牧羊を支配していたトルコ系遊牧民のユルックからこの暦法を受け継いだのである。

　夏営地や冬営地への移動を組織・指揮したのがケハヤと呼ばれる羊飼い頭で，数千頭の羊を所有するケハヤのもとに，自身も数十頭の羊をもつ羊飼いが集まり，5000頭から6000頭，ときには1万頭もの羊群を率いて移動する一団が形成された。通例，熟練の羊飼い1人で150頭から200頭ほどの羊を世話したので，6000頭の羊群には30人から40人の羊飼いがつき，ほかに雑用をするマレシナと呼ばれる見習い羊飼いやオダジヤと呼ばれる料理人も含めると働き手は全員で40人から50人ほどになった。

　彼らは，高地の夏営地が移牧の拠点であり自分たちの故郷と見なしていて，ここに数家族が集まると小集落が形成された。冬営地は，入会地や休耕畑などを利用して自前の放牧地を持たなかったために，一時的なものと考えられていたからである。秋になると，働き盛りの男たちは平場に向うので，「本村」には老人や子供たち，主婦や娘たちだけが残ることになった。それだけに半年の別れとなる出発は，にぎやかだった。出発の2，3日前になると羊飼いたちは綺麗な服に着替えて家族に挨拶をし，独身者は思いの娘と語らうために娘組の集まりのポプレルカに顔を出した。このような時には，もちろん歌と踊りは欠かせなかった。夏営地を離れる前に羊飼いたちは，受け入れてくれた山に許しを請い，別れを告げる。この歌は，出発の歌の定番であった。

— Оставай сбогом, Стара планина,	「さらば，老いたる山よ，
голям ти зулум сторихме:	お前にはえらく悪いことをしちまったな。
изпихме ти студена вода,	俺たちは，お前の冷たい水を飲んで，
изхвърлихме ти дребно камане,	お前の小石を投げたな，
дребно камане на сиво стадо,	灰色の［羊を］群れに［纏(まと)めるために］小石をな。
укършихме ти елшино ворше,	お前の榛(はん)の木の小枝を折ったな，
елшино ворше за момско кожеле,	娘の鍾(つむ)をつくるため榛の木の小枝をな。
опасахме ти зелена трева.	お前の緑の草を食べさせちまったな」
— Сбогом идите, млади овчари,	「さらばだ，行くがよい，若い羊飼いたちよ，
поздравум пак да дойдите....	また元気で戻ってくるのだぞ…」

4 冬営地と多言語環境

　10月下旬に夏営地を撤収して本村を出発し，道々，羊を放牧しながら羊飼いたちはエーゲ海沿岸をめざす。「平野と海を目にすると，ピストルを鳴らし大声で叫んで」来訪を告げ，クサンティの町に入ってゆく。すると，茶店(ちゃみせ)や商店などあちこちから人びとが出てきて歓迎の言葉をかけてくる。町には，ギリシア人のほかにトルコ人やブルガリア人も暮らしていたが，挨拶はすべてトルコ語だった。オスマン帝国のこの町に住む異なる言語を母語とする人びとのあいだでは，トルコ語が地域的なリンガフランカになっていたのである。町を離れると，羊飼いたちは，周囲の放牧地へ散ってゆき，落ち着き先で地主との賃借交渉を済ませ，聖ディミータルの日（カスム）までに移動を完了するのを常とした。

　彼らが移動したエーゲ海沿岸一帯は，幾つもの言語や宗教が混ざりあう地域であった。町の中心部ではトルコ語が共通語になっていても，冬営地の地主にはギリシア人も多く，自然，交渉の言葉もトルコ語を交えながらギリシア語でも行われた。西からは，アルバニア人たちが，大市場イスタンブールを目指して羊を追ってこの地を通過し，しばしばロドピの羊飼いといさかいを起こした。牧羊業がない日本では，羊飼いというと「牧歌的な」イメージしか浮かばないが，彼らは，余分な子羊や羊毛を移動の途中で開かれる定期市で売却処分したり，冬営地では賃借交渉や家畜の引き起こす損害の補償交

渉など，多言語を駆使し交渉力も必要とされる職業であったことを忘れてはならない。19世紀に入って羊毛産業や牧羊業が隆盛をみると，数多くの羊を所有し多数の羊飼いを雇用するウストヴォ村のシュトノやモギリツァ村のアグシのような羊飼い頭が生まれた。彼らは，羊飼いを束ねる企業経営者としての一面も備えており，近代的な牧羊業のさきがけとなったのである。

5 牧羊業と羊毛産業

　ここで，牧羊業と羊毛産業の隆盛の経緯を見ておこう。

　ハプスブルク帝国やロシアの進出によって，オスマン帝国がヨーロッパに占めていた領土は北辺から次第に失われてゆき，18世紀に入ると，残されたバルカン地方，とくに帝国のお膝元にあったブルガリア地方の重要性は，徐々に増大してゆく。数次にわたる露土戦争での敗北は，オスマン軍の中核を担っていたイェニチェリ軍団の硬直化と弱体化にあることはもはや疑い得ないものになっていた。そこで，スルタン・セリム3世は改革に着手し，1783年にヨーロッパ式の新式軍隊を創設し，新しい軍事技術の導入を開始した。軍団守旧派の抵抗によりこの改革は一時頓挫したが，1826年，新帝スルタン・マフムート2世は武力によってイェニチェリ軍団を壊滅させて廃止し，「ムスリム常勝軍」と名づける常設軍を編成した。

　新式軍団の設立にともなって新たに統一的な軍服が定められ，常設軍の軍服用毛織物需要がロドピ地方だけでなくブルガリア全土の牧羊業と羊毛産業に大きな刺激を与えることになった。早くも1826年にオスマン政府は，帝国からドイツへの羊毛輸出を禁止し，ロドピ地方にできる限り多くの毛織物を生産するように通達を発した。翌1827年4月，政府は，ムスリムの祭りのバイラム祭期間中にチェピノやデヴィンなどロドピ地方からラシャ生地500梱と黒の荒織り生地120梱を送るように命じ，同年8月には砲兵隊と輜
重隊の外套用に1万1500梱のラシャ生地を調達するように注文をだしている。以降，19世紀末になって衰退に向かい始めるころまで，牧羊業と羊毛

産業はこの地方最大の産業として隆盛を極めたのである。

　ところで，当時，毛織物は家内工業として主に女性たちの手で生産されたので，原材料の羊毛の調達と製品の集積に携わる商人が出現した。ペトコヴォ村やレヴォチェヴォ村，現在スモリャン市に併合されているウストヴォ村とライコヴォ村が，その中心地となった。宗教の差は，原則として商取引の障害にはならず，キリスト教徒商人，ムスリム商人どちらも見られた。彼らは，オスマン政府の需要を満たすだけでなく，時代が下ると，イスタンブールへ向かう街道沿いで秋口から1ヶ月にわたって開催される大規模なウズンジョヴォの定期市や，エーゲ海沿岸の都市のコモティニ，クサンティ，カヴァラ，ドラマ，さらにはイズミルなどアナトリアの都市にも販路を拡大した。中部ロドピのスモリャン地方では，イズミルを販路とする商人はイズミルリーヤと，エーゲ海の島々を販路とする商人はモレーニ（「海」の意味のモレー море から派生）と呼ばれていた。

6　出稼ぎと移動労働

Tôрнали ми са, тôрнали устовски млади терзие и райковски абаджие нах голêм Ташюс да идат.	出かけたぞ，なあ出かけたぞ， ウストヴォ村の若い仕立屋が， ライコヴォ村のアバ職人が 大きなタソスの島に向かうため。

　アバ職人は，アバと呼ばれる厚手の毛織物の仕立屋で，タソス島はエーゲ海北部，ギリシア本土と目と鼻の先にある。ウストヴォ村もライコヴォ村も，現在では中部ロドピ地方のスモリャン市に併合されてその名を区名にとどめるのみだが，かつてはこの地方一帯の羊毛と毛織物の集積地で，その布地を積んで仕立屋たちは出稼ぎにでた。言ってみれば，彼らは行商人と出稼ぎ職人をかねたような連中だったが，おのおのが独自の商域と得意先を持っていた。仕立屋だけではない。19世紀のロドピ地方では，男性住民の多くが，

村を離れて働くさまざまな職種の出稼ぎや移動労働に従事していた。

　商人たちが毛織物の販路を拡大してゆくのと平行して，仕立職人も数を増した。ギルドを組織して徒弟をかかえ，エーゲ海沿岸の都市に仕事場や店を構える者も多くいた。彼らは，1年を周期とする出稼ぎ職人で，初夏から晩夏まで故郷のロドピの村で過ごし，秋も近づく生神女就寝祭（しょうしんじょしゅうしんさい）（新暦8月15日でカトリックの聖母マリア被昇天の日に当たる）の頃になると村を離れ，春の復活祭，あるいは5月6日の聖ゲオルギの日の頃にまた村に戻った。職人たちは，グループで出立することが慣例だったので，その日になると村はにぎやかだった。出立は，キリスト教徒の場合，健康と幸せをもたらすとされる吉日の月曜，木曜，土曜のいずれかに行われた。

　この地方の移動労働を考える上で忘れてはならないのが，石工と大工である。これらの職業は，しばしばまとめて前者の呼び名「ジダール зидар」で呼ばれる。ここでは，「建設業」と訳しておこう。建設業はいつの時代にもあったが，19世紀になるとギルド的な組織を持つ建設業者の集団がロドピ地方の各地に出現した。そのきっかけになったのは，バルカン半島の治安が不安定だった18世紀の70年代にマケドニアから移住してきたアルバニア系の親方職人だったといわれる。

　19世紀はブルガリア全土で人口の急増した時代として知られるが，増加した人口を養うだけの土地と農業生産のなかった山間部では，外に生活の糧を見出さなければならなかった。そのため，出稼ぎ労働としての建設業が急速に発達したのである。マナスティル村では住民の3分の1が建設業に携わっていたといわれ，モムチロフツィ村では建設業者の95％は出稼ぎをしていたという。ただし，これはキリスト教徒住民のことで，この地方のムスリム系住民はほとんど建設業に従事していなかった。

　彼らは，親方の下に数人の職人と徒弟からなる「タイファ」と呼ばれる一団を形成して，春になると出稼ぎに出かけ，クリスマスの頃になると家族の暮らすロドピ地方に戻り，3月までここに滞在するとまた出稼ぎに出かけた。職人たちは，ほぼ村ごとにギルドを形成し，ギルドごとに決まった出稼ぎの

地域を持っていた。エーゲ海沿岸の諸都市や村むらがその地域であったが，例えば，シロカ・ラカ村の職人はカヴァラが，ライコヴォ村はクサンティが，ウストヴォ村はアレクサンドルポリが，ペトコヴォ村はコモティニが，それらの地域であった。

　山間部のロドピ地方では，奇妙に聞こえるかもしれないが，19世紀には漁師も重要な出稼ぎ仕事であった。ウストヴォ，ライコヴォ，ゴルノ・デレ・キョイ（現在のモムチロフツィ），チェペラーレ，ペトコヴォなどが出稼ぎ漁師の多い村だった。彼らは，9月半ばの「秋になるとボル・ギョルのあたりに出かけて聖コスタディンの日（5月21日）までそこで漁業に携わり，夏になると家族の暮らす村に戻った」という。彼らは，移動する時期が羊飼いと重なっていて働く場所も近かったために，羊飼いたちとは近しい関係にあった。娘をめぐって仕立屋と羊飼いの若者たちのグループ間にもめごとが起こると，出稼ぎ漁師たちは羊飼いたちのグループに加担した。

7　人とともに移動するもの：情報と民衆歌謡

　決まった耕地を持たず，移動を事としていた彼らは，家族と共に暮らし働くのを常としていた内陸部の定着農耕民の目には，かなり異質な存在と映っていて，蔑視されたこともあったようだ。特に羊飼いの場合がそうで，農耕民のブルガリア人のあいだに，「羊飼いのような家なし」といった慣用句が生まれ，ブルガリア語で「羊飼い（オフチャール，オフチャーリン）」というと，「遠くから，稼ぎ仕事から，出稼ぎから，よそから戻ってきた仲間の者や家の者，まれびと」という意味でも使われるようになったのもそのためだった。

　その一方で，彼らが，情報に優れ，比較的容易にハイドゥティ（義賊）と接触したり，富裕な家の者が誘拐されるようなことがあると，賊との交渉の仲立ちになって，いわば「公界者」の役割をはたしていたことが，19世紀の記録や手記からうかがわれる。彼らが，2000m近い高地と平地の2つの世界のあいだを，言語や宗教など通常の境界を通り抜けて移動する存在であっ

たために地域の内情を知悉し,子羊や羊毛の売却を通して政治・経済情報にも通じていたからである。

　また,石工などのように,大規模な工事に関わると幾つもの集団が協同して作業にあたるために,彼らのあいだで広まった一群の民衆歌謡群がある。その一つが,人柱伝説で,この歌は,バルカン一帯に広く流布しており,南方熊楠が「人柱の話」と題してセルビア版の伝説を要領よく紹介しているので,ここに引用してみよう。

　　「セルヴィアでは,都市を建てるに人または人の影を壁に築き込むにあらざれば成功せず。影を築き込まれた人は必ず速かに死すと信じた。昔その国王と二弟がスクタリ砦を立てた時,昼間仕上げた工事を夜分鬼が壊してやまず。よって相談して三人の妃のうち一番に食事を工人に運び来るものを築き込もうと定めた。王と次弟はひそかにこれをもらしたのでその妃ども病と称して来らず。末弟の妃は一向知らずに来たのを王と次弟が捕えて人柱に立てた。この妃乞うて壁に穴を残し,毎日その児をつれ来らせてその穴から乳を呑せること十二ヵ月にして死んだ。今にその壁より石灰を含んだ乳様の水が滴るを婦女詣で拝む」[(2)]

　同様の歌は,3人の親方による建設作業,真夜中の不可思議な崩壊,弁当運びによる人柱となる妻の選定方法,人柱となった母親の授乳など,ほぼ骨子を違わずに,ギリシア,ブルガリア,マケドニア,ルーマニアなどでも採録されている。

　南方は,若い妻を人柱に埋めることになる親方の名前に言及していないが,バルカンの人柱伝説を広く見渡してみると,その名前に言語を超えて広い地域にまたがった共通性が見られる。「マノル」,「マヌル」,「マノイル」,「マノレ」がそれで,この名前は,ギリシア北部,ブルガリア西部,ルーマニアで採録された歌に認められるという。1920年に発表されたアルナウドフの研究によれば,ブルガリアで刊行された43の人柱伝説のうち,実に約6割

にあたる27の歌で主人公がマノルあるいはその異型の名前となっている。

　多くのブルガリアの研究者は，マノルという名がブルガリア本来のものではないことや，人柱伝説が川沿いに，なかでもストルマ川沿いの地域に流布していることに注目して，この歌の起源を，「ギリシア版が一番古く，ギリシアからこの話が，アルバニア人，ブルガリア人へと伝えられ，そこからさらにルーマニア，セルビア，ハンガリーへと広まった」としている。この見解は，広く受け入れられているが，近年，パルプロヴァらは，この歌がストルマ川沿いで数多く採録されていること注目して，さらにブルガリア内での流布の経路を求めた。ストルマ川の下流地域で成立したこの歌は，石工や大工など移動労働を常とする職人によってストルマ川上流地域に広められ，その職人たちが，さらに，マリツァ川，トゥンジャ川，アルダ川などの流域に，つまりブルガリア南東部のトラキア地方や中・東部ロドピ地方に広めたのだろうと推定している。

　さらに，巡礼の道のあったことも忘れてはならない。ムスリムの一巡礼路は，エーゲ海沿岸の都市クサンティから出発して，ギリシア側のロドピ山中の村メドゥサ（ブルガリア名メンコヴォ）のイスラーム聖者廟を経由してイェニハン・ババ廟に詣で，トラキア平原にあるこの地方最大のイスラーム修道所（テッケ）オスマン・ババ廟へと通じていた。イェニハン・ババ廟は，メッカに準ずる廟としてこの地域の人びとの尊崇をあつめ，夏になると，この廟にはメッカ巡礼のかなわぬ多くの参拝者が訪れ，彼らを目当てに行商人たちが週市に集まり賑わいを見せたという。イスラームの祭礼市であったが，規模の大きなものだっただけにキリスト教徒の足も市へ向かった。

8　義兄弟の聖者たち

　ロドピ地方は，20世紀初頭までオスマン帝国の領内にあって自治的な伝統が強く残っていた地域である。人びとには，帝国に暮らす住民としての意識はあっても，帝国への帰属感は薄かった。仕事仲間や結婚など人と人をつ

なぐ絆は，彼ら自身の暮らす共同体を基礎に形成されており，人びとの帰属意識はまずもってこの共同体にあった。そこを核として，移牧や出稼ぎで同じような経験を培ってきた人びとは，言語や宗教を超えるネットワークを広げ，多様な人びととの協力関係を生み出していた。仕事上のつきあいから生まれた信頼があったからこそ，男たちは，時として，宗教上の違いに縛られることなく義兄弟関係を結んだ。

　中部ロドピ地方に聳えるスヴォボダ山の山頂に葬られているイスラーム聖者イェニハン・ババは北西のクラストヴァ・ゴラ（十字架山）のイエスと義兄弟の契りを結んでいる，とする伝説がこの地方のラキの町に伝えられている。ダヴィドコヴォ村には，イェニハン・ババは，キリスト教の聖人イリヤに他ならないとする話も伝えられている。

　このような言い伝えが残るのも，キリスト教世界の東端でイスラーム世界の西端であったブルガリアならではの話である。オスマン帝国の支配下にあったこの地域では，自治が行き渡り，キリスト教信仰も認められて宗教的にも緩やかな施策が取られていた。その一方で，積極的な布教や司祭の派遣，教会の新築などによる集権的な教会勢力の地方への浸透には，イスラーム国家という建前から，長い間，制限が加えられていた。教会建設に対する規制が緩和されるのは，「西欧の衝撃」を受けて動き出した近代主義的な改革の始まる19世紀中頃からであり，それまでは，正教ロシアに見られたような地方まで広がる権限をもって異教的要素を押さえ込む強力な宗教的権力が，存在しなかった。

　このような事情は，イスラームについても同様で，土着信仰と結びついたり，ベクタシュ教団などのイスラーム神秘主義の影響を受けて独自に発達してきた地方色の強いイスラーム信仰に，オスマン帝国は長いあいだ表立った介入は見せなかった。しかし，マフムート2世の改革によって1826年，守旧派のイェニチェリ軍団が解体されると，これらの地方にもモスクが建設されて帝国の「国教」たるスンナ派の浸透が図られるようになった。そのため，この軍団と密接な関係を維持して地方に大きな影響力を及ぼしていた土着的

なイスラームは，徐々に周縁に追いやられることになった。

とはいえ，表面的には公的イスラームを受け入れても，人びとの日常生活や慣習に根ざした土着的なイスラームの要素は長く底流し続けた。そのため，キリスト教やイスラームの公的イデオロギーだけに依拠して生まれた儀礼はわずかで，この地方の慣習体系と絡みあってその構造を根底から改変するほどの意味をもつものではなかった。ロドピ地方について言えば，公認の宗教は，言わば土着信仰にかぶせられたベールのごときものであり，形式的にはキリスト教のもの，イスラームのものと特徴づけられる儀礼複合体も，それ以前の信仰や観念の痕跡がはっきりと透けて見えていたのである。このような状況が，平時においてムスリムとキリスト教徒の共住条件を支えていたと見ることもできるだろう。

9 国境・国語・国教

しかし，この地方が，19世紀末から20世紀初頭に列強を巻き込んだ領土をめぐる争いの場となると，自由な移動が不可能となって山間部と沿岸部の有機的なつながりが断ち切られ，エーゲ海沿岸地方への移動労働や出稼ぎは，牧羊業と同様に急速に消滅に向かった。牧羊業でも出稼ぎの場合でも，近代国家の画定した国境と移動にともなう関税は，その仕事に従事するものにとっては労働の場と市場の縮小を意味した。北のブルガリア領内に新しい場が求められたが，これまでの規模を維持するにはいたらず，小規模な牧畜，タバコやじゃがいもの栽培など定着性の高い産業が導入される。20世紀の30年代以降，自動車道が国土整備の根幹となると山間部のこの地域は取り残されて，急激に周縁化し，かつての繁栄振りも窺えないほど様相が変化して行く。

このような時代の変化にともなって，ロドピ地方の言葉は，トルコ語やギリシア語に由来する語彙の「穢れ」を清めたブルガリアの「国語」に追いやられ，緩やかな枠組みのなかで民衆のイマジネーションを育んでいた宗教も，

法に定める国家の宗教に組み替えられていった。しかし，19世紀のロドピ地方で牧羊業や移動労働を通して形成されたメンタリティや社会規範は，その後も長く底流して人びとの行動を深いところから規定してきた。私たちは，その一端を民衆歌謡などからもうかがい知ることができる。

注

(1) 移牧形態の牧羊は，古典ギリシアの世界でも知られ，ソポクレスの『オイディプス王』で，父王ライオスに仕えていた羊飼いの老人の語るせりふに窺うことができる。『ギリシア悲劇1』，筑摩書房，1974年，308頁。

(2) 『南方熊楠随筆集』，筑摩叢書118，1968年，66頁。

(3) *Сборник за народни умотворения и народопис*（以下 СбНУ と略記），кн. 60, ч. 1, София, 1993, с. 544-546.

参考文献

寺島憲治編著『―イスラム教徒・キリスト教徒共住村― ダヴィドコヴォ村民衆歌謡集』，東京外国語大学アジア・アフリカ言語文化研究所，(1) テクスト編 2004年，(2) 音声・映像資料編 2005年，(3) 注釈編 2009年。

Васил Дечов, *Среднородопското овчарство*, — СбНУ, кн. 19, 1903.

Васил Дечов, 'Овцевъдството в Средните Родопи' в *Родопски Напредък*, год. 1903, № 1, № 2, № 4.

Васил Дечов, *Избрани съчинения*, Изд. "Христо Г. Данов", Пловдив, 1968.

Родопи—Традиционна народна духовна и социалнонортативна култура, Серия "Етнографски проучвания на България", Изд. Българската академия на науките, София, 1994.

14 「辺境」という名のトポス
——地名で読むウクライナの世界——

原 田 義 也

1 曠野の名もなき墓標

　もし身近に青色と黄色の二色からなる柄や模様があったなら，その境目の部分を地平線と思ってじっと眺めてみてほしい。青空の下になびく金色の小麦畑を，その上を渡る風の音を思い起こされないだろうか。そう，この色の取り合わせは，古代にまで遡る起源を持つと言われる，ウクライナの国旗のモチーフである。

　歴史を振り返ってみれば，大地の豊饒さを象徴する国旗とは対照的に，ウクライナをめぐる運命は決して恵まれてばかりはいなかった。東スラヴ民族による最初の統一封建国家であるキエフ・ルーシ（9～13世紀）が内紛と外敵侵入のために滅亡して以降，現在のウクライナの領域は，リトアニアやポーランド，モスクワ・ロシアやクリム（クリミア）・ハン国等の列強の国境地帯として分断され，長らく世界史の勢力図では独立国家の存在しない「辺境」をなした。ボフダン・フメリニツキーの時代やロシア革命期の一時的な例外を除けば，この地に恒久的な主権国家が実現するまでに，歴史は実にソ連崩壊にまつわる1991年のウクライナ独立という出来事を待たなければならなかったのである。

　「歴史は勝者のもの」と言われる。その意味で，ウクライナに残された「史

262　V　「辺境」における言語文化の形成

ウクライナ民俗建築・生活博物館にて（筆者撮影）

書」は少ない。しかし大地に刻まれた歴史の痕跡の中には，勝者の論理をくぐり抜けてその起源や通時的意味を暗示するものもある。この地で戦乱やテロルが打ち続いた時代，女流詩人リーナ・コステンコの言葉を借りれば，ウクライナの歴史は「曠野の名もなき墓標」の一群によって記されることとなった。「正史」では著されることのなかった歴史を告白する「曠野の名もなき墓標」——その一つが，地名である。

　一般に地名学とは，言語学，地理学，歴史学，民俗学等の方法を用いて学際的に地名と文明文化の関わりを考察する学問とされる。本稿においても，こうした学際性を念頭に置きつつ，とりわけ地名形成における「ことばと文化」の役割に着目しながら，「地名で読むウクライナ」が現代の私たちに問いかけてくるものについて考察を進めてみたい。なお，文中の地名およびその関連用語の表記については，地名が成立した歴史的状況に目配りしつつも可能な限り現地名を採用し，必要に応じてラテン文字による翻字 transliteration や訳語，別称等を併記する。

2 ウクライナの遠景

　ウクライナは平原の国である。低地や丘陵を含めた平原部の割合は国土の約95％に達し，残りの約5％にカルパート（カルパチア）山脈やクリム山脈等の山岳部が含まれる。そしてウクライナの植生図に目をやると，その平原部が北西から南東方向にかけて平行する三つの大きな植生帯に分けられることに気づく。

　およその目安として，ウクライナの「西の首都」リヴィウから北東部のスームィにかけて，およびモルドヴァの首都キシナウからウクライナの「東の首都」ハルキフにかけて，試しにそれぞれ直線を引いてみる。最も北西側に位置するのは森林圏であり，その範囲はヨーロッパ最大の沼沢地帯として知られるポリッシャ（ポレーシエ）低地の南縁とほぼ重なる。最も南東側に位置するのは草原圏(ステップ)であり，西はオデーサ州から東はルハンスク州まで，北はハルキフ州から南はクリム半島までの広大な領域を占める。そして，森林圏と

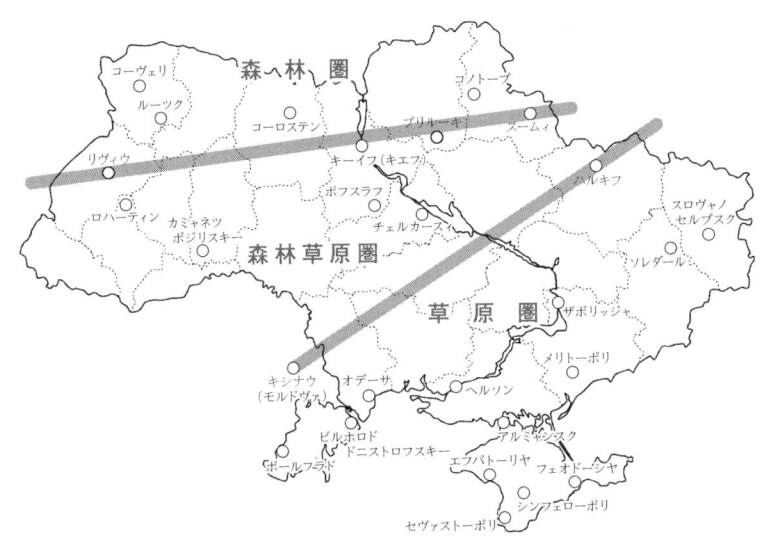

図1　本稿で言及されるウクライナの都市とその位置

草原圏との間に位置するのが森林草原圏であり、その名の通り両者の中間的な性格を持つ。

以下、これらの植生圏毎に特徴的な地名を幾つかピックアップして、ウクライナの歴史を概観してみよう。

1 森林圏の地名

豊かな水と森は、言うまでもなく、往古から人々の生活に様々な潤いと便宜をもたらしてきた。例えば、プリーピャチ川右岸の支流で、ヴォルイン州中南部の湿原に源を発するストヒード川 r.Stokhid は、スト sto（百）＋ヒード khid（通路）という語結合からも分かるように、この水量豊かな川が、幾筋もの分流を形成しながら滔々と流れる様子から命名されたものと思われる。ちなみにこの川が流れるポリッシヤ地方では、乾燥地帯における灌漑とは対照的に、排水・干拓によって農地が確保される。ストヒード川は現在も、そうした干拓用排水路の重要な排水先となっている。

蛇行する川や歩行困難な泥濘は、強固な城壁の代わりをも果たす。ヴォルイン州の州都ルーツク Luts'k や、チェルニーヒフ州南東部のプリルーキ Pryluky は、それぞれ沼沢地を蛇行するスティル川およびウーダイ川の湾曲部（ルカー luka）に築かれた砦にその起源を持つとされる。また、スームィ州西部のセイム川支流エーズチ川に臨むコノトープ Konotop は、キン kin'（馬）＋トピーティ topyty（沈める）という組み合わせだが、伝承の一つによれば、エーズチ河畔を移動しようとした敵軍の騎馬や兵士たちが沼に足を取られて溺れ死んだという。

豊かさは、皮肉なことに、時として悲しい出来事の原因となることもある。ジトーミル州中北部のコーロステン Korosten' は、かつてはイースコロステン Iskorosten' と呼ばれるデレヴリャーヌィ族の都であった。デレヴリャーヌィ Derevlyany（ロシア語ではドレヴリャーネ Drevlyane）とは、印欧祖語に由来するデーレヴォ derevo またはドレーヴォ drevo（木、樹）から派生した古代東スラヴの部族名で、「森の住人」に対する呼称である。イースコロステ

ンの町も，古代の要塞集落の例に違わず木材によって建設され，樹皮（コラー kora）に覆われたままの樫の木が防壁（スティナー stina）として町を取り囲んでいた（イス is は由来や原因を表す前置詞）。

　毛皮，蜂蜜，麻布等の森林の恵みに与かり，重要な交易路上にも位置していたこの町は，当然，諸公の関心を惹いた。『原初年代記』によれば，在地のキエフ公アスコリドとジルを謀殺し，ルーシの都をノヴゴロドからキエフに遷したオレーグ公は，883年にデレヴリャーヌィ族を平定して貢税を課し始めた。しかも後継者のイーゴリ公はさらなる課税を目論んだため，マール公率いるデレヴリャーヌィ族の反感を買い，945年に彼らの地へ巡回徴租のために訪れた際，付添いの従士団と共に殺されてしまう。

　この後に続くイーゴリ公妃オーリガの復讐（ふくしゅう）劇は壮絶である。事態を逆手に取ってオーリガとその子スヴャトスラフを懐柔しようと企むデレヴリャーヌィ族は，和睦（わぼく）のための使者を一度ならずキエフに派遣する。しかし，いずれの機会にもオーリガは，表面では彼らを丁重に受け入れながらも，内面では冷徹な周到さをもって復讐の計画を実行し，相手の隙を衝（つ）いて彼らを生き埋めや火あぶりにした。そして最終的には，イースコロステンの町を軍勢で取り囲み，和解を懇願するデレヴリャーヌィの人々の声も空しく，策略によって近隣の民家その他の木造物を焼き尽くし，彼らの都を滅ぼした。

　歴史の中で繰り返される，富や権力をめぐる血肉の争いと復讐の連鎖。しかし，希望が全くないわけではない。森の恵みと人間との共存はいかにして可能か，という命題に対して，別の角度から一筋の光を投げかけてくれる地名もある。例えば，かつてコーヴレ Kovle と呼ばれていた，ヴォルイン州中部のコーヴェリ Kovel' がそうだ。

　この町の名にまつわる伝承は，およそ次のようなものである。その昔，現在のコーヴェリの地に，深い森と沼に囲まれた小さな鍛冶場があった。ある時，ヴォルイン地方のとある領主が兵隊を連れて通りかかったので，鍛冶屋（コヴァーリ koval'）は餞（はなむけ）として彼らの馬に精魂込めて蹄鉄（ていてつ）を打った。しばらくの後，その領主が多くの褒美を携えて再び鍛冶屋の庭先に現れた。とい

うのも、鍛冶屋が蹄鉄を打った馬は、一頭も躓くことがなく、その蹄鉄も一つとして外れることがなかったからであった。

領主はこれからも蹄鉄を打たせるために彼とその家族を城に招き寄せたいと望んだが、鍛冶屋は丁重にこう答えた。「そちらでは、ここの泉のような水が得られないかもしれませんし、鉄の焼き入れもうまくいかないかもしれません。それに私自身が、郷里から引き離されることで、創造の力を失ってしまうかもしれないのです。けれども、互いに恩が仇にならないためにも、貴方様のお気に召すままになさってください。私としては、若人をここへよこしていただきたいのです。娘ばかりで、技を伝える相手がおりません。そうすれば、ここでも貴方様のために蹄鉄を打ち続けることができましょう」。

こうして話がまとまった。領主は鍛冶屋のもとへ、まず大工をよこして家々を建てさせ、そこへ若い鍛冶工たちがやってきた。そしてこの村は、国中に知れわたる鍛冶場となった。しかし村には呼び名がまだなかったので、居場所を尋ねられた鍛冶工たちは、口を揃えてこう答えるのであった――「鍛冶屋のところさ（ジヴー・フ・コヴァレ Zhyvu v kovale）」[1]。

図2　コーヴェリの市章
出典：ウクライナ語他版ウィキペディア「コーヴェリ」の項

この素朴な伝承の中に息づいている、相手の祝福を願う心、自分の立場をはっきりと主張しつつも相手に選択権を差し伸べる潔さ、そして何より、母なる大地から与えられた知恵や経験を広く人々と分かち合おうとする精神は、「森の恵みを平和的に活かすことができなかった」先例との関わりにおいて、注目すべき要素であろう。

語源の特定が困難な古い地名の常として、伝承において語られるコーヴェリの由来も、史実というよりは希望的解釈と捉えられるべきものである。しかし、地名形成においてはそうした解釈こそが大切なこともある。なぜなら

希望は，時として単なる史実以上に，新しく創造的な歴史舞台を演出する原動力となるのだから。

2 森林草原圏の地名

次に私たちは，森林圏から森林草原圏に視点を移しつつ，ウクライナの「へそ」を眺めてみることにしよう。

ウクライナのど真ん中，うねるように南北を貫くドニプロー（ドニエプル）川の中流に，同名州の州都ともなっているチェルカースィ Cherkasy がある。チェルカースィとはチェルカース Cherkas の複数形で，「チェルカース人（たち）」を意味する。チェルカースという言葉の響きは，私たちにカフカス（コーカサス）山脈北麓の山岳民チェルケース Cherkes（自称アディゲ Adyghe）を思い起こさせる。ただし，ここでのチェルカース人とは彼らのことではなく，ウクライナ・コサックのことである。

なぜウクライナのコサックたちが「チェルカース人」と呼ばれるようになったのかについて明言することはできないが，13 世紀に設けられた哨所に起源を持つとされるチェルカースィの歴史において，例えばカフカス地方の「勇猛果敢な」チェルケース人が「傭兵」として当地に到来し，各地からの様々な移住者と混ざり合いながら，同様の性格を併せ持つコサックたちの呼び名として用いられるようになったという可能性は，充分に考えられる。ちなみにチェルカースという呼称は，オセット語のチャルカス charkas（鷹）に由来するもので，実はチェルケース人も，オスマン帝国の当地域への進出（15 世紀末）によるトルコ化の影響を蒙るまでは，チェルカース人 Cherkasy と呼ばれていた。

チェルカースィは 14 世紀末のリトアニア勢力下の要塞集落として初めて史書で言及されている。群雄割拠の不穏な時代には，あらゆる集落が多かれ少なかれ要塞的性格を備えざるをえなかった。ロシア語で「都市」を意味するゴーロド gorod，グラード grad の原義が「塀，柵（オグラーダ ograda）」であることが，それを雄弁に物語っている。この地にコサックの集落が現れ始

めたのは 15 世紀に入ってからのことで，それは次第により堅固な要塞へと変化を遂げ，その名が如実に示す通り，ウクライナ・コサックの一大拠点となっていった。

そもそもコサック（ウクライナ語名コザーク kozak，ロシア語名カザーク kazak）とは，チュルク系言語に起源を持つ，「群れを離れた者」「自由人」「放浪者」等を意味する呼称である。中世の東欧平原においては，封建制下の過酷な隷属状況から逃れることを望む農民や下層民が後を絶たず，彼らは新天地を求めて権力からできるだけ離れた場所へと向かい，身分や職業や民族の差を越えて，そこで自治のための軍事共同体を形成した。

そうしてコサックの共同体は，ウクライナのドニプロー川流域の他，ドン川，ヴォルガ川，ヤイク川，テレク川の各流域，さらにはシベリア方面でも形成されていった。これらの地域に共通しているのは，言うまでもなくその辺境性である。その中で，ウクライナ・コサックの故地であるドニプロー川中下流域の特徴を敢えて強調するならば，権力からの逃亡に際して彼らが選んだ新天地が，単なる周縁としての辺境ではなく，強大な敵性集団に近接する危険な国境地帯であった，ということだ。

チェルカースィを含め，中世以降にウクライナの森林草原圏に築かれた要塞集落の多くは，タタール系遊牧民族や南方のオスマン・トルコの侵攻に対して備えられたものである。例えば，ポジッリヤ地方の古都として知られるフメリニツキー州南部のカミャネツ・ポジリスキー Kam'yanets'-Podil's'kyy は，激しく蛇行しながらポジッリヤ丘陵南麓に深い河谷を穿つドニステル（ドニエステル）川支流スモートリチ川の湾曲部に臨み，その名も要塞起源の都市にふさわしい「ポジッリヤの岩砦」である（カミャネツは「岩石」を意味するカーミン kamin' の派生語）。実際に，現存する中世の城郭や望楼（14～18 世紀）は，この要塞がポーランドの南東国境をオスマン軍やタタール軍から守る役割を果たしていた往時を偲ばせる。この都市はすでにプトレマイオスの地図（2 世紀）においても，ダキア人によって建設されたローマ帝国北東辺境の要塞クレピダヴァ Clepidava として記述されている。これはラテン語のラピ

ス lapis（石）とダキア語のダヴァ dava（都市）に由来するもので，ギリシア語ではペトロダヴァ Petrodava またはペトリダヴァ Petridava と呼ばれた。

　東欧平原では長らく，森林圏と草原圏との境界が大山系や大河と同じように決定的な自然障壁の役割を果たし，森林には森林の住人が，草原には草原の住人が，それぞれ異なる国家もしくは文化圏に属しながら暮らしていた。おのずと，その中間地帯となる森林草原圏は，スラヴ系の「森の民」と大陸系の「草原の民」とが遭遇する舞台となる運命にあった。さらに，ユーラシア大陸の自然地理的条件からしても，森林草原圏はウクライナおよびヨーロッパ・ロシア中南部に集中しており，以東の大陸中央部には存在しない。また西方では，アルプス＝ヒマラヤ山系のカルパート山脈がヨーロッパを守る盾のように，あるいはユーラシアの深奥に向けて絞られた弓のように横たわり，モンゴルの大草原から黒海北岸まで延々と続く大回廊の一つの終着点となっている。

　こうして，周辺諸国から自由を求めて逃亡し，ウクライナの地に辿り着いたコサックたちは，異なる二者の軍事的，経済的，文化的軋轢がしばしば最も劇的に生じる森林草原という空間の，中世末期から近世にかけての生き証人とされていくのである。

　「群れを離れた者」であるコサックたちには，当然のことながら，庇護を求めることのできる国もなければ領主もいなかった。彼らは軍事集団としての性格を強め，ある時はポーランドやモスクワ・ロシアの「傭兵」となり，またある時はそうした「宗主」に反旗を翻し，さらには軍事遠征と称して黒海沿岸の諸都市へ「略奪行為」に赴いた。ウクライナ出身のロシア語作家ニコライ・ゴーゴリは『タラス・ブーリバ』の中で，「この時代は原始的な南部ロシヤの全土が領主たちに見棄てられ，狂暴蒙古の掠奪者どもの襲撃のために荒れはて，根こそぎ焼きつくされた時代，家を奪われ屋根を失って，ここに初めて人間が大胆不敵になった時代」であった，と語り手を通して述べている[2]。

　「最後のモンゴル帝国」クリム・ハン国は，キプチャク・ハン国より分離

独立した 15 世紀以降，ロシア帝国の台頭によってその勢力が衰える 18 世紀まで，クリム半島および黒海・アゾフ海沿岸に広大な領土を有していた。そしてしばしば，ウクライナ，ポーランド，モスクワ・ロシア方面に遠征して「人狩り」を行ない，掠奪した大量の奴隷をクリム半島からオスマン帝国へと送り出した。ジャリエ（官女）としてイスタンブールに売り渡され，後にスレイマン一世の寵愛を受けて正式な王妃となったロクソラーナも，こうした「人狩り」に遭遇したスラヴ人女性の一人で，西ウクライナのロハーティン Rohatyn 出身であったと言われている。

　歴史の狭間で呻吟するウクライナ・コサックたちの思いは，吟遊詩人や民衆の心の琴線に触れ，ドゥーマ Duma と呼ばれる叙事詩的歌謡の中で繰り返し詠われてきた。わけても，現在のキーイフ（キエフ）州南部，「神（ボフ Boh）に栄（スラーヴァ slava）あれ」という名を持つボフスラフ Bohuslav 出身のマルーシャ（マリヤの愛称形）にまつわる「マルーシャ・ボフスラフカの歌 Duma pro Marusyu Bohuslavku」は，時代の凄惨さを目の当たりにしつつも直向きに平和を希求する「作者」の祈りが心を打つ。この歌には幾つかのヴァリアントがあるが，以下は最も知られている詩行の「意訳」をこの小論の中で試みたものである。

　　黒海臨む崖の上　岩の牢屋があったとさ
　　そこにいたのは七百の　哀れな囚われコサックら
　　閉じ込められて三十年　お天道様も見るこたぁない

　　そこへ虜のマルーシャが　司祭の娘がやってきて
　　「おやまあ哀れなコサックさん！
　　故郷じゃ今がどんな日か　みなさんご存知なのですか」

　　哀れなコサックこれを聞き　ボフスラフカに切り出した
　　「おやまあ虜のお嬢さん！

どうしてわれらが知りえよう　故郷じゃ今がどんな日か
　　閉じ込められて三十年　お天道様も見るこたぁない
　　故郷じゃ今がどんな日か　分かろうはずもないものさ」

　　囚われの身のマルーシャは　みなに言葉を投げかけた
　　「おやまあ哀れなコサックさん！
　　故郷じゃ今は復活祭　明日は聖なる祝日よ」

　　哀れなコサックこれを聞き　大地に頬をすり寄せて
　　それから娘を罵った
　　「囚われの身のマルーシャさん　あんたも不幸な娘だが
　　明日は聖なる祝日と　よくもわれらに言えたもの！」

　　囚われの身のマルーシャは　なだめるようにこう言った
　　「おやまあ哀れなコサックさん！　どうかわたしを責めないで
　　われらがトルコのご主人が　お祈り出かけるその時に
　　わたしに鍵を預けます　そしたらここへやってきて
　　牢屋の扉を開け放し　みなさんすべて逃がします」

　　復活祭がやってきて　トルコの主人も出かけられ
　　鍵を手にしたマルーシャは　そっと牢屋へ忍び寄り
　　扉を開けてコサックを　導きながらこう言った
　　「おやまあ哀れなコサックさん！　どうか道中気をつけて
　　仲間の町にお逃げなさい　そしてひとつのお願いが
　　ボフスラフにも立ち寄って　わたしの親に言づてを
　　屋敷や田畑を大切に　蔵は建てすぎないように
　　虜の娘のマルーシャを　買い戻すこともありません
　　なぜならわたしはこのように　トルコの娘になりました

派手な暮らしに親しんで　惨めな幸せ生きてます」

解き放ちたまえ　すべての哀れな囚われ人を
苦しい奴隷の身分から　つらい異教の軛(くびき)から
星の瞬く夜空の下へ　憩いの汀(みぎわ)へ
喜びの地へ　約束の地へ

聞き届けたまえ　尊き神よ
われら貧しき囚われ人の
切なる願いと　惨めな祈りを[3]

　主人公のマルーシャを見守る「作者＝民衆」の視線は，温かい。それもそのはず，彼女は今でこそ「トルコの娘」だが，もとはと言えば「虜(とりこ)の娘」にされた「被害者」なのだ。牢に繋がれたコサックたちを解き放ち，同時に現在仕えている主人へ真心を尽くす——そのような「奇跡」がありうるとすれば，それはこの歌の結びにあるように，そして彼女の故郷の名が示唆しているように，まさに「神への祈り」の中で求め続けるほかはない。

　実際，解き放たれなければならないのは，「すべての哀れな囚われ人」のはずである。プーシキンの『バフチサライの泉』におけるクリム・ハン＝ギレイを思い出していただきたい。彼は，スラヴの地を脅かすムスリムの暴君であると同時に，戦乱の世の果てしない相互殲滅(せんめつ)の力学の中でマリヤという新たな価値世界と

図3　フリホーリイ・ヤクトーヴィチ作「マルーシャ・ボフスラフカ」
出典：ウクライナ語版ウィキペディア「マルーシャ・ボフスラフカ」の項

出会い，自らの抱える現実と理想の乖離(かいり)に絶望する悲しみの人でもある。「奇跡」を請い願うマルーシャの祈りは，もしそれが叶うものであるとしたら，民族や宗教や国境を越えて，きっと「すべての哀れな囚われ人」を解き放つに違いない。

3　草原圏の地名

　さて私たちは，森林圏，森林草原圏を経て，最も南に位置する草原圏へと辿り着いた。「最も南」と言っても，先に述べたようにその範囲は広大で，およそキシナウとハルキフを結ぶ線以南，現在のウクライナ全土の約四割を占める。なお，厳密にはその南岸が地中海性気候区に属するクリム半島も，便宜的にこの項に含めて論じることとする。

　ウクライナの草原圏の特徴は，その「古さ」と「新しさ」の両在性にある。キンメリア人，スキタイ人，サルマタイ人等の大陸系遊牧民族が活躍した時代を念頭に置くならば，古来民族移動の大回廊となってきた黒海北岸の地は，すでに紀元前8世紀には世界史の重要な舞台となっていた。ただし，彼らの足跡として残された地名は少ない。なぜなら，ヘロドトスが『歴史』の中でスキタイ人について述べているように，彼らは「町も城塞も築いておらず，その一人残らずが家を運んでは移動してゆく騎馬の弓使いで，生活は農耕によらず家畜に頼り，住む家は獣に曳かせる車」であったからだ[4]。

　彼ら遊牧民族とは対照的に，前7世紀に海洋から到来したギリシア人たちは，黒海・アゾフ海沿岸一帯に多くの植民都市を建設した。また，露土戦争の勝利やクリム・ハン国の併合によってロシアが黒海進出を果たした18世紀末には，長らくチュルク系民族の支配下にあった黒海沿岸の都市や，新たに建設された都市に，ギリシア文化ゆかりの地名が与えられた。ポントス王ミトリダテス六世エウパトル Mithridates VI Eupator の名にちなむクリム半島西岸のエフパトーリヤ Yevpatoriya，「神（テオス Theos）の賜った場所」を意味するクリム半島南東岸のフェオドーシヤ Feodosiya，古代都市の名にちなむ二つの新たな港湾都市，オデーサ Odesa（オデッソス Odessos）およびヘル

ソン Kherson（ケルソネソス Chersonesos）等がそうだ。ただし後代の考古学的研究によって，古代ギリシアのオデッソスは現在のブルガリアのヴァルナ近郊に位置したことが明らかとなっており，歴史上のケルソネソスもケルソネソス・タウリカ Chersonesos Taurica と呼ばれ，現在のセヴァストーポリ近郊に興った都市である。

　ちなみにケルソネソスとは，「乾いた土地（ヘルソス khersos）」および「島（ネソス nesos）」からなる「半島」を意味する言葉で，タウリカは先住山岳民タウロイ人 Tauri に由来するとされるクリム半島の古名である。つまり，古代のケルソネソスとは，「乾いた大地」であるクリム半島全体を指し示す地名であった。さらに，中世以降この半島名として定着したクリム Krym は，タタール語のケリム kerim またはチュルク語のケルメン kermen（城砦，堡塁）に由来するもので，歴史上様々な民族の「最後の砦」となってきたこの半島の運命を暗示している。

　ところで，ロシア帝国へ併合される前の草原圏の地名は，悠久の時間の中で形成されたこの地域の構造的な特徴を感じさせるものがあって興味深い。

　「崇高（セバストス sebastos）な都市（ポリス polis）」を意味するセヴァストーポリ Sevastopol' の歴史は，スヴォーロフ将軍の尽力によりこの地に建設された軍港アフチアルに始まるが，アフチアル Akhtiar もしくはアクヤル Aqyar とは，「白い崖」を意味する当地のクリム・タタール人集落の名称である。セヴァストーポリと同時期に「有益（スンフェロン sumpheron）な都市」と命名された現在のクリム自治共和国の首都シンフェローポリ Simferopol' も，中世以来の古称はクリム・タタール語のアクメジット Aqmescit（ロシア語ではアク・メチェーチ Ak-Mechet'）であり，「白いモスク」を意味した。さらに，古代都市ティラスがあった場所にスラヴ人が再建したと言われるオデーサ州中部のビルホロド・ドニストロフスキー Bilhorod-Dnistrovs'kyy も「ドニステル川の白い都市」のことで，オスマン帝国時代にはアッケルマン Akkerman（白い砦）と呼ばれていた。

　この「白さ」のおもな理由の一つは，これらの地で多く産出される石灰岩

にある。遥か地質時代にまで想像の羽を広げて，この黒海北岸一帯がかつてテティス Tethys と呼ばれる古地中海であったことを思い出すなら，「白い都市」の建設や建築物の上塗りに際して用いられた石灰岩も，この地中海，黒海，カスピ海，アラル海を一つに繋ぐ古地中海で古生代ペルム紀に生成したものと考えられる。

　海からの「遺産」は石灰岩に留まらない。ペルム紀の地層は大量の岩塩を含むことで知られているが，ドネック州北東部のソレダール Soledar は，シーリ sil'（塩）とダール dar（賜物）からなる名称を持つ 17 世紀以来の代表的な製塩地で，19 世紀末に大規模な岩塩坑が開発され，ソ連時代には採掘量が最大でソ連全体の四割に達した。現在でも，大企業によって岩塩採掘が続けられており，岩塩坑の医学的利用を目的とした洞穴サナトリウムもある。

　また，塩湖が点在するクリム半島は古来，塩の産地として知られ，チュマークと呼ばれる行商がウクライナ各地に牛車で塩を運んでいた。大陸と半島を結ぶペレコープ地峡に位置する町が 18 世紀中頃よりアルミャンスキー・バザール Armyans'kyy Bazar（アルメニア人のバザール）と呼ばれ，1921 年に現在名のアルミャンスク Armyans'k（アルメニア人の町）とされたのも，「チュマーク街道」の起点となった当地に塩の交易拠点があり，商業の民として知られるアルメニア人やギリシア人が多く集まり，塩，羊毛，羊革等の取引に従事していたためだ。

　経済的な見地からすれば，ウクライナの草原圏における地質時代からの最大の「遺産」は，石炭であるかもしれない。ドネツ炭田（ドネーツキー・カミャノヴヒーリヌイ・バセーイン Donets'kyy kam'yanovuhil'nyy baseyn），すなわちドンバス Donbas は，面積 6 km^2 以上，地下 1800 m までの総埋蔵量は 1000 億 t を超え，世界の大炭田の代名詞ともなっている。ドンバスの「歴史」もまた，海を抜きにしては語れない。ドンバスは古地中海の湾や潟湖の上に形成されたもので，石炭紀の「古ドネツ地方」の海岸部や湿地帯に鬱蒼たる森林や植物の生態系が発達し，多量の繊維素を含むこれらの植物の残留物が，遠浅の海底で形成された貝類による厚い石灰岩層と混じり合い，悠久の歳月を経て

様々な炭化度を持つ石炭へと変化していったのである。

「黒い金」とも言われる石炭の開発に，19世紀から20世紀にかけてのドネツ地方は沸いた。しかし草原圏に押し寄せたのは，「黒い金」をめぐる人々の波ばかりではなかった。

ドンバスの大規模な鉱工業開発に先立つ18世紀中頃，黒海北岸一帯がまたクリム・ハン国の領土だった時代に，現在のキロヴォフラード州北部地方やドネツ丘陵北部地方にはロシア帝国政府によってそれぞれノーヴァヤ・セルビア Novaya Serbiya，スラヴャノセルビア Slavyanoserbiya と呼ばれる大規模な屯田地帯が設けられ，カトリック圏のハンガリーやイスラム圏のオスマン・トルコ治下から，宗教的少数派であったセルビア人，ブルガリア人，ギリシア人，ワラキア人等の正教徒が新たな土地を求めて入植し，南方国境の防衛および開拓の任務に就いた。その地名上の記憶は，ルハンスク州中部にある小都市スロヴャノセルプスク Slov'yanoserbs'k に辛うじて残されている。同様に，現在のオデーサ州南西部に位置するボールフラド Bolhrad は，19世紀初頭にブルガリアからの移民によって建設された「ブルガリア人の町」で（ブルガリア人はウクライナ語でボルハールィ Bolhary），現在でも都市および周辺住民にはブルガリア系が多い。

南下政策を進めるロシア帝国が，ウクライナ・コサックの自治国家ヘティマンシチナを解体し，露土戦争の勝利に続いてクリム・ハン国を併合すると，かつての南方国境防衛の軍事的要請は新領土の開拓と生産力の向上という経済的要請に取って代わられ，18世紀後半以降ノヴォロシア Novorossiya（新ロシア）と呼ばれるようになったウクライナの草原圏の開発が本格化していく。エカテリーナ二世はヨーロッパ各国のロシア大使を通じて，移住費の給与や土地の無償譲渡等の「特典」が付いた農民誘致政策を積極的に推し進め，多くの開拓農民が新天地を求めて中世にディーケ・ポーレ Dyke Pole（曠野）と呼ばれた黒海・アゾフ海北岸地方へと移住した。

遥々この地へやってきた入植者たちの思いを最も象徴的に表しているのは，現在のザポリッジャ州にあるメリトーポリ Melitopol' であろう。ノガイ・

タタールの集落に始まるこの都市の歴史は，18世紀後半のロシア軍の角面堡建設を経て，19世紀に入ってからはノヴォアレクサンドロフカと呼ばれるコサックや外国からの入植者の居住地となり，1842年の市制施行に際して，かつてモローチナ川 r.Molochna 河口部に位置した古代都市メリトス Melitos またはメリタ Melita にちなんで「蜜（メリ Meli）の都市（ポリス polis）」を意味する現在名が与えられた。

図4　メリトーポリの市章
出典：ウクライナ語他版ウィキペディア「メリトーポリ」の項

「乳（モロコー moloko）の川に臨む蜜の町」とくれば，誰もが旧約聖書の出エジプト記に出てくる「乳と蜜の流れる地」を思い出すに違いない。実際，2003年に制定された現在の市章には，機械工業を象徴する歯車，蜜を象徴する花弁と共に，三方金（さんぽうきん）の聖書と十字架が描かれており，この都市が歩んできた歴史とそこで育まれた希望とを読み取ることができる。

　モローチナ川流域は，ホールティツァ島周辺のオールド・コロニーと並んで，アナバプティストの一派として知られるメノナイト Mennonite（メノー派教徒）のロシア帝国領内における代表的な開拓地となった。その交易拠点であるメリトーポリは，19世紀末までに銀行・信用機関や機械・車両工場を擁する大規模な商工業都市に発展した。

　アナバプティスト Anabaptist とは「再洗礼派」を意味する呼称で，本人の自覚的信仰を伴わない幼児洗礼を無意義とし，成人洗礼（つまり保守派からすれば「再洗礼」）の必要性を説くキリスト教徒の一派である。彼らは宗教改革の時代に，ルターでさえ「観念的」として認めなかった政教分離と教会の自治，良心的兵役拒否等を声高に主張したので，国家と協同する立場を堅持していたカトリックやプロテスタント主流派にヨーロッパ各地を追われ，迫害の憂き目に遭っていた。政教分離や兵役拒否を掲げる集団は，他国同様，

ロシアにとって必ずしも理想的な来住者ではなかったが，経済的事情を優先したい帝国政府は，兵役免除や共同体の自治権を約束しつつ彼らを積極的に招聘した。そしてメノナイトたちも，信仰の自由が得られる新天地への移住に存亡の望みを託したのである。

そして彼らドイツ系の移民たちは，草原圏の各地にドイツ語話者の信仰共同体による開拓村を形成しながら，「曠野」を「乳と蜜の流れる地」へと変えていく。例えば，農作物の収穫量の向上を受けて，モローチナ開拓地の外港となったベルジャンスクの輸出額は，1836年から1860年の間に60倍近くに急増した。1860年の貿易品リストには，輸入では当地で得にくい材木，果実，コーヒー，胡椒の実，石鹸等が，輸出では当地で生産された小麦を始めとする各種穀物，羊毛，牛革，獣脂等が並び，モローチナ開拓地における農業と手工業を主体とした生活光景が思い浮かべられる。

しかし，新天地におけるアナバプティストの幸福も，長続きはしなかった。クリム（クリミア）戦争での敗北を経て，ロシア帝国内では排外主義的な汎スラヴ主義の機運が高まり，エカテリーナ二世時代に与えられた特権も廃止され始めた。自治権の剥奪，教育言語としてのロシア語使用や非戦闘員としての兵役の要求といった事態に面し，信仰生活の危機を感じ取った彼らは，1870年代以降大規模な国外移住を開始する。ロシア革命の混沌とした時代までこの地に踏み留まったメノナイトたちも少なくなかったが，悪夢を見るかのごとく，彼らはあらゆる陣営から穀物徴発や掠奪，破壊行為を受けることになる。

ウクライナ系メノナイトの子孫でもある児童文学作家バーバラ・スマッカーは，ロシア革命期のメノナイト家族の運命を描いたその中編『テロルの日々』（邦題は『勇気は私たちの祖国』）の中で，敬虔な信徒にして非のない「被害者」であるはずの主人公の祖父に，こう語らせている。

　わしは，生まれてからずっとロシアのウクライナで過ごしてきた。そして，わしはこの国を愛している。だが，ここには，悲しみ，苦しみ，貧し

さが山ほどあった。わしらメノナイト教徒は，ロシア人と離れて暮らしていたので，それに気づかなかった[5]。

メノナイト村の小麦畑は踏みしだかれ，家屋は焼き払われた。しかし，そうした「悲劇」のさらに先へ向けられているこの祖父の視線からは，ウクライナの大地で幾度となく繰り返されてきた「悲劇」の原因を，自他の線引きを越えて「当事者＝加害者」として見つめ直そうとする毅然たる意志さえ感じられる。だが，彼のこうした真摯な告白にもかかわらず，「カナンの地」を求めてこの地に辿り着いたはずのアナバプティストとその共同体は，第二次大戦の終結をクライマックスとして，ウクライナの草原圏から姿を消すことになるのである。

3 豊饒なる大地と共に

以上，私たちはウクライナの歴史を，幾つかの特徴的な地名を介して辿ってきた。しかしそこに立ち現われてきたのは，国旗に象徴される豊饒なる大地とは対照的な，悲しみの色彩ではなかったか。人々に喜びをもたらすはずの大地の豊饒さが，なぜ禍を招き寄せ，悲しみの旋律となって奏でられるのか。

バルト海に面するグダニスクから移住メノナイトの第一陣が入植したその場所が，ウクライナ・コサックの揺籃の地であるザポリッジャ・シーチであったことは，単なる偶然だろうか。ザポリッジャ Zaporizhzhya とは，「早瀬（ポローヒ porohy）の向こう（ザ za）」のことである。コサックにしてもアナバプティストにしても，彼らは歴史の危険な「早瀬」を乗り越えて「安住の地」へと辿り着いたはずだった。しかし結果として，両者共に，この「エデンの園」からの追放を運命によって宣告されるのである。

振り返って思うのは，そこに辺境をめぐる脱出（エクソダス）の構造が垣間見えはしないか，ということだ。コサックが「早瀬の向こう」に逃れたことも，アナバプ

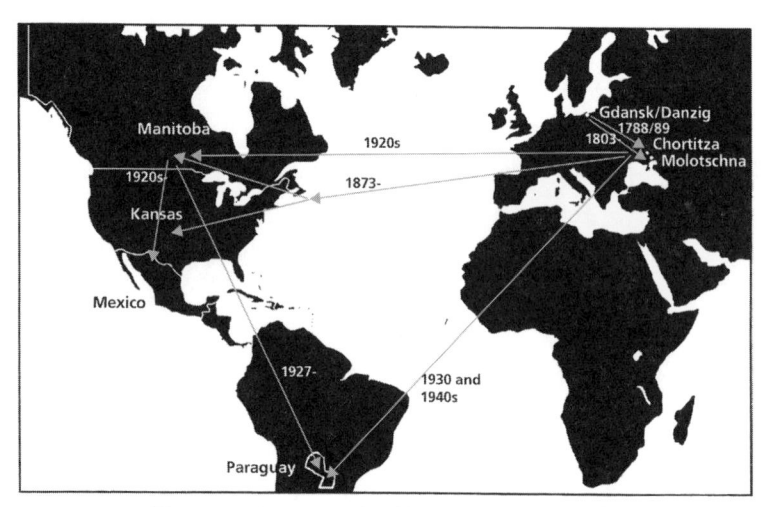

図5 メノナイトのおもな移住経路とその開始時期
出典：Kroeker, Wally, *An Introduction to the Russian Mennonites*, Good Books, Intercourse, PA, 2005.

ティストが「乳と蜜の流れる地」を目指したことも，そして更なる存亡の危機に際して彼らがそれぞれ「欧州最後の秘境」ドナウ・デルタや「新大陸」南北アメリカへと渡っていったことも，同じ構造を持つ脱出劇に他ならないのではあるまいか。さらに，ロシア正教史におけるニーコンの改革で分離派＝古儀式派とされた人々の一部（後のリポヴァン人）が，弾圧を逃れて南ベッサラビアのブジャーク Budzhak 地方（トルコ語で「隅」の意）へと辿り着いた事例も，ここに付け加えることができるだろう。

　過去の歴史に対して謙虚に頭を垂れつつも，敢えて次のような問題を提起してみたい。暴力や権力を排して辺境への脱出を繰り返すことで，あるいはいつの日か，私たちは平和と秩序のある理想社会を手に入れることができるかもしれない。しかしこうした平和や秩序は閉ざされた空間における「一国平和主義」的なものに陥る危険性があり，その閉鎖性が，外界との疎外関係を助長し，様々な摩擦や軋轢(あつれき)が生じる遠因となることもあるのではないだろうか。

　そして，その脱出を行なう際に重要な地政学的条件となるのが移住先の辺

境性なのであるから，人間の共生をめぐる考察には，「辺境をめぐる脱出劇をいかに克服するか」という問いがつねに伴われることになる。それは取りも直さず，「辺境」という名のトポスを自己の中心に対する「周縁」として構成しようとする意志と，地理的辺境のみならず精神的辺境へ自己を隔離しようとする意志の和解をめぐる問題であり，比較文化論者の以下の言葉にも置き換えることができるだろう。

「われわれ」の中の「彼ら」はいつどのようにして「われわれ」になるのだろうか。あるいはその逆は？「われわれ」と「彼ら」の二分法はどのようにして廃棄し，あるいはのり越えられるのであろうか[6]。

この問いに対して，地名にまつわる問題に触れてきた本論の文脈に沿って，最後に一つのアプローチを提案してみたい。それは，自分を取り巻く世界の様々な名称のうち，何が内名（エンドニム endonym）で，何が外名（エクソニム exonym）であるのかを，立ち止まって考えてみること。そして思い当たった外名については，そこに命名行為をめぐる強要や暴力，苦しみや悲しみが隠されていないか，じっくりと見極めてみること。内名，外名というタームは聞き慣れないかもしれないが，地名に限らず，内名を「当事者に承認されている呼び名」，外名を「当事者の承認・未承認にかかわらず，すでに言い慣わされている呼び名」と考えると分かり易いかもしれない。

例として，すでにここでは馴染み深いウクライナ Ukrayina という国名を挙げてみよう。この名称の起源は少なくとも12～13世紀に遡り，史書における用例からドイツ語のインラント Inland に相当する内名と考えられているが（つまり In-land ＝ U-krayina という構造），同時にこの名称は「分かつ」ことを意味する印欧祖語由来の語根クライ kray を内包するため，しばしば政治的思惑を込めて「境界地方」「辺境」を意味する外名として呼び慣わされてきた。言わば，釈義における外名である。

しかし第一に，ある土地で生きる人々にとってその場所はつねに彼らの世

界の「中心」なのであり，何者の「周縁」としても構成され得ない不可侵の価値を持っている。第二に，ある土地が文化的に任意の特徴を帯びながら成長して固有の領域となる過程を「風土の形成」と捉えるならば，あらゆる風土はその母胎から発展的に「分かたれる」ことによって誕生するものなのであって，「分かたれた土地（ウクラーヤナ・ゼムリャー ukrayana zemlya）」としてのウクライナも，混沌の中から一つの秩序が生まれ出ずる際のダイナミズムをいみじくも示唆するかけがえのない名称であると言えまいか。

こうして内名と外名をめぐる問題は，地名のみならず，命名行為や世界認識の在り方全般に関わる根源的な問題へと繋がっていく。なぜなら私たち人間は，混沌とした世界に名を与えることによって世界を分節し，意識の対象を把握し，その全体における位置付けや自分自身との関係を決定していく命名者的存在，すなわち「分かちゆく存在」として潜在的な加害者となり，同時に，自分自身が世界の不可欠な一部分を構成しながら，その母なる世界から自己形成という名の分節を果たしていく被命名者的存在，すなわち「分かたれゆく存在」として潜在的な被害者となりうるからだ。

外名が時として孕む暴力性を感じ取り，それを克服していく作業は，決して簡単なものではない。しかし，自分の身近にある名称の由来をまずは意識してみるというささやかな試みの中で，私たちも，コーヴェリの鍛冶屋やボフスラフのマルーシャ，またはメノナイトの老人が示してくれたような，自他の二項対立的図式を越える新たな祈りの一歩を踏み出すことができると信じたい。その歩みの先にきっと私たちは，民族と国境を越えて渡る一陣の風が運んでくる，豊饒なる大地の讃歌を聴くだろう。

注

（1）　http://www.art.lutsk.ua/art/kovel
（2）　服部典三・小平武訳『ゴーゴリ全集 2』河出書房新社，1977 年，53-54 頁。
（3）　http://www.boguslav.info/persona_marusya.html
（4）　ヘロドトス，松原千秋訳『歴史（中）』岩波文庫，1972 年，36 頁。
（5）　スマッカー，バーバラ，田中治美訳『勇気は私たちの祖国』ぬぷん，1999 年，77 頁。

(6) 西川長夫『増補 国境の越え方―国民国家論序説』平凡社ライブラリー，2001 年，20 頁。

参考文献

伊東孝之・井内敏夫・中井和夫編『ポーランド・ウクライナ・バルト史』山川出版社，1998 年。

カドモン，ナフタリ『地名学―地名の知識，法律，言語―』国土地理院技術資料，財団法人日本地図センター，2004 年。

鏡味明克『地名が語る日本語』南雲堂，1985 年。

國本哲男・山口巖・中条直樹他訳『ロシア原初年代記』名古屋大学出版会，1987 年

黒川祐次『物語 ウクライナの歴史―ヨーロッパ最後の大国』中公新書，2002 年。

榊原巌『殉教と亡命―フッタライトの四百五十年』平凡社，1967 年。

中井和夫『ソヴェト民族政策史―ウクライナ 1917～1945』お茶の水書房，1988 年。

中井和夫『ウクライナ・ナショナリズム―独立のディレンマ』東京大学出版会，1998 年。

Everett-Heath, John, *The Concise Dictionary of World Place-Names*, Oxford University Press, 2005.

Kubijovic,V., Struk, D.H., ed., *Encyclopedia of Ukraine: volumes I-V*, University of Toronto Press, 1984-1993.

Room, Adrian, *Placenames of the World: origins and meanings of the names for 6,600 countries, cities, territories, natural features and historic sites*, Second Edition, McFarland & Company, Inc., Publishers, 2006.

Staples, John Roy, *Cross-Cultural Encounters on the Ukrainian Steppe: settling the Molochna basin, 1783-1861*, University of Toronto Press, 2003.

15　言語の復興
―カレリア語の挑戦

土 岐 康 子

1　はじめに

　本稿の舞台は，ロシア連邦カレリア共和国である。カレリア共和国は，ロシア連邦の北西部に位置し，西はフィンランドと国境を接している。世界遺産に登録されているキジー島（木造教会建築群）を擁することから，観光客も多く，森林資源や鉄鋼などの地下資源にも恵まれた地域である。共和国の名を冠しているカレリアとは，ロシア北西部からフィンランド南東部にかけて広がる地方の名称でカレリア人の地という意味を持っている。
　元来カレリア人はカレリア地峡，フィンランド南東部やラドガ湖北部沿岸に居住していた。そして時代を経るにつれ，北部のサーミ人や南部のヴェプス人を追い立て，あるいは交じり合いながら居住地域を広げていったと考えられている。この地域をはさんで対峙したのが，ロシアとスウェーデンである。1323年にロシア（ノヴゴロド）とスウェーデンの間で結ばれたオレホフの和議により，カレリアはスウェーデン領（現フィンランド）とロシア領（東カレリアとも呼ばれている）に分かれた。その後も戦いの度に両国の国境線は変更されたが，現在の国境は第2次世界大戦後の結果である。なお，17世紀にラドガ湖北部沿岸がスウェーデン領となった際に，スウェーデンによる支配を望まなかったカレリア人はロシアへ逃れ，現在のトヴェーリ州に移住

した。

　カレリア人の言語であるカレリア語は，ウラル語族，フィン＝ウゴル語派の沿バルト＝フィン諸語に属しており，フィン語やエストニア語と近い関係にある。カレリア語研究はフィンランドで先行しており，ソ連でカレリア語研究が本格的に始まったのは，1920年代に入ってからである。ただし，当時カレリア人の教育・識字率向上に用いられたのはカレリア語ではない。カレリア語教育が行われたのは1930年代後半の一時期であり，1989年に再開された。ロシア革命後ボリシェヴィキ政権は，民族の母語による教育を志向したが，カレリア人に対しては例外的とも言える言語政策を行ったといえる。本稿では，前半部でロシア革命以降1940年までのカレリアにおける言語政策を考察し，後半部ではソ連崩壊後のカレリア語復興に向けた動きを紹介する。なお，本稿の対象地域はロシア革命以降，カレリア労働コミューン（1920〜1923年），カレリア自治共和国（ロシア社会主義連邦共和国（以下，ロシア共和国とする）構成自治共和国，1923〜1940年），カレロ＝フィン共和国（ソ連邦構成共和国，1940〜1956年），カレリア自治共和国（ロシア共和国構成自治共和国，1956〜1991年），カレリア共和国（ロシア連邦構成共和国，1991年〜）と名称が変更しているため，本稿では当時の名称あるいは単にカレリアと記した。

2　1920〜30年代のカレリア自治共和国の言語政策

1　カレリア労働コミューンの言語政策

　現在のカレリア共和国が形づくられたのはロシア革命以降であり，それは多分にフィンランドとのかかわりの中で成立した。

　ロシア革命後に独立を果たしたフィンランドでは，政権をめぐり内戦が起こった。敗れた側はロシアへ亡命し，モスクワでフィンランド共産党設立大会を開いた。1918年8月のことである。当時のロシア北西部は，赤衛軍と反革命軍，ドイツ軍と対峙していたイギリスを中心とする連合国軍に加えて，フィンランドからの派遣部隊がひしめく状況下にあった。フィンランドは

フィン人の同系民族であるカレリア人が居住するカレリア地方（フィンランド側からみると東カレリア）併合を目的として部隊を派遣した。また，カレリア人居住地域の中には，フィンランドへの統合を決議した地域が現れ，状況を複雑なものにしていた。しかし，1920年には，最終的にこの地域はボリシェヴィキ政権の統制下に入った。

　ボリシェヴィキ政権はフィンランドとの関係で問題となったカレリア地方に関し，1920年の早い時期から検討を行っており，6月にはカレリア労働コミューンの設立を決定した。設立要因のひとつは，フィンランドとの和平交渉を有利にすすめるためであった。和平交渉は同年10月のタルトゥー講和条約として結実した。その中の「東カレリア自治に関する声明」において，アルハンゲリスクとオロネツ両県のカレリア人住民は民族自決の権利を有すること，ロシア共和国の構成体としての自治組織を形成することなどが述べられており[1]，フィンランドのカレリア地方併合に対する野心を封じた。

　こうして成立したカレリア労働コミューンの指導部には，E. ギューリング，Ya. ミャキなど，フィンランドからの亡命者が参加した。カレリア労働コミューンの骨組みなどを決めた7月初旬のカレリア勤労者全カレリア大会と翌年2月の第1回全カレリア・ソヴィエト大会では，教育に用いる言語に関しても話し合われ，カレリア人の教育にはカレリア語ではなく，カレリア人の希望に応じてロシア語またはフィン語を選択することになった。ロシア語は多数のカレリア人にとって文化的母語であり，フィン語はケミ西部付近の地域に居住するカレリア人の民族言語であるという理由からである[2]。

2　カレリア語が民衆教育に採用されなかった理由

　前掲した2つの大会と1920年8月にペトロザヴォーツクで行われた第1回識字率向上に関する会議，第2回全カレリア・ソヴィエト大会でもカレリア人の教育にカレリア語は採用されなかった。その理由として以下の点が指摘されている。

①方言が多く，かつその差が大きいことから，標準カレリア語をつくること

は困難であること。

　カレリア語は，固有カレリア方言（狭義のカレリア語。カレリア北部地域で普及，トヴェーリ州のカレリア語も含まれる），オロネツ方言（アウヌス方言とも言われ，ラドガ湖北東部沿岸地域で普及），リュード方言（オネガ湖西部沿岸地域で普及）という3方言に大別され，各方言はさらに小グループの方言に分かれる。固有カレリア方言はフィン語の東部方言と近く，リュード方言はヴェプス語の特徴が顕著に見られる。
②帝政期にキリル文字表記でつくられたアルファベットは考慮されず，カレリア語は文字を持たない言語とされたこと。

　帝政期に非ロシア人への布教活動を展開した正教会は，それまで文字を持たなかったカレリア語にキリル文字表記のアルファベットをつくり，正教関連の書物や初等読本などを著して，カレリア人に啓蒙活動を行っていた。しかし，当時考案されたカレリア語アルファベットは革命以降用いられることはなかった。
③帝政期に教育はロシア語で行われており，教育を受けたカレリア人はロシア語との二言語併用者が多かったこと，また，カレリア人にロシア語教育志向があったこと。
④カレリア労働コミューンのフィン人指導者の意向が働いたこと。

　当時カレリア語研究はフィンランドで盛んに行われており，カレリア語はフィン語東部方言の一つであると考えられていた。ゆえにフィン人指導者は，カレリア人にとってフィン語は習得が容易であり，方言が多様なカレリア語から標準カレリア語をつくるよりも，短期間でカレリア人の識字率を向上させうると考えていた。

　このように，カレリア人の教育・識字率向上に関するカレリア労働コミューンの言語政策は，ロシア語あるいはフィン語からの選択としてスタートした。では，実際にカレリア人はどの言語を選択したのだろうか。1926年に行われた国勢調査によると，カレリア人の識字率は36.9%であり，そのうちロシア語での識字率は76.4%，ロシア語とフィン語が9.2%，フィン語が14.3%

であった[3]。北部と北西部のカレリア人はフィン語を選択し，南部のカレリア人とヴェプス人はロシア語を選択した。ロシア語を選択したカレリア人が多かったのは，帝政ロシア期にロシア語で教育が行われていたという歴史的要因に加えて，社会の変化もあげられる。

　カレリア労働コミューン発足当時の民族構成は，カレリア人59.8％，ロシア人38.3％，フィン人0.6％，その他が1.3％であった。1922年にオロネツ県の廃止に伴い，その一部がカレリア労働コミューンに編入されたため，民族構成比率が変化した。カレリア人は42.7％と減少し，ロシア人は55.7％と半数を超えることになった。1923年にカレリア労働コミューンはカレリア自治共和国に再編され，最終的に領土が確定した1924年になると，さらにカレリア人比率は減少する。1926年の国勢調査では，ロシア人56.2％，カレリア人38.2％，ヴェプス人3.3％，フィン人1.0％という民族構成となった[4]。

　その後，第1次五カ年計画が始まると，豊富な森林資源を基盤とする開発が行なわれ，ソ連邦内外から様々な民族が労働力として流入するようになる。当時の指導部の政策により，カナダやアメリカなどからフィン人労働者を移民として受け入れたが，主流はソ連邦内からのロシア人労働者であった。多民族共存という環境の中で，民族間交流語としての役割を果たしうるのはロシア語であった。ロシア語を選択するカレリア人が多かったのは，多民族が共存する社会の形成という要因もあったのである。

3　言語政策の転換

1）　カレリア化（カレリザーツィア）とカレリア語

　ソヴィエト政権は早い段階から，母語による教育と現地民族出身者からの人材登用を打ち出していたが，1923年の第12回党大会以降，この政策は本格的に展開することになった。「現地化（コレニザーツィア）」と呼ばれるものである。カレリアでは「カレリア化（カレリザーツィア）」として，党・行政機関などに現地民族出身者を登用すること，党・行政機関がカレリア人に

対応する場合はカレリア語を使用するが，カレリア人の学校教育はフィン語で行うことを意味した。

　カレリア人のフィン語教育を強力に推し進める契機となったのは，1929年に行われたソ連共産党カレリア州委員会総会における州委員会書記 G. ロヴィオの報告である。彼は，ロシア語はカレリア人にとって習得が困難であること，また，新たに標準カレリア語をつくることはカレリアの文化建設を中断させ，遅らせることであると両言語を退けた。そのうえで，カレリア人地域では教育をフィン語で行い，ロシア人地域においてもフィン語を科目として学習させることを提案した。州委員会はロヴィオの提案を承認し，民族学校ではフィン語による教育を行い，フィン語教師を増員し，フィン語の出版物増加を決定した[5]。

　フィン語が推進された背景には，カレリアで要職についていたフィン人指導者の意向が働いていた。彼らは，短期間でカレリア人の識字率を上げられるのはフィン語であると心から信じていた。また，社会主義革命達成後のフィンランドにカレリアを併合することを想定して，フィン語での教育により，カレリア人とフィンランド住民との文化的差をなくすことが目的であったという指摘もある[6]。カレリア労働コミューン発足当初からギューリングらフィン人指導者は，カレリアの発展はフィン人プロレタリアとの連携が不可欠であると考えていた。ゆえに，カレリアの開発に際しても，フィン人労働者を迎えることを政策のひとつに盛り込んでいたのである。しかし，カレリアでロシア人比率が増加したことに加えて，カレリア人のロシア語選択者が多いことにフィン人指導者が危機感を抱いたことは十分に考えられる。

　ともあれ，フィン語教育の推進により，1932年には学校教育で99.6％のカレリア人がフィン語で学び（1929年末には57.8％），識字率向上拠点では70％のカレリア人がフィン語を学んだ（1929年末には21％）。また，フィン語新聞6紙，フィン語とロシア語併記新聞3紙が発行された[7]。

　こうしたフィン語推進派に対して，カレリア人の教育言語にはカレリア語を用いるべきであると主張する勢力も存在した。その中心的役割を担ったの

が，フィン＝ウゴル語の研究者 D. ブーブリフである。彼は 1928 年にカレリア語研究の準備を始め，1930 年夏にはカレリアで言語調査を行った。その結果，カレリア語とフィン語の隔たりは大きく，カレリア人にフィン語教育を導入したことは必ずしも成功とはいえないという結論に達した。カレリア語研究を行いながら，ブーブリフは教育，言語問題に関する会議や自身の著作を通して，カレリア人にはカレリア語での教育や啓蒙活動を行うことを訴え続けた。

1930 年になると，トヴェーリ州のカレリア人にはラテン文字表記のカレリア文字がつくられ，教育に用いられ始めた。しかし，カレリア自治共和国内の状況は変わらなかった。

2) 標準カレリア語とその後

カレリア自治共和国における言語政策の転換は，1930 年代半ばに訪れる。その第 1 段階は，フィン人を自治共和国指導部から排除することから始まった。1935 年 8 月にロヴィオが州委員会書記から解任され，9 月にはギューリングがモスクワへ異動となった。これは後のフィン人「民族主義者」に対する粛清（1937～38 年）の前兆となる出来事である。同年 9 月の州委員会は，これまでの言語政策を「多くの場合，ブルジョア・フィンランド側に立つ民族的要因に基づいたもの」であると批判し，カレリア人に対する義務的なフィン語教育を誤りであると決議した。教育言語が再び選択性となると，ロシア語選択者が多数となり，1936／37 年にフィン語で教育を行っていたのは，カレリア北西部にとどまった[8]。

第 2 段階は，カレリア語に文字をつくり，教育に用いる決定が行われたことである。1937 年 8 月に行われたカレリア自治共和国言語会議は，キリル文字表記のカレリア語アルファベットと統一標準カレリア語をつくることを決定し，同年末にブーブリフが『カレリア語文法』を著した。彼は序文の中で「標準カレリア語は，ある一つの方言を基にしてつくられるのではなく，カレリア語全般を基盤としてつくられることが言語会議で決定された。標準カレリア語は，どんな方言であろうと全カレリア人が理解しうる統一システ

ムと結びついたものでなければならない」と述べている[9]。しかし，実際は固有カレリア方言を基盤にしたものであった。カレリア人居住地域ではカレリア語教育が始まり，カレリア語新聞や雑誌が発行され始めた。

　1938年7月のカレリア自治共和国最高会議では，言語政策が議論され「ブルジョア民族主義者は，カレリア人のフィン化を行い，学校ではフィン語が強制的に導入され，ロシア語を無視し，カレリア人，ロシア人，ヴェプス人の登用を遅らせた」と，かつての指導部の政策を非難した[10]。憲法の条文からフィン語が削除され，カレリア語をロシア語とともに国家語にする決定が行われた。こうして，カレリア語は徐々にカレリア自治共和国内に根付いていくはずだった。

　しかし，あまりにも性急な学校教育への導入は，教材・人材の不足などから混乱を招いた。また，標準カレリア語は理解しづらいとの不満が会議や新聞紙上などで表明されたことから，見直しが行われることになった。1939年に承認されたカレリア語はオロネツ方言をもとにしたもので，ロシア語からの借用語が多く見られた。1939年6月から『カレリア自治共和国最高会議通報』には，ロシア語とカレリア語が併記されている。（写真1）秋から学校教育に導入されたカレリア語は，政治状況の変化により姿を消すことになった。

　1939年末からフィンランドとの間で行われた冬戦争とその結果，カレリア地峡とラドガ湖北部沿岸がソ連の領土になったことに伴い，ロシア共和国に属していたカレリア自治共和国は，カレロ＝フィン共和国としてソ連邦を構成する共和国となった。それはフィンランド領の一部を抱えることになったため，再びフィン語が教育に導入されることになった。この時のフィン語導入に際しては，フィン語とカレリア語の言語・文化的近親性が宣伝された。カレリア語は公的に用いられることはなくなり，口頭での使用にとどまった。

　1956年にカレロ＝フィン共和国は，再びロシア共和国を構成するカレリア自治共和国となったが，言語状況に変化はなかった。1978年のカレリア自治共和国憲法では，法令の出版，紋章や自治共和国旗に書かれる言語はロ

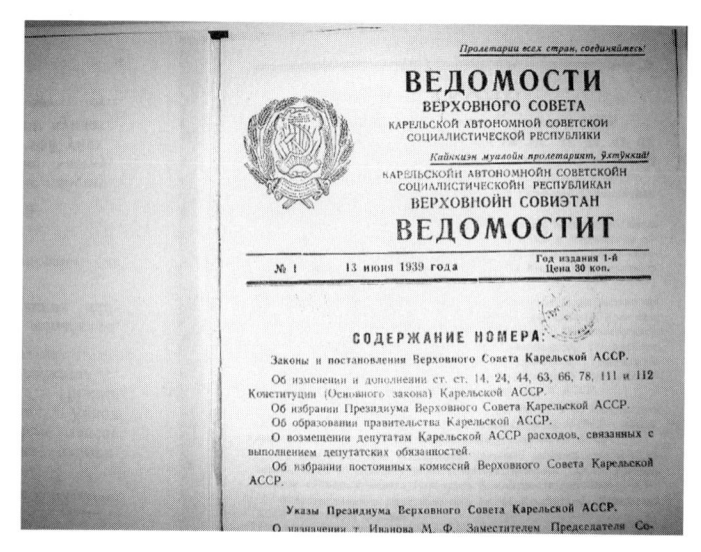

写真1 『カレリア自治共和国最高会議通報』第1号 1939年6月

シア語とフィン語であることが明記されており，両言語が公用語として機能していたことを示している。

以上みてきたように，ソ連時代を通じて，カレリア語はつねに政治的影響下にあったといえる。

3 ソ連崩壊後のカレリア共和国とカレリア語

1 民族言語文化復興・発展のための環境づくり

言語をめぐる変化は，1980年代に訪れる。80年代半ば以降の政治状況の変化とともに，先住民族の言語・文化への関心が高まった。カレリア語に関する記事が新聞紙上に掲載されたり，先住民族の言語・文化をテーマとした学術会議やカレリア人による会議が開催されるようになった。これらの会議では，カレリアの先住少数民族の言語・文化や伝統を復興させ，発展させることが話し合われた。

このような動きの背景には，カレリア人とヴェプス人がこの地の先住民族

であるという自覚と，民族の言語や文化が失われつつあるという危機感があると考えられる。1989年の国勢調査によると，カレリア自治共和国の民族構成はロシア人73.6％，カレリア人10％，ヴェプス人0.8％，フィン人2.3％とロシア人が圧倒的多数を占める中で，自民族言語が母語であると回答しているのは，カレリア人51.5％，ヴェプス人37.5％，フィン人40.6％である。年齢別では70歳以上のカレリア人88.9％が自民族語を母語であると回答しているのに対し，10-14歳では14.4％，6-9歳では9.6％と若い世代になるにつれてパーセンテージは低くなる[11]。また，1994年の調査では，カレリア人82.5％，ヴェプス人75.5％，フィン人90.6％が家庭内での交流言語はロシア語のみであると回答している[12]。このように，ロシア人が圧倒的多数であり，ロシア語に囲まれた環境の中で，民族言語の維持は緊急課題であった。

　1990年8月にカレリア自治共和国最高会議は，国家主権宣言を採択し，翌1991年11月にはカレリア自治共和国からカレリア共和国へと名称を変更した。ソ連崩壊後の1992年3月には連邦条約を締結し，カレリア共和国はロシア連邦を構成する共和国の一つとなった。前年の1991年12月に，政府閣僚会議付属の民族政策と民族間関係委員会が設置され，民族問題に関連した政策を担うことになった。また，「カレリア運動」「カレリア民族同盟」「カレリア・コングレス」など相次いで設立された社会団体も，民族問題に関する提言を行っている。

　こうして，「民族地区，民族村落と村落ソヴィエトの法的地位法」（1991年），「カレリア共和国教育法」（1994年），「カレリア共和国文化法」（1995年）などの法律が制定され，先住民族の言語・文化を維持する基盤がつくられた。さらに，「カレリア共和国のカレリア人，ヴェプス人，フィン人の言語復興と文化発展プログラム」（1995年）など政府特別プログラムにより，カレリア語，ヴェプス語，フィン語を普及させる環境が整えられていった。注目されるのは，ソ連時代にロシア語と並んで公用語とされたフィン語が復興と維持の対象とされていることである。現在カレリア共和国では，フィン人は1930～50年代に粛清の対象となった民族とされ，フィン語はカレリア語，

ヴェプス語とともにカレリア共和国の少数言語と定義されている。

2 言語法制定の試み

ロシア語をソ連の公用語と明文化した「ソ連邦諸民族の言語法」は，1990年4月に成立しており，その中で，ソ連邦構成共和国と自治共和国に国家語を定める権利を認めた。同年にはロシア共和国内チュヴァシ，トゥヴァ両自治共和国で言語法が制定され，ロシア語と共に基幹民族の言語を自治共和国国家語と定めた。1991年に制定された「ロシア連邦諸民族の言語法」でも，ロシア連邦の国家語をロシア語とし，同時に共和国国家語を定める権利を共和国に認めている。これをうけ，翌年から多くの共和国で言語法が制定された。カレリア共和国でも，カレリア語を共和国国家語とするいくつかの言語法案が作成された。

その中で，1996年に共和国民族問題委員会が準備した法案は，9月3日付の『カレリア』紙上に掲載され，広範な議論に付された。法案は，ロシア語と並んでカレリア語を共和国国家語と定めることによって，カレリア人の言語・文化の復興，維持，発展を保障し，様々な領域でカレリア語を普及させるための法的，社会的，財政的基盤を整えようというものである。同時に，カレリア共和国も多民族社会であるため，各民族の母語の保護，発展，使用の自由を保障した。

法案は基幹民族の言語を国家語として，その役割を強化し，機能を拡大させる内容を持つ他の共和国の言語法と形式的に何ら変るところはない。しかし，基幹民族であるカレリア人は共和国人口の10％にすぎず，そのうち母語をカレリア語と認識しているのは約半数であり，しかも，文章語としてのカレリア語の歴史が始まったのがごく最近であることを考えると，はたしてカレリア語が国家語としての機能を果たせるのか。このことは法案作成側も十分認識しており，法案の説明の中で，本法案を「理念的なものである」と述べている。あえて理念的な法案を作成したのは，フィン語を意識したからに他ならない。前述したようにフィン語はソ連時代に公用語として機能して

きた歴史があり，法案作成当時でもフィン語学習者数はカレリア語学習者数より多い。文章語としての完成度という点からもカレリア語とは比較にならないことから，法案作成側は危機感を募らせたのである。

法案は成立しなかった。しかし，2001年の憲法改正の際に，言語に関する議論が再燃した。カレリア語をロシア語とともに共和国国家語にすべきとの主張や，それはまだ時期尚早であるなどの意見が交わされたが，結局，言語に関する条文は，以下のとおりとなった。

カレリア共和国憲法第11条
第1項　カレリア共和国の国家語はロシア語である。カレリア共和国は，国民投票によって表明された国民の直接的自由意思に基づき，他の国家語を定める権利を有する
第2項　共和国では，その領土に居住する諸民族の母語保護の権利，学習，発展のための環境をつくる権利が保障される

カレリア語を国家語とするには，共和国民の是非を問わなければならない。国民の是を得るためには，カリレア語のさらなる普及が必要なのは明白であった。2004年には「カレリア共和国のカレリア語，ヴェプス語，フィン語国家支援法」が制定された。この法律は，カレリア人，ヴェプス人，フィン人の生活様式を含む言語・文化の維持と発展，また，カレリア共和国の歴史的，民族的伝統と文化的多様性の維持を目的としている。さらに，上記の言語を文化，芸術，教育，マスメディア，国家権力機関や自治組織での活動に用いるための環境づくりを目指している。

3　文章語としてのカレリア語

先住民族の言語・文化の復興に関心が高まっていた1989年4月，カレリア自治共和国閣僚会議は，カレリア語オロネツ方言とヴェプス語のアルファベットをつくることを決定した。カレリア語はラテン文字表記，ヴェプス語

はラテン文字表記とキリル文字表記双方が承認された。なぜカレリア語にはロシア連邦内で一般的に使用されているキリル文字ではなく，ラテン文字を採用したのか。筆者の問い合わせに対し，以下の回答が得られた[13]。

1) ラテン文字は，カレリア語とヴェプス語の音韻的特徴を正確に伝えられるユニヴァーサルな文字であること。
2) カレリア語とヴェプス語が属するフィン＝ウゴル語派の沿バルト＝フィン語グループの言語はすべてラテン文字を使用していること。
3) 文字の選定にあたり，1930年代にカレリア自治共和国とトヴェーリ州で異なるアルファベットが存在していた過去の経験が考慮されたこと。

興味深いのは，1930年代の経験が否定的に捉えられていることである。カレリア自治共和国ではキリル文字表記のアルファベットがつくられたが，それ以前にトヴェーリ州でつくられたカレリア語のアルファベットはラテン文字表記であった。両カレリア語は統一されることがなかったため，カレリア語発展の可能性を失ったと考えられたのである。

こうしてラテン文字表記のカレリア語アルファベットを基に，初等読本やカレリア語新聞『Oma mua』がオロネツ方言と固有カレリア方言で刊行され，学校教育への導入が始まり，ラジオやテレビ放送が行われるようになった。1989年秋の新学期から11校301人の生徒がカレリア語を学習し始め，1999／2000年には56校で2003人が学び，2004／2005年には53校で2237人が学んでいる[14]。

その後共和国民族政策委員会の会議で，カレリア語とヴェプス語アルファベットの見直しが行われた。コンピュータでは表記できない文字など，時代の要請に応えきれない問題が表面化したからである。その中で，カレリア語の全方言に共通する統一アルファベットをつくることが提案され，それは2007年3月の共和国政府決定により承認された。これは，将来的に統一カレリア語への道をひらいたものと期待されている。（写真2）

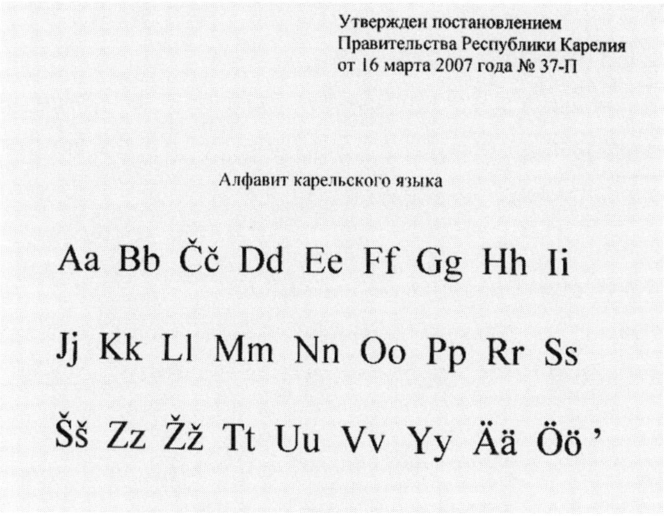

> Утвержден постановлением
> Правительства Республики Карелия
> от 16 марта 2007 года № 37-П

Алфавит карельского языка

Aa Bb Čč Dd Ee Ff Gg Hh Ii

Jj Kk Ll Mm Nn Oo Pp Rr Ss

Šš Zz Žž Tt Uu Vv Yy Ää Öö '

写真2　カレリア語統一アルファベット

4　カレリア語は国家語になれるか

　2001年に制定されたカレリア共和国憲法には,「カレリア共和国の歴史的,民族的特殊性は, その領土におけるカレリア人居住によって規定される」との文言がある（第1条第5項）。これは, 共和国内での割合が少数であっても,カレリア人が共和国の基幹民族であることを明文化したものといえる。基幹民族の言語としてカレリア語を共和国国家語とすることは, ソ連崩壊以降カレリア人の悲願であった。ユネスコの規定によると, 国家語とは当該国家において政治, 社会, 文化の領域で総合的機能を果たし, 当該国家のシンボルとなる言語である。カレリア語の場合は, 共和国のシンボルとはなりえても, 共和国内で総合的な機能を果たせる段階にはまだない。

　2002年の国勢調査によると, 共和国のカレリア人の中で, ロシア語を自由に操れるのは99.8％であるのに対し, カレリア語は48.8％で半数を割り込んでいる。まずは, カレリア人にカレリア語を普及させることが優先課題である。そのために「カレリア共和国のカレリア語, ヴェプス語, フィン語国家支援法」や共和国特別プログラムなどにより, 言語の維持と発展を目的と

した環境づくりを行ってきた。その最終目的は，基幹民族の言語であるカレリア語を共和国国家語にすることであろう。

しかし，障壁はカレリア共和国外部から現れた。それは，2002年に成立した「ロシア連邦諸民族の言語法追加法」の中で，連邦と共和国の国家語はキリル文字基盤とすることが定められたことである。

> ロシア連邦諸民族の言語法第3条への追加法
> ロシア連邦においてロシア連邦国家語と共和国国家語のアルファベットはキリル文字基盤とする。他の文字は連邦法によって定めることができる

これは，タタール語のアルファベットをキリル文字からラテン文字に変更したタタルスタン共和国を念頭においたものであったが，カレリア語アルファベットをラテン文字表記としたカレリア共和国にとっても問題となるものである。法案の審議中に，カレリア共和国民族政策問題国家委員会議長は，法案を可決しないよう訴えて，反対を表明した。また，上院で可決された後もタタルスタン共和国議会が当時のプーチン大統領に法案反対の公開状を送るなど，積極的に働きかけを行ったが，大統領は法案に署名，同法は成立した。カレリア語が共和国国家語になるためには，超えなければならないハードルがひとつ増えたことになる。

4　終わりに―多民族社会の中で

ソ連崩壊以降カレリアは，先住民族の言語・文化や伝統の維持を意識した政策を行ってきた。共和国の特徴をなす先住民族が少数であり，政府の保護と支援なしには存在が危ぶまれるとの危惧が，政府や民族政策を提言する社会団体の共通認識であった。2002年の国勢調査での民族比率は，ロシア人76.76％，カレリア人9.17％，ヴェプス人0.68％，フィン人1.98％と，後者3民族の比率は1989年と比べて減少する反面，ロシア人比率は増加している。

これはひとつには,ロシア人との民族間結婚が多く,生まれた子にはロシア民族を選択することが指摘されている。また,都市化が進む現在,ロシア化は農村部にも及ぶ。共和国内には上記の民族以外にもベラルーシ人(2002年の国勢調査では5.26%),ポーランド人(同0.42%),タタール人(同0.37%)など他の民族も居住している。多民族社会の中で,民族間交流言語は今も昔もロシア語である。実際,共和国に居住するロシア人以外の民族のロシア語修得率は99%を超えている。このような環境の中で,カレリア語を維持し,発展させることはできるのだろうか。

2009年5月に承認された「カレリア共和国のカレリア語発展総合計画2009-2020年」では,以下のように述べられている。「言語は民族のシンボル,民族的文化価値の基礎,民族の帰属意識を計るものであり,民族文化は言語によって世代から世代へ伝わるものである。言語の同化は,民族意識を変え,民族集団そのものを壊す危険性があり,母語の喪失は今や多くの少数民族が直面している問題である[15]」こうした認識に立つカレリア共和国政府や社会団体は,民族の存亡をかけてカレリア語の維持と発展に取り組んでいる。

注

(1) Всекарельский съезд представителей трудящихся карел. 1-й Всекарельский съезд советов. Петрозаводск, 1990, С.255-256

(2) Там же, С.224

(3) Афанасьева А. И., 'Создание советской национальной автономии и некоторые вопросы языкового строительства в Карелии(1920-1940)', *Вопросы истории европейского севера*. Петрозаводск, 1987, С.53

(4) Такала Ирина, 'Национальные операции ОГПУ/НКВД в Карелии', *В семье единой: национальная политика партии большевиков и её осуществление на северо-западе России*. Петрозаводск, 1998, С.162-163

(5) Кангаспуро Маркку, 'Финская эпоха Советской Карелии', *В семье единой: национальная политика партии большевиков и её осуществление на северо-западе России*. Петрозаводск, 1998, С.130-131

(6) Там же, С.133-134

(7) Афанасьева А. И., *Культурные преобразования в Советской Карелии 1928-1940*.

Петрозаводск, 1989, С.46-47
（8） Там же, С.52-53
（9） Бубрих Д. В., 'Грамматика карельского языка', *Прибалтийско-финское языкознание: Избранные труды*. СПб.,2005, С.293
（10） *Первая сессия Верховного Совета Карельской АССР 26-29 июля 1938г. Стенографический отчёт*. Петрозаводск, 1938, С.25-26
（11） Крючкова Т. Б., 'Языковая ситуация в Республике Карелия—История развития и современные состояния', *Языки Российской Федерации и нового зарубежья*. М., 2000, С.179-180
（12） *Концепция развития финно-угорской школы Республики Карелия*. от 25 апреля 1997г. N225
（13） *Министерство по вопросам национальной политики и связям с религиозными объединениями* 15,07,2009 №01-26/39
（14） カレリア共和国民族問題と宗教団体関連省のホームページより　http://www.gov.karelia.ru/gov/power/Committee/National/karel_tab1.html
（15） 'План комплексных мероприятий', *Развитие карельского языка в республике Карелия на 2009-2020 годы*. от мая 2009 г. №443/100/208

参考文献

塩川伸明『民族と言語―多民族国家ソ連の興亡1』岩波書店，2004年。
渋谷謙次郎編『欧州諸国の言語法』三元社，2005年。第14章ロシアの項参照。
寺山恭輔「戦間期のソ連西北部国境における民族問題とスターリンの政策」『史林』第90巻第1号　京都大学文学部内史学研究会，2007年。
庄司博史「ことばをつくる―ロシア・カレリアの文語運動」『ヨーロッパ人類学』新曜社，2004年。
『北欧現代史　世界現代史28』百瀬宏　山川出版社，1980年。フィンランドの項参照。
『言語学大辞典』第3巻　世界言語編（下－1）1992年，カレリア語，バルト・フィン諸語の項参照。

HP
カレリア共和国政府のホームページ
http://www.gov.karelia.ru
カレリア共和国民族政策問題と宗教団体関連省のホームページ
http://www.gov.karelia.ru/Powe/Committee/National

あとがき

　早稲田大学国際言語文化研究所所長の池田雅之氏から,「世界のことばと文化シリーズ」の一環として,「ロシア・東欧」地域を扱う第7巻の編集を, というご相談をいただいたのは, 昨年（2009年）はじめ頃のことだっただろうか。カバーすべき領域の広大さ・多様さにたじろいで, 二の足を踏んでいたが, わが国のロシア語研究の第一人者である桑野隆氏（早稲田大学教育・総合科学学術院教授）に, 原稿の執筆だけでなく編集面での協力もお願いしたところ, 快諾いただけたのをきっかけに, この重責をお引き受けする決心がついた。

　まず桑野氏と, 本書の総合タイトルを「ロシア・中欧・バルカン世界のことばと文化」とすることで合意してから（これについては氏の「まえがき」を参照されたい）, 共同で執筆者の人選に取りかかった。同上地域の各国について一人を目安として, 所属や年齢や国籍にこだわらず,「面白そうなことを書いていただけそうな適任者」を基準にしつつ, 個別に交渉を進めて, 5月末頃までに（編集担当の我々2名も含めて）総勢16名の執筆予定者の顔ぶれが定まった。

　6月27日に, 早稲田鶴巻町にある成文堂本社の会議室をお借りして, 最初の（そして最後の）執筆者打ち合わせ会が開かれた。「編集方針」としては―「1. 各地域・各言語の専門家が, それぞれの専門分野のなかから適当と考えるテーマを選択して, 専門的学識に裏付けられた内容を, 興味深くて読みやすいかたちで提供する。2. 社会主義体制から民主主義体制への「体制転換」後20年間の, それぞれの諸国における新しい研究動向と, 今日的な問題意識を踏まえて記述する。3. 既知の基本情報をまとめるだけでなく, 新しい知見・事実・視点を提供するように努める（「ステレオタイプ化したイメージ」を再生産しない）。4. 写真・イラスト・地図などを活用して, 視覚的にも魅力

的なものにする」－というかなり「気負った」ものを提示したのだが，幸いにも執筆予定者の方々の，積極的な理解と賛同を得ることができて，本プロジェクトは正式に動き出した。

設定された原稿提出の締め切りは同年10月末だったが，年末までにほぼ7割の原稿が出そろい，年を越した駆け込み提出組が数名（白状すればぼくもこのグループの一人），最終ランナーがゴールインしたのは2月に入ってからのことだった。強調しておきたいのは，特段の催促を行わなかったにもかかわらず，16名の執筆予定者の原稿が，最終的にはすべて提出されたことである。

新年に入ると，平行して印刷作業がはじまった。本書がカバーする地域の特殊性からして，ラテン文字に特殊記号が付されたもの，あるいはキリル文字を用いた原稿が多かったにもかかわらず，1月以降に成文堂から逐次郵送されてきた初校ゲラの，印刷上の精度がきわめて高かったことは（原稿がワード文書で提出されたことがあるにせよ），やはり特筆しておきたいと思う。

初校ゲラの段階で編集担当の桑野氏とぼくは，すべての原稿に目を通して，気づいた点，気になる個所についてコメントを付した。形式面ばかりでなく，内容にかかわる指摘も行ったので，あるいは僭越で礼を失すると感じられた向きもあったかもしれない。その場合は，遅ればせながらこの場を借りてお詫び申し上げたい。

次の再校ゲラの段階では，今度は国際言語文化研究所のスタッフによる，読みやすさを考慮した「一般読者の視点」からのコメントが添えられた。（内心では）ほぼ完成原稿だろうと思っていたぼくの再校ゲラにも，かなりの赤字が入れられていて，冷静に検討して見ると，ほとんどが正当な指摘であり，それらを取り入れることで拙論は，たしかに視覚的に読みやすいものになった。同研究所のスタッフからは，全体の章立てと中見出しのタイトルについても斬新なアイディアが提案され，それを採用することにした。

原稿を完成させるまでの作業は，たしかに各執筆者の個人的な営為だが，それが活字に組まれ，より良くより読みやすいかたちで，一冊の本の体裁に

整えられて，世に送り出されるためには，多くの方々のお力添えが欠かせないことを，改めて痛感した。

　本書の「出来」については，読者諸氏の審判に委ねるほかはないが，執筆者として，そして編集担当の一人として，納得のいくかたちで，「実力」以上の仕事ができたという爽やかな気持ちを味わっている。本プロジェクトを温かく支えてくださった池田雅之所長をはじめとする国際言語文化研究所のスタッフの方々（大場静枝氏，佐川佳之氏，池田知栄子氏），成文堂編集部の相馬隆夫氏と印刷所の方々に，厚くお礼を申し上げたい。

　最後に，本書は早稲田大学総合研究機構の学術出版補助費を受けたことを，感謝の念をこめて付記しておく。

　　2010年4月14日

　　　　　　　　　　　　　　　　　　　　　　　　　　　長與　進

<資　　料>

ロシア連邦

面積：約 1707 万平方キロ
人口：1 億 4275 万人（2006 年 1 月現在）
住民：ロシア人（約 80％）を中心に 100 以上の民族
宗教：ロシア正教，イスラーム教，仏教，ユダヤ教，カトリックなど
首都：モスクワ

自　然

国土は東西約 9000km，南北最大幅 4000km にわたっており，その大部分は北緯 50 度以北にある。南北 2000km に延びるウラル山脈を境に，西側には広大な東ヨーロッパ平原が広がり，東側にはエニセイ川にかけて続く低地と，シベリアの高原や山地が広がる。一般に寒冷で，寒暖の差が大きい大陸性気候が特徴。気温差は，夏と冬で 30～75℃に及ぶ。シベリアでは厳冬期の平均気温が－20～35℃，シベリア東部の内陸部では最低気温が－50℃に達することもあるが，ヨーロッパ・ロシアは比較的温和な気候である。タイガと呼ばれる針葉樹林帯，ツンドラと呼ばれる永久凍土でも知られる。

政治経済

共和制，連邦制（共和国や州等 80 ほどの構成主体からなる連邦国家）。三権分立を掲げているものの，元首である大統領（任期 6 年，2 期まで）の権限が強い。連邦議会は連邦院（上院）と国家院（下院）からなる。主要産業は鉱業，鉄鋼業，機械工業，化学工業，繊維工業。全体としては石油，天然ガスをはじめ資源に依存する産業構造になっているが，最近では経済の近代化をめざしている。また，イノベーション型経済への転換を図っており，医療，エネルギー効率，熱核融合，宇宙・通信，IT に力を入れている。

文　化

ドストエフスキイ，トルストイをはじめとする文学，チャイコフスキイ，ショスタコーヴィチ等のクラシック音楽，さらにはバレエ，演劇，サーカス，ロシア・アヴァンギャルド美術など，世界的に評価されているものが多く，枚挙にいとまがない。美術館や建築も注目に値するものが少なくない。スポーツもさかんであり，幾つかの種目で世界的レベルを誇っ

ている。また，宇宙開発をはじめ高い科学力でも知られており，ノーベル賞，フィールズ賞の受賞者も多い。一般に教育レベルも高い。

世界遺産

サンクト・ペテルブルグ歴史地区と関連建造物群，キジ島の木造教会，モスクワのクレムリンと赤の広場，セルギエフ・ポサドのトロイツェ・セルギー大修道院の建築物群，バイカル湖，カムチャツカ火山群，ヤロスラヴリ市街の歴史地区など，23件。

ウクライナ

面積：60万3700平方キロ
人口：4583万人（2009年10月現在）
住民：ウクライナ人（78％），ロシア人（17％），ほかに1％未満でベラルーシ人，モルドヴァ人，その他。
宗教：ウクライナ正教，ロシア正教，ユニエイト（ウクライナ・カトリックまたはギリシア・カトリック），イスラーム教，ユダヤ教など。
首都：キエフ

自　然

ウクライナの国土のほとんどは，肥沃な平原，ステップ（草原），高原で占められている。平均標高170m。中央部及び南部の平野は，肥沃な黒土におおわれており，小麦などの耕作地が広がる。ドニエプル（ドニプロ）川は，ヴォルガ，ドナウに次ぐヨーロッパ第3の大河で，水上交通の大動脈となっている。北部及び西部は穏やかな大陸性気候。冬は黒海沿岸は涼しいが，内陸に行くにしたがって寒くなる。夏はほとんどの地域で暖かいが，南に行くほど暑い。

政治経済

1991年12月にソ連から独立。政体は共和制，元首は大統領（任期5年，2期まで）。立法府（一院制の最高会議），行政府（閣僚会議），司法府（裁判所）の三権分立。一方ではロシアとの関係，他方ではEUやアメリカとの関係，この両者のバランスで試行錯誤が続いている。ソ連時代から，工業が盛んであると同時に穀倉地帯としても知られている。ただ，エネルギー資源に乏しく，石油と天然ガスの相当部分をロシアから輸入しており，このことがロシアとの関係にも大きく影響している。経済の構造改革は遅れがちである。

文化

文化・芸術への関心が高く，主要な都市には劇場，交響楽団，音楽・芸術クラブ等が存在する。また，民族音楽，宗教音楽の伝統を有し，民族舞踊，イースター・エッグ，民族衣裳などの民族文化にも独特のものがある。作家のゴーゴリやシェフチェンコ，作曲家のプロコフィエフ，ピアニストのホロヴィッツ，画家のマレーヴィチ，舞踏家のニジンスキイなど，ウクライナ生まれの作家，芸術家も少なくない。科学技術の水準も高く，ノーベル賞のメチニコフ，ワクスマン，ロケット技術者のコロリョフなどが有名。

世界遺産

カルパチア山脈のブナ原生林，キエフの聖ソフィア大聖堂と修道院群とキエフ・ペチェルスカヤ大修道院，リヴィウ歴史地区，シュトルーヴェの測地弧（10カ国が共有）

ベラルーシ共和国

面積：20万7600平方キロ

人口：966万人（2009年12月現在）

住民：ベラルーシ人（81.2％），ロシア人（11.4％），ポーランド人（3.9％），ウクライナ人（2.4％），ユダヤ人（0.3％）（2002年国勢調査）

宗教：ロシア正教が優勢，カトリック

首都：ミンスク

自　然

地形は平坦で，最高地点で標高345m。国土の3分の1は森林におおわれ，湖沼が多い。国土の6割近くはドニエプル川とその支流，4割近くはネマン川，西ドヴィナ川の流域に位置する。大陸性気候だが，バルト海に近いことから比較的温暖。夏期は降雨量が多い。ポレシエ湿地はヨーロッパ最大の湿原。気候は穏やかな大陸性気候で，平均気温は1月−6℃，7月18℃。

政治経済

1991年12月にソ連から独立。政体は共和制。三権分立制になっているが，1996年の憲法改正で大統領権限が著しく強化された。2004年の国民投票で，憲法の大統領職の三選禁止規定が削除。第二次世界大戦後，急速に工業が発展した。主要産業は機械，電子，繊維，食品，自動車。農業では，ライ麦，ジャガイモ，テンサイ，亜麻などが栽培され，酪農も盛んである。地下資源は泥炭と岩塩が産出される程度で，エネルギーのほとんどをロシア

からの輸入に頼っている。

文化

19世紀末から20世紀前半にかけて活躍した作家クパーラとコーラスは，ベラルーシ語による近代文学を確立するとともに，標準ベラルーシ語の確立にも寄与。ただし現在では，文学やテレビ放送などもロシア語によるもののほうが多い。ルシニキ（赤と白を基調として神秘的な文様を配した手ぬぐい）をはじめとするフォークロア文化に独自のものがあったが，最近では衰えがち。ベラルーシ語ロックは人気。1920年前後のヴィテプスクはロシア・ヴァンギャルドの拠点の一つでもあった。

世界遺産

ミール地方の城と関連建物群，ネスヴィジにあるラジヴィル家の建築・住宅・文化的複合体，ベロヴェージの原生林（ポーランドと共有），シュトルーヴェの測地弧（10カ国が共有）

ポーランド共和国

面積：32万2677万平方キロ

人口：3814万人（2008年）

住民：ポーランド系（97%）

宗教：カトリック（90%）

首都：ワルシャワ

自然

国土はほぼ正方形の形をしており，西はオドラ〔オーデル〕川とその支流ニサ〔ナイセ〕川，北はバルト海，南はスデティ〔ズデーテン〕山地と，カルパチア山脈の一部であるベスキド山地に囲まれている。主要河川であるヴィスワ川が国土を南北に貫流し，クラクフ，ワルシャワ，トルニなどの大都市を経てバルト海に注ぐ。気候は大陸性だが，バルト海のおかげでそれほど厳しいものではない。かつては森林と野生動物が豊富な地域であったが，現在では特別な保護区が必要になるほど減少している。

政治経済

共和制，国家元首は大統領（任期5年），下院（460議席）と上院（100議席）からなる二院制で，任期はいずれも4年。1989年の体制転換後，「欧州への統合」をめざし，1999年3月にNATO加盟，2004年5月にEU加盟。主要産業は，食品，自動車，化学製品，燃料。GDPは5674億ドルで，国民一人あたり1万4893ドル。経済成長率4.8%，物価上昇率4.2%，

失業率 7.4%（数値はいずれも 2008 年）。通貨はズウォティ。

文 化

ポーランドは国際的に知られた多彩な文化を有している。すでに 14 世紀以後，ポーランド語で書かれた宗教文献が存在し，16 世紀以降はシュラフタ（士族）によるポーランド語文学が盛んになった（コハノフスキ）。19 世紀中頃には，ミツキェヴィチ，スウォヴァツキ，クラシンスキを頂点とするロマン主義文学が開花し，ノルヴィト，シェンキェヴィチ，プシビシェフスキ，レイモントらがそれに続く。1918 年のポーランド国家復興以後は，ヴィトキェヴィチ，シュルツ，ゴンブロヴィチ，20 世紀後半期はアンジェイェフスキ，シンボルスカ，コンヴィツキ，ミウォシュら枚挙にいとまがない。ノンフィクション文学のカプシチンスキ，SF のレムの名前もあげるべきだろう。演劇界ではムロジェクとカントル，音楽家ではショパンをはじめ，モニュシコ，シマノフスカら。映画の分野でも，ワイダ，カワレロヴィチ，ポランスキ，ザヌッシ，キェシロフスキ，ホラントなど多士済々である。

世界遺産

クラクフの歴史的市街，ヴィエリチカの岩塩坑，アウシュヴィッツ・ビルケナウの絶滅収容所跡，ザモシチの旧市街，ビャウォヴィエジャの原生林（ベラルーシと共有），ワルシャワの歴史的市街など，13 件。

チェコ共和国

面積：7 万 8866 平方キロ

人口：1043 万人（2008 年）

住民：チェコ系（94%），他にスロヴァキア系（4%），ロマ（ジプシー）系など

宗教：無信仰（58%），カトリック（26%）（2001 年国勢調査）

首都：プラハ

自 然

ボヘミア地方（チェコの西部）は北西部のクルシネー・ホリ〔エルツ〕山脈，北東部のスデティ〔ズデーテン〕山地，西・南西部のチェスキー・レス〔ボヘミアの森〕，南東部のモラヴィア高地などの山地によって囲まれた盆地である。中央部を南北にヴルタヴァ川が流れ，北部でラベ〔エルベ〕川に注いでいる。ヴルタヴァ川の中流域に首都のプラハがあり，この国の政治・産業・文化の一大中心地をなす。モラヴィア地方（チェコの東部）は

ドナウ川の支流モラヴァ川流域が形成する低地である。北部のオドラ〔オーデル〕川上流域にはオストラヴァの工業地帯が広がる。

政治経済

共和制，国家元首は大統領（任期5年），代議院（200議席，任期4年）と元老院（81議席，任期6年）からなる二院制。1989年に体制転換（ビロード革命），1992／1993年にチェコスロヴァキア連邦制を解消して，チェコ共和国として再出発。「欧州への統合」をめざし，1999年3月にNATO加盟，2004年5月にEU加盟。議会では右派と左派の諸政党の勢力が拮抗している。主要産業は，機械工業，化学工業，観光。GDPは約2164億ドルで，国民一人あたり約2万805ドル。経済成長率3.2%，物価上昇率1.7%，失業率6%（数値はいずれも2008年）。通貨はチェコ・コルナ。

文化

チェコ文化は豊かで多彩な伝統を誇っている。文学では中世以来，チェコ語で書かれた文献が残され（たとえば，『ダリミル年代記』），宗教改革者フスは聖書をチェコ語に翻訳した。ヘルチツキーの宗教哲学，教育思想家コメンスキー（コメニウス）の業績がそれに続く。19世紀初頭にドブロフスキーが近代チェコ文章語の基礎を据えると，マーハ，エルベン，ネルダ，20世紀ではシャルダ，ハシェク（『兵士シュヴェイクの冒険』），チャペック，サイフェルト，フラバル，クンデラなど，国際的に知られた作家群が輩出した。アール・ヌーヴォーの画家ムハ（ミュシャ），音楽の分野ではスメタナ，ドヴォジャーク（ドヴォルザーク），ヤナーチェク，マルチヌー，映画監督のヒチロヴァー，フォルマン，ニェメツ，メンツェル，アニメ映画のトルンカ，シュヴァンクマイエルの名前も特筆するべきだろう。

世界遺産

プラハの歴史的旧市街，チェスキー・クルムロフの歴史地区，テルチの歴史地区，ゼレナー・ホラの聖ヤン・ネポムツキー巡礼教会，クトナー・ホラの歴史地区，レドニツェとヴァルチツェの文化的景観など，12件。

スロヴァキア共和国

面積：4万9035平方キロ

人口：542万人（2009年9月）

住民：スロヴァキア系（86%），ハンガリー系（10%），他にチェコ系，ロマ（ジプシー）系，ルシーン／ウクライナ系など

宗教：ローマ・カトリック（70%），プロテスタント（7%），ギリシア・カトリックなど（2001年国勢調査）

首都：ブラチスラヴァ

自　然

国土の80%が海抜750 m以上の高地に位置する山国。国土のほぼ北半分は，タトリ山地と総称されるカルパチア山脈の北辺部に属する。なかでもヴィソケー・タトリ山地には最高峰のゲルラホフカ山（標高2655 m）をはじめとする切り立った峰が並び，国立公園に指定されている。国土の大部分はドナウ水系に属し，南西部には肥沃な沿ドナウ平野が，南東部には東スロヴァキア平野が広がっている。北部の山岳地帯では鉱工業，林業，放牧などが盛んで，南部の平野部ではビート，ジャガイモ，小麦，トウモロコシ，ブドウなどが栽培され，国の重要な農産物供給地になっている。

政治経済

共和制，国家元首は大統領（任期5年），国民議会（150議席，任期4年）からなる一院制。1989年に体制転換（ビロード革命），1992／1993年にチェコスロヴァキア連邦制を解消して，スロヴァキア共和国として完全独立。「欧州への統合」をめざし，紆余曲折を経たが，2004年3月にNATO加盟，同年5月にEU加盟。議会には右派政党，左派政党，ナショナリスト政党，ハンガリー人政党などが議席を有する。主要産業は，機械工業，自動車産業。GDPは954億ドルで，国民一人あたり1万7646ドル。経済成長率6.4%，物価上昇率3.94%（数値はいずれも2008年），失業率12.7%（2009年）。通貨は2009年1月よりユーロを導入。

文　化

スロヴァキア地域における文化の始まりは，9世紀の大モラヴィア国時代に求められる。この時期に「スラヴ人の使徒」キュリロスとメトディオスの手で，古代教会スラヴ語の導入が図られた。しかしスロヴァキア独自の文章語が確立したのは比較的遅く，19世紀中頃のことである。詩人としてはフヴィエズドスラフ，作家としてはククチーン，フロンスキーらの名前をあげることができる。バンスカー・シチアウニッツァ，バルジェヨウ，レヴォチャなどに，ゴシック様式の中世都市の面影が残る。絵画ではベンカが，版画ではソコルが有名。民謡と民族舞踊も盛んで，農民や羊飼いのモチーフが好んで取り上げられる。世界的なオペラ歌手グルベロヴァー，ドヴォルスキーはスロヴァキア出身である。映画監督ではハナークとシュリークの名前をあげておきたい。

世界遺産

ヴルコリーニェツの建造物群，鉱山都市バンスカー・シチアウニツァ，スピシ城の廃墟，アグレテク・カルストとスロヴァキア・カルストの洞窟群（ハンガリーと共同），バルジェヨウの歴史的中心街など，7件。

ハンガリー共和国

面積：9万3030平方キロ
人口：1001万人（2010年）
住民：ハンガリー系（96%）
宗教：カトリック（52%），カルヴァン派（16%）
首都：ブダペスト

自　然

カルパチア山脈に囲まれ，ドナウ川とその支流ティサ川の流域に広がるハンガリー盆地のなかに位置し，国土の大部分は平野である。ドナウ川の東はアルフェルドと呼ばれる大平原で，20世紀後半以降は大規模に灌漑され耕地化されている。ドナウ川以西は，大部分が穏やかな起伏の台地であり，中央部に東西に細長く，中欧最大の湖バラトン湖がある。ほぼ内陸性気候に属し，寒暑の差はかなり大きい。

政治経済

共和制，国家元首は大統領（任期5年），一院制の国家議会（386議席，任期4年）。1989年の体制転換後，「欧州への統合」をめざし，1999年3月にNATO加盟，2004年5月にEU加盟。議会には右派政党，左派政党，ナショナリスト政党などが議席を有する。主要産業は，機械工業，化学・製薬工業，農業，畜産業。GDPは1242億ドルで，国民一人あたり1万2386ドル。経済成長率 -6.3%，物価上昇率4.2%，失業率10%（数値はいずれも2009年）。通貨はフォリント。

文　化

ハンガリー語による国民文学は，19世紀前半に勃興期を迎えた。劇作家キシュファルディ，詩人ヴェレシュマルティ（叙事詩『ザラーンの逃走』），劇作家カトナ（愛国史劇『バーンク・バーン』）らがこの時代を代表し，「自由と愛の詩人」ペテーフィがその頂点に立つ。彼は高揚した民族感情の代弁者であり，1848-49年の独立戦争における悲劇的な死によって，ハンガリー文学史に大きな影響を残した。19世紀後半には，ロマン主義の作品を多

数残したヨーカイ，リアリズム小説の先駆者ミクサートが国民的人気作家になった。20世紀文学からは，モーリツ，モルナール，ヨージェフ，サボー，コンラードらの名前をあげることができる。音楽家としてはリストを筆頭として，ドホナーニ，バルトーク，コダーイ，シゲティらがいる。バルトークとコダーイは民謡の収集も行った。民族舞踊としてはチャールダーシュが有名。

世界遺産

ドナウ河岸・ブダ城地区などのブダペスト，ホッローケーの古い村落，パンノンハルマのベネディクト会大修道院，アグレテク・カルストとスロヴァキア・カルストの洞窟群（スロヴァキアと共同），アルフェルドのホルトバージ国立公園など，8件。

ルーマニア

面積：23万7500平方キロ

人口：2153万人（2008年）

住民：ルーマニア系（90%），ハンガリー系（7%）

宗教：ルーマニア正教（87%），カトリック（5%）

首都：ブカレスト

自　然

国土の中心にトランシルヴァニア盆地があり，東・南カルパチア山脈がこれを取り囲んでいる。ドナウ川は南部国境を流れ，下流でドブロジャ丘陵を迂回して黒海に注ぎ，河口に広大なデルタ地帯を形成する。他に主要河川としては，トランシルヴァニアではムレシュ川が西流し，ヴラキアではジウ川，オルト川が南流し，モルドヴァではプルート川がウクライナとモルドヴァ共和国との国境河川となって南流し，いずれもドナウ川に合流する。森林地帯はカルパチア山脈に集中している。

政治経済

共和制，国家元首は大統領（任期5年），元老院（137議席，任期4年）と代議院（334議席，任期4年）の二院制。1989年12月にチャウセスク体制が崩壊して体制転換。「欧州への統合」をめざし，2004年3月にNATO加盟，2007年1月にEU加盟。中道右派と中道左派がほぼ交互に政権を担当している。主要産業は，金属（鉄鋼，アルミ），機械機器工業，石油産業，農業。GDPは2001億ドルで，国民一人あたり9310ドル。経済成長率7.1%，物価上昇率7.9%，失業率4.4%（数値はいずれも2008年）。通貨はレウ。

文化

ルーマニアは言語的にはロマンス諸語に属するが，文化的には周辺の南スラヴ，ギリシア，ビザンチン文化に深い影響を受けており，口承文学としてのバラード，民話などにも，バルカン諸国と共通の要素が多い。近代文学者ではエミネスクが最大の国民詩人とされている。宗教学者エリアーデ，作家ツァラとイヨネスコなど，国外で活躍した人物も多い。音楽の分野では，作曲家エネスコ，ピアニストのリパッティ，指揮者チェリビダッケらが有名である。

世界遺産

ドナウ・デルタ地帯，トランシルヴァニア地方の要塞聖堂のある村落群，ホレズ修道院，モルドヴァ北部の壁画教会群など，8件。

ブルガリア共和国

面積：11万912平方キロ

人口：758万人（2008年）

住民：ブルガリア系（80%），トルコ系（9.7%），ロマ系（3.4%）

宗教：ブルガリア正教，イスラーム教など

首都：ソフィア

自　然

バルカン山脈が国土の中央部を東西に横切り，気象条件の異なる次の4つの部分に分けている。1）バルカン山脈から北に向かって穏やかに下ってドナウ川にいたる地域（ドナウ台地），2）中央部の厚い森林の山脈地帯，3）バルカン山脈の南部（北からの寒風が山脈によって遮られるので，地中海性気候から温帯大陸性気候への移行地域となっている），4）南西部のピリン山脈，リラ山脈，ロドピ山脈からなる山岳地帯。リラ山脈のムサラ山（2925m）はバルカン半島の最高峰である。

政治経済

共和制，国家元首は大統領（任期5年），一院制の国民議会（240議席，任期4年）。1990年に体制転換，「欧州への統合」をめざし，2004年3月にNATO加盟，2007年1月にEU加盟。議会には右派政党，左派政党，トルコ系政党などが存在する。主要産業は，農業（穀物・酪農），化学工業，石油化学工業，食品加工産業。GDPは520億ドルで，国民一人あたり6849ドル。経済成長率6%，物価上昇率12.2%（数値はいずれも2008年），失業率6.9%

(2007年)。通貨はレフ。

文化

ブルガリアの中世文学は，キュリロスとメトディオスが考案したスラヴ文字による聖者伝や教訓書が中心である。近代文学は18世紀末頃にはじまり，修道士パイシー（『スラヴ・ブルガリア史』），革命詩人ボテフ，「国民文学の父」パゾフ（『くびきの下で』）らの名前をあげることができる。ブルガリアの民謡と民俗音楽は，豊かで変化に富んでいて，地声を中心とした合唱団の歌声は，わが国でも知られている。

世界遺産

ボヤナ教会，マダラの岸壁の騎士像，カザンラクのトラキア人の墳墓，イヴァノヴォの岩窟教会群，古代都市ネセバル，リラ修道院など，9件。

スロヴェニア共和国

面積：2万273平方キロ

人口：約200万人

住民：スロヴェニア系

宗教：カトリック

首都：リュブリャナ

自然

北西から南下するジューリ・アルプス山脈がディナル・アルプス山脈へと連なる山がちの地勢。イタリアとの国境地帯にはスロヴェニア最高峰のトリグラフ山（2863 m），オーストリアとの国境地帯にはグリンタヴェツ山（2559 m）がそびえる。西部の台地には典型的なカルスト地形が発達し，ポストイナ鍾乳洞がある。主要河川は，国土中央を東流するサヴァ川，北部を東流するドラヴァ川，ムーラ川などで，大部分がドナウ川に流入する。国土の総面積の半分を針葉樹，広葉樹の森林が占め，低地は草地や牧草地が多く，牧畜に適している。主要部では高地大陸性気候であるが，沿岸地方は穏やかな地中海性気候，東端は大陸性ステップ気候である。

政治経済

共和制，国家元首は大統領（任期5年），国民議会（定数90名，任期4年）と国民評議会（定数40名，任期5年）の二院制。1991年6月に旧ユーゴスラヴィアから独立を宣言，「欧州への統合」をめざし，2004年3月にNATO加盟，同年5月にEU加盟。主要産業は，

自動車などの輸送機械，電気機器，医薬品，金属加工，観光業。GDP は 593 億ドルで，国民一人あたり 2 万 9472 ドル。経済成長率 3.5%，物価上昇率 5.7%，失業率 4.6%（数値はいずれも 2008 年）。通貨は 2007 年 1 月よりユーロを導入。

文化

スロヴェニア語による文学活動が活発になったのは，19 世紀のロマン主義の時代になってからである。詩人プレシェレンは詩集『ソネットの花輪』を編んで，女性への愛を祖国愛に昇華させた。リュブリャナでは国際グラフィック・ビエンナーレが開かれ，世界的な版画家ミヘリッチ，デベニャク，ベルニクらが有名である。現代画家のなかではコス，ヤカツ，クレガルのほか，ナイーブ・アートのティスニカルの名前も知られている。

世界遺産

シュコツィアン洞窟群。

クロアチア共和国

面積：5 万 6594 平方キロ

人口：444 万人（2008 年）

住民：クロアチア系（90%），セルビア系（4.5%）

宗教：カトリック，セルビア正教

首都：ザグレブ

自然

国土は，北部の山間地（20%），中央部から東部のハンガリー盆地（49%），西部のアドリア海沿岸地方（31%）に大別される。北西部にアドリア海に突出するイストラ半島がある。アドリア海沿岸をディナル・アルプス山脈が走り，カルスト地形をなしている。森林面積が国土の 35% を占める。主要河川は，北部のドラヴァ川と，ボスニア・ヘルツェゴヴィナとの国境をなすサヴァ川で，いずれも東流してドナウ川に合流する。アドリア海沿岸では地中海性気候，平地部では大陸性気候である。

政治経済

共和制，国家元首は大統領（任期 5 年），一院制の議会（153 議席，任期 4 年）。1991 年 6 月に旧ユーゴスラヴィアから独立を宣言，1992 年春まで内戦状態。1998 年までに「国土回復」。現在では国際協調路線をとり，「欧州への統合」をめざしている。2005 年 10 月に EU 加盟交渉開始，2009 年 4 月に NATO 加盟。主要産業は，自動車などの輸送機械，電気

機器，医薬品，金属加工，観光業。GDP は 693 億ドルで，国民一人あたり 1 万 5623 ドル。経済成長率 2.4%，インフレ率 6%，失業率 8.9%（数値はいずれも 2008 年）。通貨はクナ。

文　化

クロアチア語による文学活動が盛んになるのは，19 世紀前半のイリリア運動以後のことである。20 世紀では，詩人で作家のクルレジャ（大河小説『旗』）の存在が圧倒的である。クロアチアはナイーブ・アート発祥の地のひとつで，ゲネラリッチ，ラブジン，ラツコヴィチらの作品がよく知られている。音楽活動も盛んで，チェロ奏者ヤニグロ，NHK 交響楽団名誉指揮者マタチッチ，ピアニストのポゴレリッチらが有名。ユネスコの世界遺産になっている港町ドゥブロヴニクをはじめとする石造建築物の傑作が多いことも，クロアチア文化の特徴のひとつである。

世界遺産

ドゥブロヴニクの旧市街，スプリトの歴史的建造物群，プリトヴィツェ湖群国立公園，古都トロギルなど，7 件。

セルビア共和国

面積：7 万 7474 平方キロ（コソヴォを含まず）

人口：735 万人（2008 年）

住民：セルビア系（83%），ハンガリー系（4%）など

宗教：セルビア正教，カトリックなど

首都：ベオグラード

自　然

国土は，東方からバルカン山脈，南方からロドピ山脈，西方からディナル・アルプス山脈が迫る山がちの地形である。平地は，北方のハンガリー平原に連なるヴォイヴォディナ一帯や，サヴァ川流域のマチヴァ地方，モラヴァ川流域地方などに見られる。主要河川は北方から流入するドナウ川で，ヴォイヴォディナ地方でティサ川と，ベオグラードでサヴァ川と，さらに下流でモラヴァ川と合流して，ルーマニアとの国境を南東に流れ去る。温和な大陸性気候である。

政治経済

共和制，国家元首は大統領（任期 4 年），一院制の国民議会（250 議席，任期 4 年）。ユーゴスラヴィア社会主義連邦共和国の解体によって，1992 年 4 月にモンテネグロとともに

ユーゴスラヴィア連邦共和国を樹立。1995年のボスニア内戦終結後，国際的孤立状態から抜け出すが，1999年のコソヴォ紛争の結果，同地域は国連の暫定行政下に置かれた。2003年に国名をセルビア・モンテネグロに改称。2006年6月のモンテネグロの分離独立により，セルビア共和国になる。現政権はEU加盟を最優先課題としているが，2008年2月のコソヴォの独立宣言は，深刻な政治問題になっている。GDPは419億ドルで，国民一人あたり5700ドル。経済成長率5.6%，物価上昇率8.4%（数値はいずれも2008年），失業率17.4%（2008年）。通貨はディナール。

文 化

中世セルビアは宗教文学，とくに聖者伝を生み出した。その後オスマン帝国の支配下に入ると，庶民による口承文学が盛んになる。19世紀にカラジッチが，セルビアの英雄譚を採取・翻訳した。彼はまたセルビア語を改革して文法をまとめ，辞書を編纂して，セルビア近代文学の父となった。20世紀の著名作家としては，女流詩人マクシモヴィチ，ツルニャンスキ（大河小説『流浪』），チョシッチ（長編小説『死の時』），パヴィチ（『ハザール事典』）らをあげることができる。民謡と民族舞踊も盛んで，それらは近代の作曲家たちに重要なモチーフを提供してきた。

世界遺産

スタリ・ラスとソポチャニ修道院の壁画，ストゥデニツァ修道院，ガムジグラードとガレリウスの宮殿ロムリアーナなど，4件。

ボスニア・ヘルツェゴヴィナ

面積：5万1129平方キロ
人口：377万人（2008年）
住民：ボシュニャク人（48%），セルビア人（37%），クロアチア人（14%）
宗教：イスラーム教，セルビア正教，カトリック
首都：サラエボ

自 然

国土は逆三角形状をなす。西部の山地はディナル・アルプス山脈に属し，クロアチアのダルマチア地方に接している。全体に山がちの地勢で，平均標高は693 m。国土の大部分は森林地帯で，森林資源は豊富である。河川は，セルビアとの国境をなすドリナ川のほか，ボスナ川，ヴルバス川，ウナ川などが北流して，クロアチアとの国境をなすサヴァ川に合

流する。南部が地中海性気候，北部が大陸性気候に大別できる。

政治経済

共和制，国家元首は大統領評議会議長，代議院（42名）と民族院（15名）の二院制。旧ユーゴスラヴィアの解体によって，1991年10月に独立を宣言。1992年春に内戦が勃発し，1995年12月のデイトン和平合意までに約20万人の死者をだす。同合意後，ムスリム系（ボシュニャク人）とクロアチア系の「ボスニア・ヘルツェゴヴィナ連邦」とセルビア系の「スルプスカ（セルビア人）共和国」からなる単一国家となる。現在ではEU・NATO加盟を共通目標としている。主要産業は，木材業，鉱業，繊維業，電力業。GDPは152億ドルで，国民一人あたり3809ドル。経済成長率6.8％（数値はいずれも2007年），物価上昇率7.4％（2008年），失業率17.4％（2008年）。通貨は兌換マルク。

文化

多民族が居住するこの地域には，多様な文化的伝統がある。20世紀初頭にはモスタルで活発な文学運動が展開された。1918年以後は，ボスニア三部作—『ドリナの橋』『ボスニア物語』『サラエボの女』—などでノーベル文学賞を受賞したアンドリッチらが活躍した。民謡や民族舞踊（輪舞）が豊富な地域でもある。

世界遺産

モスタル旧市街の古橋地区，ヴィシェグラードのソコル・メフメト・パシャ橋の2件。

モンテネグロ

面積：1万3812平方キロ

人口：62万人

住民：モンテネグロ系（40％），セルビア系（30％），ボスニア系イスラーム教徒（9％），アルバニア系（7％）

宗教：正教，イスラーム教

首都：ポドゴリツァ

自然

国土の大部分はディナル・アルプス山脈が占め，南西部がアドリア海に面している。全般に山がちのカルスト地形で，農業には適さない。最高峰は北西部のドゥルミトル山（2522m），南部にバルカン半島最大のスカダル湖がある（3分の1はアルバニア領シュコダル湖）。河川は，モラチャ川が南流してスカダル湖に注ぎ，タラ川，ピヴァ川が北流してドリナ川

に合流する。アドリア海沿岸，スカダル湖周辺，モラチャ川流域は地中海性気候，北部山地は大陸性気候である。

政治経済

共和制，国家元首は大統領（任期5年），一院制の議会（定数81名，任期4年）。ユーゴスラヴィア社会主義連邦共和国の解体によって，1992年4月にセルビアとともにユーゴスラヴィア連邦共和国を樹立。2003年に国名をセルビア・モンテネグロに改称。2006年6月にモンテネグロ共和国として独立を宣言。2007年に国名をモンテネグロと変更。中道左派の現連立政権はEU加盟を最優先課題としている。主要産業は，サービス業，工業，農業，観光業。GDPは40億ドルで，国民一人あたり6440ドル。経済成長率7.1%，物価上昇率9.4%（数値はいずれも2008年），失業率11.2%（2007年）。通貨はユーロ。

文化

モンテネグロ文学は19世紀前半，この国の聖俗界の首長（主教）を務め，多くの改革を行ったニェゴシュ（ペータル二世）に代表される。彼の長編叙事詩『山の花環』の悲壮な英雄主義は，いまなお現代作家に影響を及ぼしている。1950年代に「新しい階級」で共産主義体制を内側から批判したジラスは，『ニェゴシュ』『モンテネグロ』を書いて，祖国の歴史と現状を考察した。

世界遺産

コトルの自然と文化・歴史地域，ドゥルミトル国立公園の2件。

マケドニア旧ユーゴスラヴィア共和国

面積：2万5713平方キロ

人口：204万人

住民：マケドニア系（65%），アルバニア系（22%），トルコ系（4%），ロマ（ジプシー）系（2.3%）などからなる多民族国家

宗教：マケドニア正教，イスラーム教

首都：スコピエ

自然

シャル山脈，スコプスカ・ツルナ・ゴーラ山脈，アルバニアとの国境付近に位置する最高峰コラブ山（2764m），ビストラ山脈，コジュフ山地，オソゴヴォ山地など，2500m前後の山脈に囲まれた山がちな地形を持つ。盆地特有の温暖な大陸性気候であるが，国土の中

央を南東流するヴァルダル川沿岸は，地中海性気候である。ヴァルダル川がギリシアを経てエーゲ海に，西部山岳地帯のツルニ・ドリム川が，アルバニアを経てアドリア海に注ぐ。南西部のアルバニアとの国境にオフリド湖がある。

政治経済

共和制，国家元首は大統領（任期5年），一院制の議会（120議席，任期4年）。旧ユーゴスラヴィアの解体にともなって，1991年11月に独立を宣言。国名をめぐるギリシアとの確執を避けるために，1993年に現在の名称を採用。2001年2月，アルバニア系住民との民族紛争が勃発したが，同年中に沈静化。現在ではEU・NATO加盟を主要な外交目標としており，2005年にEU加盟交渉開始。主要産業は，農業（たばこ，ワイン，とうもろこし，米），繊維産業，鉱業。GDPは96億ドルで，国民一人あたり4656ドル（数値は2008年）。経済成長率5.8％，物価上昇率2.2％，失業率34.9％（数値は2007年）。通貨はマケドニア・デナール。

文化

マケドニア文章語の歴史は新しく，文章語が規範制定されたのは1945年のことである。詩人で言語学者であるコネスキが，同語のために最初の文法書と辞書を編纂した。マケドニア全域では民謡が好まれ，あらゆる機会に演奏され歌われている。国際的に知られているのはナイーブ・アートのナウモフスキである。

世界遺産

オフリドの文化遺産と自然遺産。

コソヴォ共和国

面積：1万908平方キロ

人口：220万人

住民：アルバニア系（92％），セルビア系（5％），トルコ系（3％）

宗教：イスラーム教，セルビア正教

首都：プリシュティナ

自然

国土は西部のメトヒア地方と，東部のコソヴォ地方に大別される。2500m級のプロクレティエ山塊で北部と西部を限られたメトヒア地方は，ベーリ川，ドリム川流域に広がる豊かな土地柄で，地中海式気候の影響から二毛作も可能である。コソヴォ地方の中心地プリ

シュティナのあるコソヴォ平原は標高 600 m で，鉱物資源に富む。イバル川をはじめ多くの川で灌漑され，小麦，トウモロコシ，大麦が栽培されている。

政治経済

共和制，国家元首は大統領（任期5年），一院制の議会（120議席）。旧ユーゴスラヴィア期にはセルビア共和国内の自治州だったが，1990年にセルビアからの独立を宣言。1998年以後治安が悪化し，1999年に NATO 軍が軍事介入（コソヴォ紛争）。その結果，同地域に国連安全保障部隊（KFOR）が展開。2008年2月にコソヴォ議会は「コソヴォ共和国」の独立を宣言した。同国の当面の外交目標は，国連をはじめとする国際機関への加盟（現在はセルビアなどの反対で実現していない），将来的には EU 加盟など「欧州への統合」である。主要産業は，農業，鉱物資源。GDP は 54 億ドルで，国民一人あたり 2510 ドル。経済成長率 5.4%，物価上昇率 9.3%，失業率 47%（数値はいずれも 2008 年）。通貨はユーロ。

文化

コソヴォでは第二次世界大戦後，独自のアルバニア語文学の伝統が生まれ，多くの優れた作家・批評家が活躍している。その代表者としては，メフメト・ホジャ，ハサニ，チョシャ，アゼム・シュクレリ，ラフマニ，デルヴィシらの名前をあげることができる。

世界遺産

コソヴォの中世建造物群

アルバニア共和国

面積：2万 8748 平方キロ

人口：320 万人

住民：アルバニア系

宗教：イスラーム教，正教，ローマ・カトリック

首都：ティラナ

自然

国土は地形的に見て，北から南へ連なる山岳地帯と，アドリア海沿岸の平野部，両者の中間の丘陵・高原地帯に三分される。山地はディナル・アルプス山系に属し，深い渓谷，急流が多い。モンテネグロとの国境には，バルカン半島最大のシュコダル湖がある（3分の2はモンテネグロ領スカダル湖）。最南端の地域では山脈が海岸に迫り，ギリシア国境か

らヴロラにいたる海岸は，風光明媚で気候も温暖なため，アルバニア・リビエラと呼ばれている。オフリド湖から流出するドリム川をはじめ，マテ川，シュクンビン川，セマン川，ヴィョサ川などの河川は，アドリア海に注ぐ。沿岸部は地中海性気候で，東部の山地は内陸性気候の影響を受ける。

政治経済

共和制，国家元首は大統領（任期5年），一院制の国民議会（140議席，任期4年）。独自の閉鎖的な社会主義体制を経て，1990年末に体制転換を開始。1992年に総選挙で初の非共産党政権誕生。「国際社会への復帰」と「欧州への統合」をめざし，EUとは2006年6月に安定化・連合協定を結び，2009年4月にNATO加盟。主要産業は，農業，機械工業，鉱業，製造業。GDPは109億ドルで，国民一人あたり3431ドル。経済成長率6%，物価上昇率3.2%，失業率13.4%（数値はいずれも2007年）。通貨はレク。

文化

18世紀後半からアルバニア文章語の確立と，アルバニア語による民族文学復活の運動が勢いを得て，19世紀後半に国民詩人ナイム・フラシャリ（『スカンデルベグ物語』）が，近代文学と文章語を確立した。現代作家のなかでは，詩人としても小説家としても独創的な才能を持つカダレ（『偉大な冬』）が，国際的に有名である。民族音楽，舞踊にはトルコやアラブの影響が強く感じられ，農村部，都市部を問わず盛んである。

世界遺産

ブトリント，ベラトとギロカストラの歴史地区群の2件。

参考文献

『新版　ロシアを知る事典』平凡社，2004年。

『新訂増補　東欧を知る事典』平凡社，2001年。

外務省HP　各国・地域情報

在日大使館ならびに各国政府のHP

（作成―桑野隆，長與進）

地図:
- ロシア連邦
- ベラルーシ共和国
- ハンガリー共和国
- ポーランド共和国
- スロヴァキア共和国
- ウクライナ
- チェコ共和国
- スロヴェニア共和国
- クロアチア共和国
- ルーマニア
- セルビア共和国
- ボスニア・ヘルツェゴヴィナ
- モンテネグロ
- ブルガリア共和国
- コソヴォ共和国
- アルバニア共和国
- マケドニア旧ユーゴスラヴィア共和国

❖編著者・執筆者紹介

*桑野　　隆（くわの　たかし）　　早稲田大学教育・総合科学学術院教授
*長與　　進（ながよ　すすむ）　　早稲田大学政治経済学術院教授

　伊東　一郎（いとう　いちろう）　　早稲田大学文学学術院教授
　小林　　潔（こばやし　きよし）　　神奈川大学外国語学部特任准教授
　佐藤　純一（さとう　じゅんいち）　東京大学名誉教授
　野町　素己（のまち　もとき）　　　北海道大学スラブ研究センター准教授
　倍賞　和子（ばいしょう　かずこ）　ルーマニア語講師
　早稲田みか（わせだ　みか）　　　　大阪大学世界言語研究センター教授
　久山　宏一（くやま　こういち）　　東京外国語大学等非常勤講師
　神岡理恵子（かみおか　りえこ）　　日本学術振興会特別研究員
　源　　貴志（みなもと　たかし）　　早稲田大学文学学術院教授
　グレチュコ・ヴァレリー　　　　　　早稲田大学教育学部非常勤講師
　山崎　信一（やまざき　しんいち）　東京大学教養学部非常勤講師
　寺島　憲治（てらじま　けんじ）　　東京外国語大学講師
　原田　義也（はらだ　よしなり）　　早稲田大学国際言語文化研究所客員研究員
　土岐　康子（とき　やすこ）　　　　明治大学非常勤講師

（*編著者・執筆順）

世界のことばと文化シリーズ
（早稲田大学国際言語文化研究所）

ロシア・中欧・バルカン世界のことばと文化

2010年6月10日　初版　第1刷発行

編著者　桑　野　　　隆
　　　　長　與　　　進

発行者　阿　部　耕　一

〒162-0041　東京都新宿区早稲田鶴巻町514番地
発行所　　　株式会社　成文堂
電話 03(3203)9201(代)　Fax 03(3203)9206
http://www.seibundoh.co.jp

製版・製本　藤原印刷
©2010 T. Kuwano, S. Nagayo　　Printed in Japan
☆乱丁・落丁本はおとりかえいたします☆　検印省略
ISBN978-4-7923-7088-6　C3036
定価（本体3000円＋税）

世界のことばと文化シリーズ

アジア世界のことばと文化 　　　　　砂岡和子・池田雅之/編著
　　　　　　　　　　　　　　　　　　A5判/310頁/2800円＋税

ヨーロッパ世界のことばと文化 　　　池田雅之・矢野安剛/編著
　　　　　　　　　　　　　　　　　　A5判/310頁/2800円＋税

北欧世界のことばと文化 　　　　　　岡澤憲芙・村井誠人/編著
　　　　　　　　　　　　　　　　　　A5判/271頁/2800円＋税

イスラーム世界のことばと文化 　　　佐藤次高・岡田恵美子/編著
　　　　　　　　　　　　　　　　　　A5判/318頁/2800円＋税

英語世界のことばと文化 　　　　　　矢野安剛・池田雅之/編著
　　　　　　　　　　　　　　　　　　A5判/362頁/3000円＋税

ラテンアメリカ世界のことばと文化 　畑恵子・山﨑眞次/編著
　　　　　　　　　　　　　　　　　　A5判/384頁/3000円＋税

ロシア・中欧・バルカン世界のことばと文化
　　　　　　　　　　　　　　　　　　桑野隆・長與進/編著
　　　　　　　　　　　　　　　　　　A5判/336頁/3000円＋税

続刊予定
世界のことばと文化